中国传统村落调查

丛书主编 段超 田敏

本卷主编 段超
本卷副主编 陈廷亮

[湖南古丈卷]

长江出版传媒
湖北人民出版社

图书在版编目（CIP）数据

中国传统村落调查. 湖南古丈卷 / 段超主编. —武汉：湖北人民出版社, 2023.8
ISBN 978-7-216-10350-3

Ⅰ.①中… Ⅱ.①段… Ⅲ.①村落－调查研究－古丈县 Ⅳ.①K928.5

中国版本图书馆CIP数据核字（2021）第264380号

总 策 划：马　骏
　　　　　徐　艳
责任编辑：童银燕
封面设计：刘舒扬
责任校对：范承勇
责任印制：杨　锁

中国传统村落调查. 湖南古丈卷
ZHONGGUO CHUANTONG CUNLUO DIAOCHA HUNAN GUZHANGJUAN

出版发行：湖北人民出版社	地址：武汉市雄楚大道268号
印刷：湖北新华印务有限公司	邮编：430070
开本：787毫米×1092毫米　1/16	印张：20.5
字数：314千字	插页：11
版次：2023年8月第1版	印次：2023年8月第1次印刷
书号：ISBN 978-7-216-10350-3	定价：88.00元

本社网址：http://www.hbpp.com.cn
本社旗舰店：http://hbrmcbs.tmall.com
读者服务部电话：027-87679656
投诉举报电话：027-87679757
（图书如出现印装质量问题，由本社负责调换）

龙鼻村全景(陈昊 摄)

翁草村一览(陈昊 摄)

排茹村村落(陆刚 摄)

宋家村村落一隅(李涛 摄)

丫角村全景(石子 摄)

三坪村全景(车越川 供图)

曹家村全貌（李涛　摄）

窝米寨一隅（坪坝镇政府　供图）

沾潭村一隅(李涛 摄)

李家村村貌(李涛 摄)

丫角村街道(李涛 摄)

老司岩村古街(石子 摄)

排茹村传统木结构民居(陆刚 摄)

老司岩村黄宅(石子 摄)

龙鼻村原生态楼群(凤达茜 摄)

坐龙峡村民居(李涛 摄)

老司岩村青石板路(石子　摄)

曹家村石板路(李涛　摄)

老司岩村古城墙(李涛 摄)

窝米寨古寨墙和古石板路(石霞锋 摄)

丫角村石拱桥遗址(王潇 摄)

坐龙峡村杨氏修筑的石拱桥(冉文 摄)

丫角村古井(王潇 摄)

坐龙峡村龙泉井(冉文 摄)

曹家村传统民居雕花门饰(王潇 摄)

梓木村传统民居窗户上的雕花(岩头寨镇政府 供图)

曹家村马头封火墙(王潇 摄)

窝米寨建筑上的南瓜柱(坪坝镇政府 供图)

苗鼓表演(古丈县住房和城乡建设局　供图)

苗族团圆鼓舞(古丈县住房和城乡建设局　供图)

阳戏(古丈县住房和城乡建设局　供图)

打花带传承人胡春香(中)(古丈县住房和城乡建设局　供图)

苗歌对唱(古丈县住房和城乡建设局　供图)

筒子舞表演(岩头寨镇政府　供图)

总　序

　　传统村落,又称古村落,是指村落形成较早,拥有丰富的传统资源,具有一定历史、文化、科技、艺术、社会、经济价值,应予以保护的村落。2012年4月,住房和城乡建设部、文化部、国家文物局、财政部联合发出开展传统村落调查的通知。经各省(区、市)相关部门组织专家调研与评审,全国汇总的数字显示,我国现存具有传统性质的村落近1.2万个。2012年9月,由建筑学、民俗学、规划学、艺术学、遗产学、人类学等领域专家组成的专家委员会,评审出中国传统村落名录。2012年12月17日,住房和城乡建设部、文化部、财政部等部门发通知公示第一批中国传统村落名录,全国共有28个省(区、市)646个传统村落入选。此后,又分别在2013年、2014年、2016年、2019年、2022年进行了中国传统村落的评选。截至2023年3月19日,一共公布了六批中国传统村落名录,共有8155个村落入选,并实施挂牌保护制度。2022年、2023年,住房和城乡建设部、财政部连续两年公示了传统村落集中连片保护利用示范县名单,我国在探索传统村落长效保护利用机制上迈出了新的步伐。

　　传统村落是现存村落中历史文化价值和农耕文明遗存最丰厚,村庄格局形态和民居传统特色风貌保存最真实和良好的典型代表。传统村落被誉为农耕文明的"活化石",拥有丰富的历史信息和文化景观,也是传承中华优秀传统文化的宝贵"基因库",维系着中华民族最浓郁的"乡愁"。保护好、传承好、利用好传统村落,对弘扬中华优秀传统文化有着重要意义。

住房和城乡建设部、文化和旅游部等六部门在2012—2023年公布的8155个传统村落，已经成为世界上规模最大、内容和价值最丰富、保护最完整的农耕文明遗产保护群。2017年乡村振兴战略提出后，传统村落保护成为促进脱贫攻坚的重要措施，是乡村振兴战略的重要组成部分。

党的十八大以来，以习近平同志为核心的党中央高度重视传统村落的保护工作。习近平总书记指出："农村是我国传统文明的发源地，乡土文化的根不能断，农村不能成为荒芜的农村、留守的农村、记忆中的故园。""乡村文明是中华民族文明史的主体，村庄是这种文明的载体，耕读文明是我们的软实力。"在如何发挥好传统村落在乡村振兴中的作用方面，习近平总书记指出："搞乡村振兴，不是说都大拆大建，而是要把这些别具风格的传统村落改造好。"可见，传统村落的传承保护对于弘扬中华优秀传统文化、建设生态文明、发展乡村旅游、实现乡村振兴，都具有重要意义。

湘西土家族苗族自治州（以下简称湘西州）位于湖南西北部，以其悠久的历史、深厚的人文底蕴和独具特色的民族文化著称于世，也是中国传统村落最集中的地区之一。该州的传统村落申报与保护工作一直走在全国前列，截至目前，六批次共有178个村被列入中国传统村落名录，2020年被评为全国传统村落集中连片保护利用示范州。

中南民族大学作为国家民委直属综合性民族大学，一直以来把服务民族地区作为学校的使命，特别是学校的民族学学科更是成为直接服务民族地区经济社会发展的排头兵。学校民族学学科自20世纪50年代开始建设，经过数代人的努力，已经发展为我国民族学学科的重镇，学科建设水平处于全国前列，在最近两次的教育部学科评估中均位列A类。长期以来，学校与湘西土家族苗族自治州保持着紧密的联系，开展了多方面的合作，成为校地合作的典范。

2019年，经与湘西土家族苗族自治州有关方面协商，中南民族大学民族学学科启动该州中国传统村落调查项目，计划对湘西州8县（市）的中国传统村落进行一次全方位、深入的民族学、人类学调查,旨在通过专业的田野调查,进行系统的记录,形成一套完整的湘西州中国传统村落民族志丛书,为中国民族学积累来自田野的第一手材料。以湘西州8县(市)为单位,总项目下设8个子课题,各子课题根据对应县市列入中国传统村落名录的情况,遴选出118个重点传统村落开展调查,占湘西州中国传统村落总数的66.3%。

本次调查,遵循民族学、人类学学科的田野调查规范进行。在调查开始前,即对田野调查总提纲进行了反复研究讨论,确定调查总提纲后,又对参与调查的人员做了集中培训。按照统一的调查提纲,各子课题调查组(主要以中南民族大学本科生、硕士研究生为主),在指导教师的带领下于2019年暑假开始第一次田野调查。2020年暑假再次组织以硕士、博士研究生为主的调查。参与调查的师生来自中南民族大学绝大部分学院,包括民族学与社会学学院、经济学院、公共管理学院、教育学院、法学院、文传学院等,以及参与了第一次调查的管理学院、马克思主义学院、外语学院、美术学院、体育学院、资源与环境学院、生命科学学院、药学院、化学与材料科学学院。两次调查耗时两个月以上,参与人员达100多人,访谈对象上千人,获取的第一手材料上千万字。此次对湘西州中国传统村落的调查,堪称中南民族大学学科史上调查规模最大、参与人员最多、持续时间最长、调查对象最广泛的一次民族学、人类学大调查。

以第二次调查成果为主要依据,课题组编写了"中国传统村落调查"丛书第一辑八卷,分别为:《中国传统村落调查·湖南吉首卷》《中国传统村落调查·湖南凤凰卷》《中国传统村落调查·湖南龙山卷》《中国传统村落调查·湖南永顺卷》《中国传统村落调查·湖南花垣卷》《中国传统村落调查·湖南保靖卷》《中国传统村落调查·湖南古丈卷》《中国传统村落调查·湖南泸溪卷》。丛书各卷原则上以村分章,按照村落概况、文化遗产、自然资源、历史事件、村规民约等分类梳理,内容涵盖传统村落的地理生态环境、村落来源与历史、村落人口、物产与特色产业、经济社会发展状况、物质文化遗产、非物质文化遗产、自然资源与景观、重要历史事件与人物、村规民约等。丛书的编写,力求在铸牢中华民族共同体意识理论的指导下,将中华文化及各民族交往交流交融的视角融入写作过程中,系统、完整、全面、客观地呈现各传统村落的全貌,既重点梳理其历史人文脉络,又注重关照其当代发展与变迁。在写作方式上,按照民族学、人类学民族志的撰写方法进行,除文字外,各卷均配有大量田野实景图片,使文本更加生动直观,且更富有保存价值。

丛书由中南民族大学段超教授、田敏教授担任总主编,各卷分别由中南民族大学民族学学科多位博士生导师担任分主编,他们是:经济学院陈祖海教授(吉首卷)、中华民族共同体学院李吉和教授(凤凰卷)、民族学与社会学学院田敏教授(龙山卷)、教育学院康翠萍教授(永顺卷)、民族学与社会学学院柏贵喜教授(花垣卷)、法学院潘红祥教授(保靖卷)、中南民族大学副校长段超教授(古丈卷)、公共管理学院吴开松教授(泸溪卷)。各卷还根据工作情况另设有副主编。

本课题的调查工作自2019年暑假启动至今,历时4年多,其中一段时间受疫情影响,遇到许多现实的困难,历经反复,今天终于基本完成,丛书即将正式出版,可喜可贺。要感谢湘西土家族苗族自治州各有关方面的大力支持,是他们的帮助,使得本课题调研工作得以顺利开展。特别要感谢湘西州8县(市)和乡镇相关领导干部,他们对课题具体的调查工作给予了大力协助,使调查人员能够顺利进入村寨开展调查,收集资料。更要感谢各传统村落的干部群众,他们的热情好客、纯朴善良,给调查人员留下了深刻印象,大家心存感激。值此丛书出版之际,向以上所有领导、干部、群众对本课题的支持与帮助表示衷心的感谢!

丛书的出版,得到了湖北人民出版社马骏副社长、综合编辑部徐艳主任和编辑们的大力支持与帮助,出版社为丛书申请到湖北省公益学术著作出版专项资金的资助,为丛书的出版锦上添花。编辑团队来到中南民族大学,与各位主编和作者进行面对面的研讨交流,指导书稿的修改完善,确保了书稿的质量,感谢你们。

新时代新征程,以铸牢中华民族共同体意识为民族工作的主线,民族地区乡村振兴正如火如荼地开展。我们希望丛书的出版能为进一步传承和保护中国传统村落历史文化遗产,赓续地域特色鲜明的人文底蕴,为进一步铸牢中华民族共同体意识,加快推进乡村振兴发挥积极的作用,做出应有的贡献。

编　者

2023年6月19日

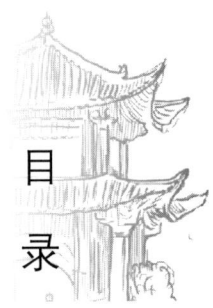

目录

第一章 排茹村 / 1
　　一、村落概况 / 2
　　二、文化遗产 / 8
　　三、自然资源 / 15
　　附录 有关排茹的文学作品 / 16

第二章 宋家村 / 23
　　一、村落概况 / 24
　　二、文化遗产 / 30
　　三、自然资源 / 45
　　四、历史事件 / 46
　　附录 现存的宋家业余剧团剧本一览 / 46

第三章 丫角村 / 49
　　一、村落概况 / 50
　　二、文化遗产 / 56
　　三、自然资源 / 75
　　四、历史人物 / 76
　　五、村规民约 / 77

第四章 三坪村 / 79
　　一、村落概况 / 80

　　二、文化遗产 / 86
　　三、自然资源 / 95

第五章　岩排溪村 / 97

　　一、村落概况 / 98
　　二、文化遗产 / 103
　　三、自然资源 / 110
　　四、村规民约 / 110

第六章　老司岩村 / 112

　　一、村落概况 / 113
　　二、文化遗产 / 121
　　三、自然资源 / 132
　　四、村落望族 / 132

第七章　龙鼻村 / 137

　　一、村落概况 / 138
　　二、文化遗产 / 142
　　三、自然资源 / 151

第八章　翁草村 / 153

　　一、村落概况 / 154

目 录

　　二、文化遗产 / 159
　　三、自然资源 / 173
　　附录 1 翁草村历史环境要素及其数量统计表 / 174
　　附录 2 苗医人物小传 / 175

第九章　曹家村 / 176
　　一、村落概况 / 177
　　二、文化遗产 / 182
　　三、自然资源 / 199
　　四、历史事件 / 199
　　五、村规民约 / 200
　　附录 苗药始祖：药王爷爷的传说 / 202

第十章　窝米寨 / 203
　　一、村落概况 / 204
　　二、文化遗产 / 210
　　三、自然资源 / 220
　　附录 窝米寨传统村落保护框架构成要素一览表 / 220

第十一章　梓木村 / 222
　　一、村落概况 / 223
　　二、文化遗产 / 228
　　三、自然资源 / 238

第十二章　坐龙峡村 / 240
　　一、村落概况 / 241
　　二、文化遗产 / 244
　　三、自然资源 / 257

第十三章　洞溪村 / 259

　　一、村落概况 / 260

　　二、文化遗产 / 262

　　三、自然资源 / 277

　　四、历史人物 / 277

第十四章　沾潭村 / 279

　　一、村落概况 / 280

　　二、文化遗产 / 285

　　三、自然资源 / 296

　　四、历史人物 / 296

　　五、村规民约 / 298

第十五章　李家村 / 300

　　一、村落概况 / 301

　　二、文化遗产 / 306

　　三、自然资源 / 314

　　四、历史事件 / 314

后记 / 316

第一章　排茹村

排茹村隶属古丈县古阳镇,位于古丈县西南部,距离县城20公里,东与该镇宋家村毗邻,北与官坝村交接,南与默戎镇接壤,西邻保靖县葫芦镇。排茹村自然生态良好,村庄四周的山上森林茂密,全村大部分地方被森林覆盖,村中绿树成荫,古树参天,东西两条小溪从村中蜿蜒而过。村庄依山傍水,宛若世外桃源。2019年6月,排茹村被列入第五批中国传统村落名录。

一、村落概况

(一) 地理生态环境

排茹村平均海拔500米,村落位于两条东西走向山脉夹合的山沟地带,四周分别被青龙山、老祖坟山、蛇形山、牛角山、牛背山等山体围绕,中间多丘陵小山,宛若一幅巨大的山水画。村中自然生态良好,绿荫葱茏,古树参天,山水相连,老昌河与夯水河在村口交汇后,汇入古阳河。

排茹村村落(陆刚 摄)

排茹村年平均气温16℃,平均每年35℃以上的高温天数为15天左右,平均每年气温低于零下5℃的严冬天数为0.7天。全年日平均气温10℃以上的作物生长期为240.8天,积温4997℃。常年降水量为1475.9毫米,雨水比较均匀,对作物生长有利。月平均相对湿度为81%,全年平均日照1304个小时。

排茹村全村面积16平方公里,耕地面积2200亩,其中水田1346亩,旱地854亩。传统粮食作物以水稻、玉米为主,经济作物主要是茶叶,全村共有茶园2067亩,近年来茶叶种植逐渐代替传统粮食作物种植。

(二) 村落历史

排茹村由原排若村和原夯水村于2017年合并而成,更名为排茹村,村委会在原夯水村下热家达。光绪《古丈坪厅志》里就有"排若村,城南三十里,苗地,两峰并峙,高耸入云"的记载。20世纪50年代,原排若村、原夯水村均属官坝乡,官坝乡因乡政府旁的苗寨名为"官坝"而得名。人民公社时期更名为官坝公社。1984年撤销官坝公社建乡,因处于梳头溪、积溪河交汇处,故取名双溪乡。2015年双溪乡并入古阳镇。今排茹村共有夯水、上热家达、下热家达、排若大寨、塘夯坨、龙家、米夯等12个自然寨、14个村民小组。

清人严如煜(1759—1826)在《苗防备览·保靖县东南苗寨》中提到:"夯水寨,东南七十五里。"由此可见村落历史悠久。

(三) 家族姓氏

排茹村现有村民416户1535人,大部分为苗族。主要有向、杨、陈、符、颜、龙等姓氏,其中向姓最多,杨、陈、符、颜等姓氏人口大体相当,另有周姓一户,系30年前从默戎镇到该村向家入赘。

相传在六代以前,向姓两兄弟携家人逃荒到此,见此地山清水秀、土地肥沃而又无人居住,于是在此安家落户。向氏族人能够明确年代的祖坟位于村后的花果山,碑文显示墓主葬于清光绪二十二年(1896年)。

据杨氏族人介绍,杨氏自泸溪县迁到今古丈县默戎镇万岩村,再由万岩村迁至夯水居住,具体迁徙年代不详,在排茹村居住的年代也已不能说清楚。据《杨氏族谱》保管者杨光科回忆,其父辈曾在清明时到万岩村上坟。族中传承的家族字辈顺序为"永顺连家照,世正达光明,勇昌□□□,

家和万德兴"。现杨氏族人已延续到"勇"字辈,能追溯到的老人只到"正"字辈。杨光科家藏的《杨氏族谱》记载,杨氏原籍为江西红州吉安府林湘县(查相关资料,历史上江西吉安府所辖并无林湘县,可能为附会),离城

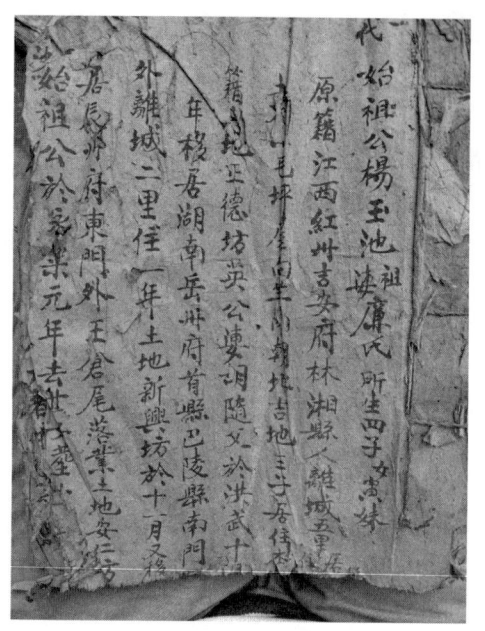

排茹村《杨氏族谱》(陆刚 摄)

五里居住。明洪武十年(1377年),始祖英公移居湖南岳州府首县巴陵县南门,一年后又迁至辰州府东门外王仓尾。英公生三子,长房杨景牛于明永乐年间迁泸溪县居住,但杨景牛之后何时何支迁至古丈墨戎,族谱记载不详,世系亦不详。后记有太祖公杨文连生五子,其中四祖公杨加铭生五子:肇富、肇贵、肇荣、肇华、肇德,居湖南永顺府保靖县夯水寨,这是《杨氏族谱》上第一次出现"夯水"这一地名。族谱载明杨加铭葬于万岩村(默戎镇),据

此推断,杨氏族人应于"肇"字辈起移居夯水,至今已有7代人。

据族谱记载,杨氏先人信佛,多次捐资维修寺庙;重视教育,先祖中有名杨海安者曾为贡生,做过都给事。现杨光科家中藏有先辈留下来的线装刻本《论语》《诗经》《三国志》《三国演义》等古书,但古书损毁严重,且究竟是哪一代先人所传已无从知晓。

(四)物产与特色产业

茶是古丈县重点发展的特色产业,也是古丈县一张亮丽的名片。在古丈,种植茶叶已有千年以上的历史。唐代杜佑的《通典》记载:"溪州等地均有茶芽入贡。"清代,古丈毛尖被列为贡品。《古丈坪厅志》载:"茶之利

大矣哉。古丈坪厅之茶……清香馥郁,有洞庭君山之胜,夫界亭之品。"

清末,古丈籍名人、甘肃提督杨占鳌告老还乡,慈禧太后赏赐大量银两。杨占鳌用赏银在古丈广植茶树,形成茶园,使古丈的茶产业渐成规模。经过杨氏两代人的努力,逐渐形成了以古丈毛尖为品牌的系列优质茶叶。

古丈毛尖,刚入口时口感微苦,但回味无穷,凉丝丝的感觉慢慢渗透,存续时间长。曾有文人这样形容保靖黄金茶和古丈毛尖:黄金茶像怀春的少女,楚楚动人;古丈毛尖像风韵犹存的少妇,越品越有味。而当地人则如此说:古丈毛尖就像人生,苦一阵子,甜一辈子,先苦后甜。

20世纪70年代以来,古丈茶叶在各级茶叶评比中频频获奖。1978年7月,在湘西州外贸茶叶公司、州农业局联合举办的首届名茶评比会中,古丈毛尖、狮口银芽、牛角碧峰被评为优质茶,并分获一、二等奖。1982年5月,古丈毛尖、青云银峰、狮口银芽参加湖南省在南岳举办的评比会,被评为优质名茶。1982年6月,商业部茶叶畜产局、中国茶叶学会在长沙举办全国名茶评选会,古丈县选送97个样茶参评,通过评选,评出全国名茶30种。1985年5月,全国名茶评比会在江苏南京举办,古丈县选送的4个样茶分别获得一、二、三、四名;同年7月,参加农牧渔业部、中国茶叶协会共同在江苏举办的全国名茶评比会,古丈县狮口银芽获农牧渔业部金杯奖。1988年,古丈毛尖参加在北京举办的中国首届食品博览会展评,获金质奖章。2016年,在首届"潇湘杯"湖南省名优茶评比中,古丈县茶业发展研究中心选送的古丈毛尖和古丈县小背篓茶叶有限公司选送的"青青背篓"牌特级古丈毛尖双双斩获金奖。2017年3月,中国国际茶文化研究会授予古丈县"中国茶文化之乡"称号,同时古丈毛尖被授予"中华文化名茶"称号;8月,经中国农业国际合作促进会茶产业委员会、中国合作经济学会旅游合作专业委员会评选,古丈县荣获"全国十大魅力茶乡"称号。2018年7月,在第三届"潇湘杯"湖南省名优茶评比中,古丈县茶业发展研究中心选送的古丈毛尖,古丈县古阳河茶业有限责任公司选送的"古阳河"牌古丈毛尖,古丈县小背篓茶业有限公司选送的"青青背篓"牌古丈毛尖获得金奖;9月,在第26届上海国际茶文化旅游节"中国名茶"评比中,古丈毛尖荣获特优金奖和优秀参展奖;11月,2018年国际友人古丈行暨"古丈茶"品鉴会在茶乡古丈举行,国际茶叶委员会授予古丈茶"世界生态古丈茶"的国际荣誉。

古丈茶声名在外,茶产业成为古丈县的一大产业。古丈县委、县政府大力发展茶产业,并从2017年开始连续举办了四届茶旅文化节。如今的古丈,乡乡有茶园、村村有茶树。

在排茹村,饮茶习俗由来已久。据村民介绍,百年以前村里就开始种植茶叶,至今村里团宝山上还有上百年的古茶树。

排茹村群山掩映中的茶园(陆刚 摄)

清代末年,村里有一个铁匠铺,常有四乡八里的村民前来打制各种铁器,铁匠铺主人李文典为前来打铁的村民提供茶水,久而久之铁匠铺逐渐成了一个茶馆。后来李文典之子李德明将茶馆取名为"德明茶铺",一直延续到20世纪50年代,被当地人称为百年茶铺。李德明的外孙龙自刚继承了祖辈的制茶技艺,于2010年成立了湖南英妹子茶叶科技有限公司,将排茹村百年茶铺的茶文化进一步发扬光大。

饮茶已成为排茹村人生活的重要组成部分。对于排茹村人来说,饮茶是生活,种茶是生计。据介绍,古丈县全县平均每人有一亩茶园,而在排茹村,全村有茶园2067亩,平均每人1.35亩。排茹村所产的茶叶称小叶群体,品质优良,其中牛背山、牛角山所产的茶叶,经湖南农业大学的专家检测,硒元素含量极高。排茹村所产的毛尖,特级茶叶可卖到5000~6000元一斤,一般的也在1000~2000元一斤。茶叶种植已成为排茹村人走向幸福生活的一条阳光大道,仅茶叶一项,一般人家每年就有2万~3万元的收入。

(五)经济社会发展状况

排茹村在脱贫攻坚完成以前贫困程度较深,2015年贫困发生率高达38%。2015年,湘西州联通公司及古丈县委统战部分别派出驻村工作队进驻原双溪乡排若村、夯水村开展驻村精准扶贫工作。2017年两村合并为排茹村后,两家单位组成了联合工作队,继续对排茹村进行帮扶。

5年来,在工作队和相关部门的帮扶下,排茹村围绕教育、医疗、住房"三保障"推进扶贫工作。目前,教育补贴政策全部落实到位,全村6~16岁贫困少年儿童无一人因贫辍学。5年来全村共有16名学生考上大学,村民越发重视孩子的教育;177户建档立卡户均参加了城乡居民基本医疗保险,看病先诊疗后付费,县域范围内住院报销比例达85%以上,4大类慢性疾病报销制度及大病重病二次报销等健康扶贫政策得到了全面落实,贫困户的基本医疗有了充分保障;135户贫困户进行了危房改造,共享受扶贫政策补贴273.5万元,26户贫困户实施了易地扶贫搬迁。

同时,排茹村努力发展特色产业,支持贫困农户兴产业、增就业、置家业,有效帮助村民增收。2019年,古丈县人民政府投资98万元在排茹村建设了光伏电站1座,每年可为村集体经济收入创收5万元以上,全村还成立了2家茶叶合作社。2018年以来村民人均增收2100元,全村贫困发生率由38%下降到0.83%。

此外,排茹村建立了2个村卫生室(配备有2名签约村医),新建了2个篮球场、2个文化戏台,1个图书室,公共文化设施得到了很大改善。

2015年,湘西州联通公司投入资金70万元,完成1个3G、4G移动通信基站建设及覆盖原排茹村大部分自然寨的宽带接入网项目建设。2019年4月,开通了宽带网络入户,为17户家庭安装了电视宽带,让古老的传统村落走向了现代文明。

二、文化遗产

(一)物质文化遗产

1. 民居建筑

排茹村村落分布,以山坳为中心向山坳缓坡递进发展。村落群山环绕,村民傍山而居,河流沿村而下,是典型的山环水绕的古民居村落。村落陡坡山麓与缓坡相接,建筑多于陡坡下沿等高线方向的弯曲道路铺展,有的直接嵌入陡坡山腰下,多南北向分布,与村内部分石阶梯相连,林地郁郁葱葱,石板栈道若隐若现,形成了多变且韵味十足的空间格局。村寨依山傍水而建,总体上形成了山环水绕、线面结合、带状展开的传统格局。

排茹村传统木结构民居(陆刚 摄)

由于有茂密的森林,木材资源丰富,排茹村的传统民居均为木结构房屋。以穿斗式排扇房屋为主,整栋房屋全是木质结构。吊脚楼多为穿斗式结构木房,通常为上、下两层或上、中、下三层。上层为卧室,中下层用来存放粮食或堆放杂物、农具,或作为置碓、磨的作坊。楼外四面设有走廊,置木质栏杆,栏杆雕有"万"字格、"喜"字格、"亚"字格等图案,悬挂(即吊瓜)有八角形、圆形,底端造型别具一格,常雕有绣球、金瓜、圆鼓等图案,古色古香,栩栩如生。楼内用木板分隔火床、卧室等不同功能的房间。房屋设有窗户,雕有"双凤朝阳""喜鹊闹梅""狮子滚绣球"等图案,民族风格浓郁。大门一般为六合式,可拆可装,便于家庭举行盛大祭典和婚丧活动。屋面一般是双坡木屋架,加盖小青瓦。屋顶大多是悬山式,高低错落、造型生动,在山墙内除墙外,一般不设木构架,而是把砖墙一直砌到檐口,在檐口上铺瓦,并做砖封檐。屋顶脊尾一般用砖或瓦叠成高高翘起的样子。木屋常用桐油漆刷,金黄油亮,既防腐,又美观。

在近年的脱贫攻坚过程中,因危房改造的需要,部分传统民居被拆除,重新修建了砖混结构的新式房屋。排茹村被列入中国传统村落名录后,传统民居得到保护。据统计,仅原排茹村范围内保存至今的传统木结构房屋就有161栋,其中建于清代的房屋3栋,建于民国时期的房屋15栋。

2. 墓葬

排茹村传统葬俗为土葬,讲究风水,被认为是风水宝地的地方坟墓较多,墓与墓之间仅隔数米。墓的形状为前方后圆,用平整石块或打制的石料垒成,高约1米,正前方靠下接近地面的地方,留有约1尺见方的方孔,便于上坟时点灯。方孔上方垒石的层数为墓主的整十年龄,垒5层,表示墓主活了50多岁,垒7层,表示墓主活了70多岁。

在排茹村能明确年代的古墓中,最早的是葬于知青林场(原名干塘挖擦田,现称花果山)中的向氏祖坟,墓主为向顺芘。墓用打磨过的条石砌成,共垒4层,占地7~8平方米,前方后圆,碑文显示,墓主生于清道光二十二年(1842年),终于清光绪二十一年(1895年)。碑文如下。

  清故显考向公顺芄大人之墓

  东山

  丑向

  生于道光二十二年壬寅岁九月廿三日午时

  终于光绪二十一年冬月廿七日辰时

  朝州　媳尚氏　孙春发

  祀男　朝准　媳张氏

  侄男　朝庸　钧

  女　翠秀　脱妹　天妹

  婿　顺援　石金　天亮

  碑首上部已脱落在地,上有"日月长新"字样,中部刻有3个明朝官员形象,左右碑柱上的对联为"住此地山清水秀,佑后人子贵孙荣"。碑柱内侧雕有精美的花鸟图案。

  当地人认为花果山是一块风水宝地。据传,曾有外地风水大师从此地经过,在岩石上留下"干塘挖擦田,狮子赶麒麟。谁能葬此地,代代出翰林"的谶语,由是,深山密林中有墓葬近百座。

(二)非物质文化遗产

1. 民族语言

  排茹村至今保留着很多苗语地名,如"排茹""热家达""塘夯坨"等,但村中的苗族人已基本不会说苗语。据村中年长者回忆,前几辈老人中也没有人说苗语,说明苗语在该村消失较早,至少在百年以前,汉语已成为全村人通用的交流语言。30多年前,官坝苗寨的龙金花嫁入夯水上热家达,是全村唯一一个会说苗语的人。龙金花育有两个女儿,从小跟她学习苗语,两个女儿长大后,先后嫁到外地,龙金花再次成为全村唯一一个会说苗语的人。

2. 民间戏曲

排茹村人有唱戏、听戏的爱好,尽管如今村里已经没有了戏班,但村民听戏的热情依然不减,逢年过节或遇到红白喜事,也会邀请周边村寨的人来唱上一场。以前邀请戏班所需的费用由村民自筹,现在村里也会出一部分。近几年,外出务工的年轻人挣到钱后,会自主凑钱邀请戏班来村里演出。

本地戏曲有阳戏和高腔戏。演员穿古装,只化妆,不戴面具,剧本多为京剧中的经典唱段,但唱腔有所不同。

3. 民间文学

排茹村有丰富的民间故事和传说,尽管现在很多年轻人已经很少听老一辈讲故事了,但只要有听众,村中长者仍喜欢眉飞色舞地讲述各种传奇故事。

(1) 螺蛳姑娘的传说

相传,从前有个后生,父母早逝,他一个人生活。后生勤劳善良,乐于助人,左邻右舍有什么事,他都热心帮忙。后来,他的善行感动了玉皇大帝,玉帝决心安排他的小女儿(七仙女)下凡帮助他。一天,后生在河里捡到一个螺蛳,便带回家养在水缸里。之后,他每天回到家里,桌上都有热菜热饭,回家就可以吃现成的。接连很多天后,后生觉得好奇,于是想一探究竟。某日,他出门后又折返回家,躲在门边观察家里的动静。他看见螺蛳从水缸里翻出来,变成了一个美丽的姑娘,后生看到后,跑到家里打破了螺蛳壳,姑娘再也不能回到壳里,于是和他成家,两人幸福地生活在一起。

受这个故事启发,2019年,夺水寨的年轻人杨豪天注册成立了专门生产熟食的古丈县螺蛳姑娘风味食品有限公司,以排茹村山上的野生竹笋为原料,生产开袋即食型食品。用"螺蛳姑娘"作为公司的名称,寓意回家就有现成的东西吃。

（2）向友德的传说

相传，村里原有一位名叫向友德的道士，其法术高超，能用背篓背水，能进洞拿龙。一天傍晚，向道士在山上放牛，跟一起放牛的小孩说："走，我带你们到常德去看戏。"孩子们说："太阳都要落山了，什么时候才能到常德啊？"向道士说："你们跟着我走就行，大家都把眼睛闭上，千万不能睁开。"几个小孩遵从他的吩咐，等睁开眼时，已经到常德了，等他们看完戏，又闭着眼睛回到放牛的山上，把牛赶回家后，太阳才落山。

（3）菩萨搭桥的传说

传说，古时有一秀才赶考，经过一条小溪，小溪上面没有桥，无法通过。秀才环顾四周，见溪边有一座小庙，庙里供着一尊木雕的菩萨，他便把菩萨扛到水上搭桥，从菩萨身上走了过去。拜菩萨的人看见了，认为这是天大的罪过，赶紧将菩萨扛回庙里，磕头谢罪。这时，菩萨开口说话了："你天天这么供我，为什么我还会被人扛去搭桥呢？"

这个故事寓意与其求神拜佛表善心，不如搭一座桥给人过路做善事。

4. 民间歌谣

排茹村流传的歌谣主要是山歌，村民杨光科、向万紫是当地有名的歌师。

杨光科，男，苗族，1962年生，排茹村夯水寨人，自小酷爱山歌，现为古丈县山歌协会会长。杨光科平时经常组织古丈县的山歌爱好者在公园里对歌，并建立了山歌微信群，供大家交流。杨光科的手机里收藏了很多他与别人对歌时的音频和视频，辑录几首如下。

老天无情不公平，有些情郎躲媒人。有的情人七八个，有的还在打单身。

老天无情不公平，太阳旺旺把雨行。乌天黑地将云起，狂风暴雨好吓人。

花好月圆阵阵香，有人打标在高上。本来我想摘花戴，怕人打断我脚杆。

> 天上下雨不均匀，这边阴来那边晴。老天无情把雨下，单独这边受灾情。

向万紫，女，苗族，1950年生，23岁嫁入夯水。在周边村寨和乡镇，向万紫是大家公认的著名歌师。她8岁开始学歌，几十年来熟记成千上万首歌，并能够自编自唱。向万紫说，对各种歌谣烂熟于心的人能够即兴创作，应景而唱，见到什么就唱什么，当地人称为"见子打子"。周边人家有红白喜事都会邀请向万紫前去唱歌。她还经常到古丈、吉首、保靖等地参加民歌比赛，多次获奖，被当地人称为"歌王"。

据向万紫介绍，唱歌要求押韵，山歌有14个韵脚，分为"人红多福发，天王来得迟，齐头高飞"。韵脚有三合韵、二合韵、仄字韵，唱腔有高腔和平腔之分，每首歌4句28字，每句7个字，讲究有头有序，起承转合。向万紫从未上过学，但通过学歌记歌，认识了不少汉字，她家中收藏的自己抄写和请人打印的歌篇达数千首，其中有专门的韵脚歌，仅以"高"为韵的韵脚歌就有85首。

按歌的内容分，有人情歌、祝福歌、孝歌、盘歌、抓抓歌等。其中抓抓歌又称"骂你骂我""抢香因"，是一种用比喻、拟人等手法隐晦而含蓄地揶揄和贬损对方的歌。

向万紫对各种歌烂熟于心，张口即来：

> 贵客来我贱乡台，一脚泥水一脚隘。爬山涉水多辛苦，家贫寒单欠招待。（人情歌）
>
> 看你聪明口乖乖，看你样子肚无才。虽然是个男儿汉，世间莫想美名额。（抓抓歌）

在当地流传的歌谣中，对唱"抓抓歌"最吸引人，对歌双方你来我往，唇枪舌剑，互不示弱，旁边观者也群情激昂，呐喊助威。爱唱歌和爱听歌的群体大都能回忆起不少激烈而精彩的对歌场景。在排茹村，民国年间排若村保长田应昌和永顺歌师雷先生的对战最为传奇。

据传,排若村保长田应昌是著名歌师,方圆百里难逢对手。某日,永顺歌师雷先生在保靖县涂乍场集市上设歌台,以歌会友。田应昌在去走亲戚的路上被爱听歌的人拦住,邀请他去与雷先生对歌,田应昌听闻有高手,欣然前往。田应昌走近歌台,见雷先生坐在台上,他即开口唱道:

嘴巴未窍(你)学鹦哥,仔细胸前摸一摸。今日遇到(我)田应昌,(你)全是龙角都搬脱。

雷先生毫不示弱地回道:

龙王头上搬龙角,全然未探死与活。龙头一摆力万钧,把你甩到烂草窝。

棋逢对手,双方随即展开了激烈的对战。

田:常到龙宫把龙捉,小小蛇儿莫惹我。我是哪吒闹大海,拿龙剖肚把皮剥。
雷:应昌生来实在恶,胆敢刮草觅蛇捉。一口啄在血膛上,哪个给你来送药。
田:踏遍青山万重坡,未见蛇儿来绞脚。恶蛇咬我我不怕,吐巴口水就是药。
雷:你的口水是蛇药,你跟恶蛇差不多。和你吹唱我也怕,只怪眼睛太差火。
…………

两人连对数十首歌,旗鼓相当,不分伯仲,田应昌唱了一首"这首唱过两起和,撑开船头各去各。两个男子来对歌,草鞋同边不合脚"。以同性不对歌为由结束了这场难分胜负的对战。

5. 民间医药

排茹村气候温和湿润,自然生态环境良好,适合各种草药生长,世居于此的苗族人,擅长用草药治疗各种疾病。

村民杨光科的爷爷杨正林(已去世),医术高明,擅长用祖传草药治病,不但能治各种疑难杂症,据传,还掌握了断指再接的技术。据说,夯水寨的符某年轻时扛火枪去打野猪,因操作不慎导致火药炸膛,炸断了一截拇指,同行的人找到断指,把符某送回村请杨正林医治,杨正林用草药包扎,将断指成功接上,痊愈之初,指头是僵硬的,但过了一段时间,指关节就能活动了。除了给人治病,杨正林还兼通兽医。

现排茹村党支部书记向永专,自小跟爷爷学习民间医药,为乡亲们解除病痛。他自学内科、儿科等方面的中西医著作,逐渐成长为兼通中西的乡村名医。2008年,向永专被评为"全国优秀乡村医生",得到卫生部表彰。《大众卫生报》《团结报》等媒体曾专门报道过他的事迹。

三、自然资源

排茹村有山地13000亩,退耕还林面积2191余亩,全村大部分被森林覆盖,森林覆盖率达79%,从村中向四面的山上眺望,均是郁郁葱葱的密林。村中至今仍有数十株千年古树,在村委会门口就有一株约要5人牵手才能合围的古树。林木以杉树、松树为多,另有柏树、白木、楠木、榉木、枫树、板栗树、金弹子等品种和各类杂木。

森林是野生动物的乐园,排茹村的野生动物资源丰富,森林中常有野猪、黄鼠狼、野兔、竹鼠、锦鸡等出没,而蛇更是常见,一些村民的房前屋后常有蛇的影子,在炎热的夏季,须撒上雄黄,以防被蛇虫伤害。

排茹村不仅有茂密的森林,还有大面积的人工林。1975年,黄绍红(湖南省扶贫办原副主任)等23名知青来到夯水果林场插队,在驻地广植果树和其他树木。知青回城后,当地人将知青林场称为花果山。30年后,当年所植树木已蔚然成林。2005年,23名知青回到夯水,集资修建了一条宽约1米的水泥步道,直达山顶,并在山顶建一个知青亭,树一块碑,并作"知青亭记",纪念知青岁月。碑文曰:"一九七五年春,吾侪二十三人,弃学离城,赴官坝人民公社(今双溪乡)夯水果林场共受再教育。兹念天荒地远,稼穑艰辛,青春作伴,陋室为邻,四载寒温,人生百味,书生意气,忧乐关情。虽苦志劳筋而所获良多矣。迄三十周年,余等旧地重聚。感人事代谢,流水潺潺,翠滴田畴,云横古丈,夯山却望,故里他乡?咦!已矣哉!同是广阔天地人,相逢何必曾相识?爰集资兴建'知青亭',铭诸片石,以志不忘。是为记。时公元二○○五年三月十二日。"

除森林之外,由于近年来当地大力发展茶产业,排茹村的耕地大多也被茶园覆盖。所以,在春夏季节,整个村庄基本上是一片绿荫。

附录 有关排茹的文学作品

故乡吟①

文/颜家文

一

思念
像跳动的手指
按在童年记忆的琴键上
故乡的歌就响了
这支歌只属于我
你,是听不懂的

---

① 来源:《朔方》1983年第5期。

二

你,太偏僻了

常被人遗忘

像一颗星

黯淡无光

而在我所有的文字里

却都能觅到你的辉彩

三

故乡的书

我读得最多

看得最真切的时候

是在离得最远的时候

故乡的沉重①

文/向午平

不知为什么,故乡这几年总在我的脑海里浮现。每一片鱼鳞似的屋檐都显得那么亲切,就连晚归的牧童们打闹嬉戏的声音也仿佛清晰地回响在耳边。其实,对于我来说,故乡就是一道深奥、艰涩而充满了诱惑的课题,始终无法透视她的表象去读懂藏在其背后的内质,却又忍不住挖空心思地去看,费尽心机地去读。

故乡,名叫"排茹",是躲在湘西大山深处里的一个小村庄,出来进去的羊肠小道都被芭茅草和野刺稀稀落落地掩着。只要是去这个村庄,迎面撞来的就是一重重厚实的大山,脚下紧逼的是一面面陡直的高坡。让你绕不开也躲不过。走进去了,却也感开阔,一片片屋脊一不小心便顺着那条小得可怜的溪水拉开了五六里地,有的还不屈不挠地沿着大山的沟

---

① 来源:《湖南文学》2016年第4期。

沟岔岔铺张了去。哪怕只有巴掌大的一块坪,除了稻田和旱地的张扬,就是木质结构的房子在那里故作高深地沉默。村子便只好屋檐搭着屋檐、板壁挨着板壁地发展,无端地生出了一种规模、一种气势。因这规模、这气势,童年的我们便有了炫耀的资本,常常对着附近村寨的孩子唱自己编的所谓歌谣:"排茹是个大地方,××是个小寨子……"那一份得意,漫无边际地扩张着,穿透了排茹孩子们很长一段岁月。

排茹拥有一千三百多口人,十五六个姓氏,都是土家族或者苗族。但这土家族、苗族却不会土语苗话,说的是较为大众的西南官话,只在腔调上稍稍绕出些许自己的韵味。不仅如此,同一个村子,只要隔上两三里地,那个别字音也能说出诸多差异来。最让人费解的是故乡的地名,简直不能让人明白是哪一个国家的语言,却又是约定俗成的。比如故乡名叫"排茹",虽然有人为这个名字编了一些来历,但实在是牵强附会不足以信。直到一个叫龙宁英的著名苗族女作家说你老家是大森林的意思,我才释然。然而,还有"比古炸年""夯排秋""米夯""老苍河""塘夯朵"之类的小地名,至今也没有人能弄得清它们的奥妙。有一个不足三亩的坪地,先辈们叫它"棉花坪",尽管我在那里从来没见过生长的棉花,只能靠想象来构筑一片无限的雪白,心底里却不由得钦佩着前人的大气。村里人为孩子取一个小名也是极有特色。排茹人怕孩子从小不好养,大多取一个小名以求平安,真正的名字是到上学时才有的。寨子上有狗儿、牛儿、猪儿此类小名的孩子一大堆,有以体型性格命名的岩头、干鸡、三胖子、木客,也有小哥、四爷这样的雅号,还有的名字如"嗯嗯"之类只可读出音却无法写出字来。

但这个名叫排茹的故乡出人才却是一个不争的事实。从北京、上海、广州、长沙、贵阳,再到古丈那个小县城,都可以数出一大堆的排茹人。这些人中,有博士生、本科生,也有出过国留过洋的,还有的操着一口流利的英语远嫁了美国。这些人中,有作家,有官员,虽然这些作家还未能走向世界,这些官员还没能做到正处级别,但还是在附近的十寨八村惹出了许多发自内心的羡慕。就连留守在村里的人,也有一个得了"全国优秀民办教师"的荣誉,另一个被评上了"全国优秀乡村医生"。如果去追究这所谓

第一章
排茹村

出人才的原因,人们会说,排茹这地方左有岩人守护,右有鲤鱼跳龙门,前有仙凤朝阳,后有双龙抢宝,如此风水宝地是注定要出人的。究其实,无外乎有两个原因,一是排茹的小孩爱读书,二是排茹的大人们爱盘书(湘西方言:送小孩书)。这读书的读出了一大堆辛酸,这盘书的盘得近乎悲壮。在古丈的小学、初中、高中,只要有排茹的小孩在读书,十有八九是冒尖的。他们在六十年代,吃着枯饼、啃着树皮还泡图书馆;七八十年代,一个星期两瓶酸菜支撑着学业,别人睡了,他们悄悄地拿出自己用墨水瓶做的煤油灯看书,第二天脸是黑的鼻孔是黑的,眼睛却依然亮着;九十年代以后,更有一种昂扬的朝气激励着他们。盘书的排茹人,更是极尽父母之能事,只要孩子想读书,没有钱就卖粮、卖猪、卖牛,有的还卖了房屋。没有了粮,啃红薯土豆;没有了牛,第二年春耕去借;没有了屋,一家人搭起茅棚或挤进岩洞照样过日子。一位村里的民办教师为了让孩子们读好书,自己一根根地搬运木料,一锄锄地平整地基,花了五六年,学校建起来了,他不仅耗尽了所有的家产,也背上了一大笔沉重的债务。排茹人就是这样倾其所有为孩子们撑起了一方读书求学的亮丽天空。问及如此作为的动机,没有任何豪言壮语,他们只会平淡地说,排茹穷呀,让孩子们读点书,走出去过好日子。

为了过好日子,故乡的排茹人,在那一条条蛇样的小山道上艰难地行走着,在那一块块巴掌大的田间地角苦扒苦做。但祖祖辈辈的希望被一重重的大山撞断了翅膀,世世代代的憧憬被一面面的陡坡破碎了念想。断了,碎了,再连接,再合拢,再升起,再飞腾,排茹人就像一架车飞了的机器一样无法停止对过好日子的追求。走了出去撒落在全国各地的排茹人,也为这父老乡亲们加油助威。一段段的文字,一个个的呼吁,响在了在湘西征战多年的老将军的耳边,走进了省委的内参,摆上了领导的案头,登上了报刊的版面。于是,仿佛被遗忘了的排茹山寨通了电,建起了新学校,那些日子几乎是全村欢腾。但排茹人停不下来,他们想走出去,他们想看一看外面的天是怎样蓝、外面的云怎么浮起来。但,路呢?那一条条窄窄的山径如何承载得住排茹人积淀了无数代人而显得如此沉重的梦想？九十年代初期，一个在山外买了一辆旧解放牌汽车的排茹年轻人突发奇想，要把这辆汽车开进排茹。没有路，他叫上了二十多个年轻人，沿着那条小溪，炸河床填塘坝，二十多里路开了近一个月时间终于到了村子的边上。那一天，起码有半寨子的人从沟沟岔岔里、从比邻的青瓦背之间冲出来，拢到陈旧的车辆边上如过年般的兴高采烈。那一天，一大堆的老年人久久不舍离去，孩子们爬到车子上午饭都没有去吃，童年的目光中闪烁着难以读透的向往，也许他们的心中正在酝酿着哥德巴赫猜想一样的梦。第二天，当我得知有一大群的小孩子第一次不顾大人们的呵斥，躲在已经有些破烂的车厢里过了一整夜的时候，我的心不由自主地为故乡针扎般的痛了一回。

前几年，排茹终于通了公路。尽管那路是从千仞峭壁之间穿过的，尽管那路仅仅只能容下一辆普通的货车勉强行驶，也尽管外乡人乘车经过最险路段时宁可步行几公里；但故乡毕竟避开了一重重的大山，绕开了一面面的陡坡。从此，某种程度上代表了现代文明的车辆不需要再花费近一个月的时间开进排茹。通车的那一天，我一个人行走在故乡的路上，竟然从心底生出了一种想飞的感觉，泪水从眼眶里情不自禁地涌出，堵也堵不住。这没有丝毫的矫情，而是在心底里激荡着一种被千斤重锤敲击般的震动。

走进寨子，我却发现溪水瘦了，村庄显得空落落的，就连最能代表乡村特色的鸡鸣狗吠也稀薄得有些突兀。在寨子中间的一块不大的坪场上，只有几个老人懒洋洋地晒着太阳，一双双空洞的眼睛里流露出的是一种无法用语言表达的无奈。那一刻，我的心一下子就被故乡深深地硌痛了。老人们说，青壮年都沿着那条蛇行的公路去了广州，去了浙江，去了苏杭，去进工厂，去卖苦力，去挣能养家糊口能过好日子的票子。在这挣钱的路途中，有的把手指或身体的某一个部位留下了，有的把生命留下了，而留给自己的只有流落外乡无法愈合的心灵的伤痛。

故乡，是一个离开了那一片养育过自己的土地的人才可以切实拥有的名词，是一段在远方寂静的夜里可供咀嚼的温馨记忆。我越来越多的父老乡亲能够体会故乡的含义,不知是大众化的欣喜,还是书生般的惆怅?但我知道,在异乡的天空下,带着一身疲劳,他们一定会想起排茹这个远在千里的村庄,他们的梦里甚至会飘起淡淡的牛粪的清香。

其实,作为故乡的排茹曾经有过繁华,有过小小的辉煌。大市场,乡公所,远近闻名的"狗脑壳汤",都在排茹的历史上久久闪烁。但在岁月的门槛上,她一步步地走向了衰败和没落,这是一种不可逆转的发展。在这繁华到衰败的演变过程中,排茹人只能顺应潮流,走向未来。然而,我始终无法弄明白,他们的出走是对村庄的背叛,还是基于一种过好日子的希望与现实环境进行着一种无言的抗争?

前几天,我又回了一次故乡,专门找了一个能够俯瞰大半个村寨的高坡停了下来。望着眼前困扰了自己三十多年的村庄,我把心思毫无来由地放牧得很远。那一片片鱼鳞般的青瓦背在我的眼前争相泛起,没有了炊烟的点缀,似乎显得沉静而又呆板。那条承载了我诸多童趣的小溪还在七弯八拐不知疲倦地流淌,因为缺失了一大堆光屁股们赤裸裸的嬉戏,有气无力地铺张着一种了无生气的情绪。最惹眼的还是那一幢被村里人称为"封火屋"的砖房子学校,但没有了一直在旗杆上迎风飘扬的旗帜的衬托,没有了在那一块铁板上敲击出的悠扬的钟声,没有了一个个写满了憧憬的童年。孩子们失去了父母的温暖,小小年纪也只能别无选择地离开村庄,去二十几里外的中心完小寻求老师们妈妈般的呵护。唯一能够让人感到欣慰的,就是寨子周围原来的荒地间尽是蓬勃着稚气的树苗还在不知世事地翠绿着。

我的心一阵紧似一阵地沉重起来。

我想,如果这时候,在村子里突然响起一些哪怕是吵架骂娘的声音,我的村庄又会给我一种怎样的感受呢?我不知道前几年看到的那些老人们在干什么,在想什么,也许他们还是像几年前那样在坪场上懒洋洋地晒着太阳,目光里倾泻的还是空落落的无奈。

我也是沿着那条过好日子的愿望的脉络走出了村庄的排茹人,但不管是在湘江边上,或是在长城之巅,包围着我的还是浓浓的乡愁,根深蒂固地种植在记忆深处的依然是故乡的花草树木。或许,这争相出走的排茹人,这些流落在异乡星空下的父老乡亲,也正在用伤痛的记忆抑或生命反哺着自己贫瘠、单薄了的乡村,他们企求在自己的身上就把下一代过好日子的希望支撑得很饱满。

但是我们的村庄,我们这片赖以生存的土地,除了老人和孩子,还能有谁去守望呢?

(本章由陆刚撰写)

第二章　宋家村

宋家村生态环境优美,古树环绕,风光秀丽,沿入村大道前行,逆水而上,视野从狭变宽,一大块平旷的土地上房屋罗列,溪流潺潺,游鸭戏水,水稻根壮苗长,远处高山青翠,层层茶园如绿浪翻腾,呈现出一幅美丽的乡村田园画卷。当地的土家族人依山傍水,在宋家河畔逐水而居,随着地势和水流逐级而上。从房屋分布看,构成星罗棋布、迷宫般的建筑风格。2016年12月,宋家村被列入第四批中国传统村落名录。宋家村先后获得古阳镇人民政府颁发的古阳镇2018年度"美丽乡村工作先进单位"和2019年度"美丽乡村工作先进单位"荣誉称号,并在古阳镇2019年度农业农村工作中被评为"农业农村先进单位"。

一、村落概况

(一) 地理生态环境

宋家村隶属湘西土家族苗族自治州古丈县古阳镇（在乡镇撤并前属双溪乡），东与古丈县城相连，南与默戎镇相邻，西与夯水村交界，北与官坝村接壤，村委会距古丈县城15公里。村寨依托青龙、白虎两山，当地居民分别将其称为灯盏山、大禁山。地形地貌特征为寒武系喀斯特河谷类，总体上呈西高东低的地理形态。宋家村海拔约430米，四面环山，民居多分布在凹形谷地。宋家村总面积14595亩，村庄面积约700亩，森林覆盖率达70%以上，耕地面积803亩（其中水田516亩，旱地287亩）。宋家村四季分明，气候温和，雨季明显。年平均气温16℃，年平均高温天数约15天，严冬天数极少，年平均气温在10℃以上的约有240.8天，有助于延长作物生长期，促进作物生长。全年平均日照1304个小时，月平均相对湿度为81%。常年降水量为1475.9毫米。宋家河流经境内7公里至排口汇入古阳河，河水滋润着两岸良田，为家禽提供了虾米、水草和饮用水，村域内水资源极为丰富。

宋家村村落一隅（李涛 摄）

（二）村落历史

宋家村是一个土家族聚居的山寨，先民迁徙到此后辛勤劳动、艰苦创业，历经数代人繁衍生息，逐渐形成寨落。宋家村的相关史料记载了村寨早期居民选址的传奇历史，认为这段历史与土家族跳马节的起源密切相关。明朝初年，原住在酉石马潭的土家勇士鲁力嘎巴遭奸佞陷害，家族受连坐，其后代经常遭到官匪欺扰，三个儿子四处逃亡。长子沿古阳河而上，到现排口的位置见有一溪，溪水清澈，四面环山，唯有溪口作为来往出路，易守难攻。再往西行四五里路，一马平川，土地肥沃，适宜人居住，于是带领随从安营扎寨，安定了下来。某年村里来了一群山贼，打家劫舍，无恶不作。在一个大雾弥漫的早晨，其长子率领全村青壮年，以浓雾作掩护杀向山贼，山贼惊恐万分，朦胧中见到全是骑着高头大马的壮汉，误以为神兵天降，吓得魂飞魄散，溃不成军，从此不见匪犯，山寨恢复安宁，六畜兴旺。村民为纪念这一天的胜利，每逢土家人新年农历正月第一个马日都用道具还原当时胜利的场景，酬谢山神保佑，祈求年丰，以歌舞表达欢乐之情，逐渐形成跳马习俗。

除文字资料外，宋家村无宋姓这一奇怪现象一直成为村民们的奇谈，据访谈①，村名起源于当地发音"树夹肉"，与宋姓并无关联。当地人的祖先最早是从湘西沅陵迁徙而来的，后来又迁到吉首市与默戎镇交界的太平村。当时村子的农户都以打猎为生。明清时期，村子来了一只大老虎，祸害牲畜，袭击农户。村子中的几个好兄弟邀约要为民除害，杀死这只老虎。他们准备好陷阱并自备刀、箭等攻击器具。从雷打岩向南围堵老虎，一直到达大禁山。这里山大林密，老虎在被围攻之下慌不择路，窜入树林，最终被两棵大树夹住。几兄弟将其打晕，用绳索将其捆住，并抬到下

---

① 访谈对象：向先荣，82岁，宋家村村委会退休干部。访谈时间：2020年7月22日。访谈地点：向先荣家中。访谈对象：向某某，宋家村驻村扶贫队队长。访谈时间：2020年7月23日。访谈地点：前往宋家村古墓的路上。

达山。不久老虎醒了,开始咆哮并竭力挣脱,几兄弟害怕老虎再次回归山林,只好在上达山将其打死。上达山往上便是夯水,后来几兄弟合力将老虎抬回村中,当时按照惯例,山中野味见者有份,于是按男女老幼的份额将老虎肉分好排开,称其为排肉,至今演变为地名——排若。村民们认为夹住老虎的大树所在的地方是一块福地,将其称为"树夹肉"。最早只有几户人家从太平村小寨迁到"树夹肉"。20世纪50年代一度更名为一星村,后来再有宋家乐、宋家诺等名。由于村民的口音较重,久而久之,便有了"宋家村"村名。

(三)村落人口

宋家村辖4个自然寨(旁山路、宋家、桥太、达沙),1个村委会,10个村民小组,现常住农户280户1009人,外出务工326人。宋家村内山林多平地少,村庄主要沿路、溪流分布,民居集中,形成3个相对集中的组团布局。其中宋家规模最大,分为上寨和下寨,连成一体,集中分布在村域东南部,户数是其他自然寨的2~3倍。旁山路在宋家村的东部,桥太和达沙在宋家村的西北部。

从村域分布格局看,宋家村的4个自然寨之间距离相对较远,且各个自然寨的人均建设用地普遍较少。宋家村现建有一条4.5米宽的村道,既是宋家村各自然寨相互联络的通道,也是出入宋家村的交通要道。此外,从村口巨型的"中国传统村落宋家村"立石继续往前走,道路逐渐变窄。村内有一条沿河而走的主干道贯通村子东西,许许多多南北向的小巷道将各家各户串联起来,形成无规则的道路网。村内的房屋大多沿河而建,坐南朝北。宋家村没有一户宋姓人家,主要姓氏有向、张、彭、刘、杨、李六姓,其中向姓是宋家村较早迁徙而来的姓氏,经历宋家村的世事沧桑。如今,向姓人口约占整个宋家村人口的80%,主要分布在宋家、旁山路两地,张姓、彭姓主要在达沙寨,其余各姓氏则散布在各个村寨。

宋家村一角(王四莲 摄)

(四)物产与特色产业

利用稻田养鱼有利于实现稻鱼共生,不仅可以获得优质的鱼产品,还可以为稻田提供鱼粪肥料,去除多余的杂草和害虫,为水稻创造良好的生长条件,促进水稻增产。宋家村利用稻田养鱼,主要养殖鲤鱼和草鱼。最佳的放养时间通常是插秧后一个星期左右,每亩养殖的鱼类不宜过多,且要注意在放养前加宽加高稻田堤埂,保证田埂结实,挖鱼沟、鱼溜或鱼坑,设置鱼栅,在养殖过程中保证稻田内水量充足。除利用稻田养鱼外,村民在夏日的夜晚常提着特制的防水电筒相邀去宋家河里抓野生的鱼。近年来,稻田养鱼也催生了村民的创业新潮。随着传统村落的建设和发展,餐饮、娱乐相结合的"一条龙"农家乐逐渐增多,成为聚会、游玩的理想场所。

宋家村土地肥沃,土壤多为微酸性(pH值为4.5~6)的红壤、黄壤。气候良好,雨水充沛,无霜期长,雾露较大,自然环境优越,适宜茶叶生长。宋家村的茶园分布散落在世外桃源般的古老村寨的向阳山地。宋家村是古丈毛尖的主要产区之一,以个体茶农为主,几乎没有大型工厂。茶叶主要是古丈本地的小叶种茶,现在主要以梯土茶园为主,坡土茶园已逐渐减少。茶叶种植上也逐渐改变了古老的方式,注重引进新的栽培方法,培育良种,使茶叶的发芽率大为提高,抽芽时间提前。种植过程中不使用农药,而是施有机肥。1998年以前村民全靠手工揉的方法制茶,现在基本用机械制茶,提高了生产效率。全村现有茶园2300多亩,2007年、2015年分别通过招商引资的方式引进了大型茶叶公司湖南隆平高科技有限公司和古丈合力农业开发有限公司,解决了当地部分农民的就业问题。宋家村的茶叶每年供不应求,有力带动了宋家村的经济发展。

茶园(王四莲 摄)

蜂桶养蜂也是宋家村特色鲜明的产业,成本低,投入少,收益高。全村有十几户农民用蜂桶养蜂,产值高时一年可获得近3万元的收益,是宋家村大多数农民增收的主要途径,并自发形成当地的特色产业。农民在一个海拔相对较高的凹陷石岩上放置蜂桶,保证其不被雨淋,背风向阳,排水良好,且附近要有优质的水源。一些地势较高的居民楼上也放置蜂桶,但数量不多,一般为1~2个。蜂桶是最基本的养蜂工具。蜂桶的直径为20~40厘米。养殖户在蜂桶内放入少量蜂蜜,用以吸引野生蜜蜂来生活和产蜜,不定期观察蜂桶周边环境并及时清理蜂场的死蜂和杂草。

当地没有污染较大的工矿企业,山大林深,垂直地域性差异大,栽有许多特色植物,为蜜蜂提供了天然、优质的蜜源,因此,宋家村所产的蜂蜜是绿色的。蜂种为适宜山区生态环境的中蜂,体形较小,全身长有黄褐色绒毛,头、胸部为黑色,腹部呈黄黑色,有很灵敏的嗅觉。这种蜜蜂通常会自觉采集零星分散的蜜粉,所产的蜜呈浅黄色,芳香馥郁,稠如凝脂,甜而不腻,品质极优。湖南经视频道曾经以宋家村的野生蜂蜜为项目进行拍摄、制作和宣传,影响较大,拓宽了宋家村野生蜂蜜的销路。但是该特色产业完全由农户在空余时间自发发展,尚未形成规模化的养殖和生产,因而年产量不高。据村干部介绍,宋家村各家各户的野生蜂蜜每年总产量在1000斤左右,按野生蜂蜜的市场价估算,总产值有一二十万元。

宋家村养蜂人家(李涛 摄)

(五)经济社会发展状况

宋家村自然条件好,有利于动植物的生长,优越的生态环境有助于发展特色产业。从农业生产结构来看,全村目前仍以种植水稻、玉米、油菜等传统农作物为主,各家各户大多养殖了山羊、土鸡、生猪、水鸭等家禽、牲畜。过去,油菜种在旱地上,广种薄收,后来开始精耕细作,提高了每亩的收籽斤数。夏秋种植水稻,春冬则推广种植油菜。宋家村林业资源丰富,山林中有松木、杉木、柏木、樟木等特色树种。宋家村四面环山,实际上人均占有耕地很少,且部分土地贫瘠,产出率较低,因而要促使当地村民发展特色产业,种植经济作物。宋家村产值较高的特色作物主要有茶叶、水稻、玉米,特色产业是茶叶种植、蜂桶养蜂和稻田养鱼。据2014年制定的《宋家村发展规划(2015—2030)》可知,宋家村有蜂桶300个、山羊300头、土鸡2000只、稻田养鱼10000斤,村民人均年收入2200元。

二、文化遗产

(一)物质文化遗产

1. 传统民居

宋家村山多地少,村民结合地理环境,依山就势在起伏的土地上建造房屋。大多数村民为了节约成本、减小建造难度,更愿意将房屋建在平地上,还有一部分村民选择近水或靠山的位置起屋,因而在建筑上遵循"借天不借地,天平地不平"的形式,尽量减少对地形地貌的破坏。全村以"一"字屋民居为主,"一"字屋也称平屋,房屋平面为"一"字形,共三间,在同一水平线上。左右房间从正屋中进去,一般长者居左房,次者居右房。其中一间有烧火的三脚铁架,是厨房及取暖的地方,有时后面又开一小间为内房,为主人的居所。除平屋外,村内还有诸多式样的吊脚楼,靠山近水处多为一些底层架空的干栏式吊脚楼,还有一些楼房二层向外挑出一节走廊的挑廊式吊脚楼,廊步宽1米左右,是当地房屋建筑中较精美、面积较大的一类建造形式。此外,宋家村尚存一栋样式较特殊的吞口屋,它是湘西地区比较常见的具有鲜明特色的建筑类型。"吞口"也称"虎口",指民居正中的堂屋向后退一定距离,使主体建筑的平面形成一个内凹的形状,有聚宝进财的含义。宋家村的祭祀活动大多都在家中进行,按规定,在举行活动时外姓人不能从正中进堂屋,而要从吞口两侧房间的小门进去。后来规矩渐渐淡化,不再设置两侧的小门。

民居(王四莲 摄)

当地民居的门窗多装饰有各式窗格和木雕窗花,有长方形、正方形、多边形和圆形的,一些门窗雕饰有花草、鸟兽等图案,为古旧木质房屋增添了美感。通常在屋前浇筑一块小平地,用于晒谷、晒柴、堆放地里的收获。有些正屋设有神龛"天地君亲师"位以及家族先祖的牌位,是居民敬奉祖先的地方。此外,正屋的天花板上往往挂着两根平行的木棍,主要用于晾晒谷物。

宋家村的传统建筑面积占整个村庄建筑面积的98％左右。据当地近几年的文件材料可知,宋家村现存清代的建筑面积大约为2480平方米,民国时期的建筑面积大约为2260平方米。此外,还有清代的庙宇,占地面积为40平方米。

2. 土地坛

宋家村有一座土地坛,是村民祭拜土地神和开展其他祭祀活动的重要场所。土地坛位于宋家河南岸居民房后的小山丘的古树下,土地坛前后共有三棵大树傲然挺立,往下便是民居,环境幽静。每年农历二月初二,村民们会自发地带上肉、糍粑、水果、香、纸去土地坛拜土地神,祈求土地神保佑其家人及村寨平安,久而久之,在当地形成了特定的拜土地神的习俗。这个习俗具体从何时兴起、从何地而来,村民已不得知,但在"二月二"拜土地神求平安却成了一个风俗习惯。

3. 古墓

向氏是宋家村人口占比最大的姓氏,也是最早从外地迁徙到宋家村生活的姓氏。宋家村现存两座向氏祖先古墓,均位于宋家河北岸的山坡上。向正伦墓位于较下方的农田中,地势平坦;向门张氏墓位于上方斜坡一块平整的台地上,底下是竹林,斜坡处荆棘丛生。

(1) 向正伦墓

墓葬整体结构呈前部椭圆、后部方形,较为特殊。前部椭圆内嵌着一块黑色板岩墓碑,后部方形则由表面长约30厘米、宽约20厘米的长方体砖块垒砌而成。墓碑文字清晰可见,碑边角及部分文字破损残缺。碑文从右到左,墓碑中间刻有主人正位文字,正位文字的最上方左右两边刻有"戌山""辰向",为古墓的方位朝向。正文从右到左、从上到下分别刻着"生于道光乙未年九月二十二日午时建年□□""孝男向大章/梅 张氏""孙男岩禄""皇亲待赠显考向公讳 正伦老大人之墓""孝女向英策/小□/三英/四□""殁于光绪戊戌年六月初八日戌时告终"。

(2) 向门张氏墓

造型相对别致,墓碑为内凹形,前端将石块雕饰成滴水门形状,檐角上翘,碑刻嵌入墓葬,为阴刻白石板,字迹相对可辨认。墓碑中间刻有主人正位文字,正位文字的最上方左右两边刻有"戌山""辰向"。正文从右到左、从上到下分别刻着"原命生于嘉庆辛未年念三未时卒于光绪壬午年腊月初一子时为寝""孝长媳向张氏 次男向正伦 彭氏""孙向天/大/良/勇/志源/章/梅""皇亲待赠显妣向门张氏老孺人之位""孝女向梁妹/

小小""曾孙入林/翰/典/泽/学/斌""光绪十年岁次甲申四月十六日吉立"。

除向姓两座古墓外,宋家村还有一座合葬墓,墓主人为清末的张应富及其妻子秦氏。古墓受损严重,字迹难辨。今可辨识的碑文从右到左为"□□丁未年九月□九日巳时建生□□""□□公老大人张应富灵魂之□""长子金 孝媳向氏 孝孙张正皋/蓬 孙媳杨氏/向氏""光绪十七年□月□日约□丑时在家一□梓凡寿终正寝"。旁边墓主人牌位的刻文较张应富墓的主位碑文字体要小得多,正文为"□□□□十二月二十九日卯时建生享阳七十""□□□□老孺人妻秦氏灵魂之□""长子金 孝媳向氏 孝孙张正皋/蓬 孙媳杨氏/向氏"。整座古墓墓碑正面的左右两侧刻着一副对联:"千里来龙风水地,万年富贵仕代流。"对联的内斜侧也刻有文字:"墓进同圆重进墓,魂(字迹不清,一说是'坟')同两老两同魂(字迹不清,一说是'坟')。"

4. 古井

古井位于宋家河的上游。往宋家村深处前行,至桥处岔路口继续沿溪水向上前行,逐渐由小路变成涉溪而上的红石河床,便到了宋家村古井。源泉来自山上,井水至今仍是流动的,源源不断地汇入宋家河。古井位于山脚,由石块垒砌而成,外形像一个方形洞穴,前有一个台地,并有三级台阶。从具体方位及源头可知,早期,古井是村民饮用水和生活用水的主要来源。古井伴随了宋家村世代村民的生产生活。

5. 生活器物

(1) 舂

宋家村一些民居的客厅里安置了舂,在堂屋角落里的地基上凿一个凹槽,由两块竖立的木板支撑整个舂体,人们踩在舂体较细一端的木板上,利用杠杆原理,使舂体上下砸置于凹槽内的

舂(王四莲 摄)

食物，将其捣烂。作为传统的工具，舂的结构简单，充分体现了古人的智慧，村民主要在逢年过节时用舂制糍粑等。

（2）打谷箱

为上宽下窄的梯形木质农具，极为笨重。稻谷成熟的季节，农民会将打谷箱抬到稻田的空地上，用手抓一把收割好的稻谷沿着打谷箱边用力拍打，使谷粒从水稻上脱落，非常费力，且效率低，有时力度过大，则会将水稻叶和秆打断掺杂进稻谷中，在拍打的过程中还有一些谷粒掉落在田中。在传统劳作阶段，其是农民家中必备的工具。

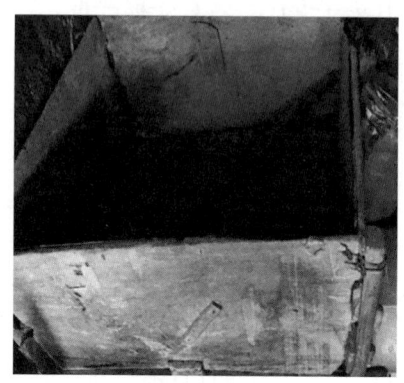

打谷箱（王四莲　摄）

（3）八仙桌与传统木质神龛柜

八仙桌是我国古典家具之一，桌面方正，每边可坐两人，总共可坐八人，因而民间雅称其为八仙桌。高度1米有余，八仙桌往往有雕饰边，多为花藤。传统木质神龛柜高约2米，置于堂屋的正中间，靠近墙体，与堂屋的门相对。柜子上摆放神龛牌位等，而在神龛柜上方的墙体上通常都贴有祭祀用的"天地君亲师"的简易牌位，柜前一般会放一张八仙桌，整个柜子上下短、左右两边长，但比八仙桌宽，四角镂空，有两个双开门柜子，正面两个角有凸出的雕花装饰，致使柜子上方较下方稍长。传统木质神龛柜在宋家村民居中并不常见，仅一户人家的堂屋中一起摆放着神龛柜和八仙桌。

（4）木刻椅

通常，木刻椅面向客厅放在八仙桌两侧，造型具有古代家具的特点——宽大，靠背镂空且有纹饰，由南官帽椅简化而成，无扶手，高背直角，椅子较宽。

（5）土家花柜

花柜是当地女子的嫁妆之一，现全村花柜数量较多，大多都是20世纪四五十年代女性的陪嫁物件。材质以椿木、柏木为多,为上下窄、左右宽的结构,高约1.5米,宽不足1米,长近0.5米,有较为低矮的四脚。花柜的类型较多,做工巧妙,雕刻精致,外表都刷上土漆,在传统民居中摆放显得古朴端庄。从其结构上看,主要有两层、三层、四层柜,但最上一层全都中空无门,楣雕有图案,在下方有一个向内的勾角,勾角处往往都刻有一对昂首的狮子。四层柜有两层都有木刻雕饰,均开口,最上一层开口较下一层大,雕饰主要是花藤、鸟兽。往下是并排的抽屉,再往下是双开门柜,内部有时会分两层,层数较少的一般没有抽屉。现在一部分保留着装衣物、饰品的功能,还有一部分则成为村民们堂屋中的食品柜和置物柜,与一些老旧工艺品彼此衬托,凸显情怀。

(6) 传统木质碗柜

宋家村尚存几个传统木质碗柜,有100多年的历史。相对而言,碗柜上部分的置物木板要比下面的稍长,边角也有装饰,共两层,第一层为抽屉,第二层是双开门,中间是镂空的图案,门上有两个精致的铜质鱼形拉手,象征连年有余,至今仍在居民的厨房中发挥着重要作用。

(二) 非物质文化遗产

1. 传统戏剧——宋家高腔

高腔在宋家村具有悠久的历史。20世纪的业余剧团如今尚可以临时组建起来,村委会对面建有戏台,台前有面积较大的观看广场,戏台为新建,原戏台已拆毁。宋家村村委会至今仍完好保存着大量20世纪七八十年代宋家业余剧团的诸多传统高腔戏本手抄本,对民族文化的传承和弘扬有积极作用,对一个村寨历史文化的保存和流传具有深远的意义。现存有《二下南唐》、《大破金光阵》、《南阳关》、《九龙刀》、《大闹阳洲》(上下两本)、《双杀四门》、《王宝钏与薛平贵》、《全家仙》、《桥头会》、《狄青斩子》、《竹子山搬兵》等曲目。这些剧本很多都是关于历史上不同朝代的故事,比较典型的有穆桂英挂帅、宋朝竹子山搬兵助阵红玉等具体剧情。此外,还有《全家仙》系列民间传说,这一系列又分为《宝莲灯》《二堂神子》《劈山救母》,讲述的是沉香全家成仙的传奇故事,很多内容意有所指,健康积极,具有很强的艺术性,丰富了村民的文化生活,寓教于乐,绽放民间文艺的光彩。

高腔演出时需要很多伴奏乐器,钹、唢呐、鼓、锣等为最主要的乐器,此外还需要笛子、二胡等。通常在表演高腔时唱四句便要打乐器。据村中剧团老成员①介绍,早期高腔分为生、旦、净、丑、外、副、末、贴八个角色行当,清末民国时期,宋家村的高腔逐渐演化为生、旦、净、丑四行。旦角分正旦、小摇旦、老旦、武旦。正旦主要是公主等,武旦有穆桂英等能打仗的女性,摇旦一般指的是丫鬟、仆人等。生角又分为正生、老生、红生、小生、武生,小生无胡子,老生装扮有胡子,武生需要消耗体力,通常会做大幅度的动作。每个角色都有每个角色的高腔,因此有很多不同种类的唱腔。高腔共有72个戏牌子,如汉腔,腔调正常,分为上腔和下腔、哀字、数板、扫板,一般按顺序来表现不同唱腔,一句接一句;先罗代属于哭戏,鼻音较重;下山虎也属于哭戏,程度上更伤心、深沉、哀鸣,声调有很多种;吼怒松是骂人唱腔,往往表现得中气十足;一封书,主要是信件正文内容,存在念书信时情感的差别,一般有休书、将帅给朝廷上书等不同类型;倒板腔是战场上双方之间打斗及叫嚣的具体情境,动作和唱腔较为随便,往往由表演者自己创作。

高腔流行于沅江上游支流的辰河一带,即湘西永顺、张家界、古丈等地区,因分布区域不同,也将其称为上湖南高腔或辰河高腔。各地区的高腔戏本基本一样,但在唱调和出场方式上存在差别。高腔一般有离、合、悲、欢不同的唱调。相对而言,唱高腔要比唱黄梅戏难度更大,因为演出的人多且曲目更为复杂,比如一台《薛仁贵征东》的戏,宋家高腔需要15个人左右搭台。

1971年,宋家村兴办宋家业余剧团,有很多演员和乐器伴奏人员,剧团的规模很大,当年便开始组织成员学习高腔,团长是向先荣,团组织机

---

① 访谈对象:向先荣,82岁,宋家村村委会退休干部;向相斌,83岁,宋家村业余剧团主要成员、农民。访谈时间均为:2020年7月22日晚上8点。访谈地点均为:村民委员会办公楼三楼办公室。

构主要是由村委会负责。原剧团成员回忆,当时整个湘西州有8个高腔戏团,宋家高腔剧团是业余的,剧组成员晚上不干农活的时候会排戏,经常外出表演和参加比赛。虽然很多剧团后来停办了,但原成员会在宋家村闹新年、村民结婚等喜庆时刻表演。成员在剧组中没有固定的角色,在表演时灵活选角上场。舞台布局上一般从左侧上台,从右侧下台,每场表演者的位置都是固定的,不同人物的表演者在小动作方面可自由发挥。高腔的表演者讲究唱功,必须拥有一副好嗓子,剧团成员会刻意在排戏过程中注意展现不同场合的特点和表情、动作等。唱腔不需要专门记忆,但会在戏本周围标注不同的唱调,因此高腔戏本很重要。高腔不管在道具、人力、物力上都需要很大的开支,在剧团兴办的早期都是由剧组集资,置办道具时得到宋家村村民的倾囊相助。前几年,为了保护传统文化,村委会及相关部门出资购入了一批用于表演的衣饰、道具。目前,老一辈的高腔爱好者对这一民间艺术仍有深厚的情感,积极致力于传承和宣扬宋家高腔。

当地村民向相斌[①]原是宋家村业余剧团的主要成员。1971年加入剧团开始学习高腔,精通多种民间才艺,会打溜子,会唱高腔和山歌。老人介绍:

> 由于高腔很复杂,我也只学会了部分,1993年由于很多原因剧团不再演出。每个人在剧组中都没有固定的角色,成员一般需要掌握每个剧本的每个角色,在正式表演的时候缺什么角色补什么角色,在办剧团的那些年,往往几天排一个戏,一天中一个人也可能要扮演好几个角色。那几年我对高腔很狂热,偶尔练嗓子,经常外出表演,有时去市里或县里,有时候还会被邀请去其他乡镇表演,在宋家村闹新年的时候也要参加表演,观看的人很多,村中有结婚的也会唱上一堂戏,活跃氛围。我经常在晚上不干农活的时候组织排戏。高腔花销很大,

---

① 访谈时间:2020年7月28日下午。访谈地点:村民委员会办公楼四楼会议室。

需要置办的器材也很多,但在当时困苦的环境下能继续坚持,主要还是出于对高腔的喜爱。

据了解,当时没有资金,剧团就集中想办法,有时候村民也会积极帮忙筹钱,可见当时村民对高腔的喜爱程度。如今,生活娱乐越来越多样化,诸如高腔等传统民间艺术的生存空间被压缩,在经费紧张、成员老龄化、受众少等因素影响下,这些传统民间艺术渐渐淡出村民的生活。

2. 传统音乐

(1) 打溜子

土家族的打溜子是国家非物质文化遗产项目之一,是流传较广的一种民间打击器乐合奏,俗称"打家伙",演奏时可走、可站、可蹲。主要乐器是头钹、锣和小钹,即两个钹一个锣。据村中老人①介绍,打溜子中最基础的称为"贤元会",总体上,打溜子的难度较大。一般是由钹起头,先钹后锣。钹技打法有亮打、闷打、砍打、侧打、挤打、磕边打和搓揉打。锣技打法有敞锣、逼锣和闷锣,将不同乐器的技巧融于一体,并充分发挥每件乐器的演奏功能。表演的主要场合有迎来送往、婚嫁等喜庆活动中和丧葬过程中,通常唱戏前也要打溜子。打溜子曲牌繁多,表现力丰富,不同场合有不同的样式,主要有喜鹊合梅、元鹊抱答、蛇咬蛤蟆等。

(2) 山歌

山歌是土家族民歌的一种,包括劳动山歌和生活山歌两大类。劳动山歌有长有短,随需所唱,土家人用山歌表达自己的喜怒哀乐。生活类山歌是最主要、最常见的山歌类型。对唱调形式的山歌四句对四句,即兴创作、随口唱答,见子打子,见招拆招,内容上多用以互相抬高或调侃对方。村中有红白喜事时都会唱,讲究押韵,以歌抒情。村中的八句老人至今仍记得喜事中的拦门酒歌歌词:"手指洋洋一把平,吾今到此来拦门。礼是

---

① 访谈对象:向相斌,83岁,宋家村业余剧团主要成员、农民。访谈时间:2020年7月23日下午2点。访谈地点:村民委员会办公楼三楼办公室。

周公治的礼,文是文王治的文。尔是尔,吾是吾。照到水潭系我成,捡的铜钱穿线眼,找到前朝古礼行。"

(3) 劳动号子

过去人们在劳作特别是集体劳作的时候要喊劳动号子,以互相激励、互相打气,并能适当减轻劳动的疲乏。劳动号子短促、简洁、明快。宋家村的劳动号子主要分为三声号子和五声号子,三声号子如"哎呀嘛,做活,唉,做哩,唉哩!"五声号子如"呀喂呀做活,咿呀嚯嗻,哟喂!"词通常根据具体的劳动场景现场编创,起头劳工负责把词和调子编好,然后起号子,其他劳工跟着编好的词和调子喊。

3. 民俗节庆

(1) 节日庆典

当地除中华民族传统的春节、端午节、中秋节、重阳节外,还有"四月八"和"六月六"等特色节日。"四月八"传说是牛的生日,这一天要让牛休息,除喂青草之外,还要给牛煮稀饭、鸡蛋等食物。除此之外,还有一种说法是"四月八"是嫁毛虫、敬婆婆神的日子,希望田里的禾苗茁壮成长,不生病虫害,人们不喜欢这天下雨,因为下雨意味着有毛虫侵害庄稼。"六月六"传说是土王晒龙袍的日子,当天家家户户都要晒棉被。

此外,宋家村土家族人保留着跳马的传统习俗。农历春节后的第一个马日举行跳马盛会,从筹备到结束历时三天三夜,分为许马、扎马、跳马三个阶段。跳马是最重要、流程最复杂的阶段,具体又分为梯玛酬神祀典、贺马、抬老爷、操旗、调年、西可乐、出马、跳马、烧马、审老爷、烧老爷等环节。跳马的场面十分热闹,通常由两人带队,村民们围着马头转圈,同时有相应的舞蹈动作,跳马需要歌技与舞技相结合。马头由竹篾及纸制作而成,跳马结束后要将马头烧掉。宋家村的跳马有很多规范,如服饰要统一等。跳马节是土家族节日性酬神歌舞盛会,人们在节日中用特定的形式开展驱鬼活动,以此保佑全村村民平安。跳马活动规模宏大,独具民族特色,再现了土家族先民生活、劳作、战斗和祭祀等场面,较全面地保存了远古人类"游傩"的习俗。古丈跳马节于2008年被列入第二批省级非物质文化遗产名录。

（2）起屋习俗

木匠做成新梁以后请人在梁上画上红、黑两色的太极图,寓意"红进黑出",两头分别写上"乾""坤"二字,并配上八卦图,将亲友送来的银质梁泡钉在梁上。上梁时要举行落成庆典,亲友观看上梁仪式,热闹非凡。

（3）婚嫁习俗

宋家村是一个以土家族为主的村落,土家族的婚嫁习俗有特定的流程,且特征鲜明,大致分为以下五步。

第一步求婚。媒人代男方去女方家求婚,需要提一块肉、一把伞作为礼物。伞寓意团圆,如果女方家收下礼物就有八成希望,然后多次拜访才能求成。媒人首次提礼物去女方家时,如果女方家不收就表示拒绝,媒人不必再去央求。

第二步认亲,也称定亲。女方家同意以后,男方家就准备酒肉、衣物、糍粑等去女方家认亲,取回女方的生辰八字。然后,两家便正式结成亲戚。

第三步选吉日。结婚前一年或半年时间内,男方家择定吉日,再备礼物去通知女方家具体的吉日,双方便开始筹备婚事。

第四步哭嫁及过礼。结婚前女方要置办好嫁妆。在结婚前半个月或一个月内,女方的好姐妹以及姑嫂长辈等都要陪女方哭嫁,家族亲友要准备丰盛的晚餐宴请新娘,即送嫁饭。结婚前三天男方要把酒肉、衣物等送去女方家过礼。一般只送上衣,裤子由女方家自己准备,男方在送的过程中要注意礼物要与嫁妆数量一致。

第五步娶亲。结婚前一天女方"戴花酒",女方家会摆出全部嫁妆,亲友都会送来贺礼,新娘正式开脸,并梳妆打扮。当天下午男方会派迎亲队伍到女方家迎亲。媒人手拿一把雨伞作为标志,她是迎亲队伍的领队。男方的迎亲队伍到女方家之后,会遇到"拦门礼",结束以后才可以上席吃饭。女方家热情款待,第二天公鸡叫的时候迎亲队伍接上新娘和嫁妆出发前往男方家,新郎、新娘拜堂之后入洞房。入洞房后,新郎和新娘会先抢坐床,当地有传言谁先坐到床上就由谁来当家。青年会闹三天洞房。婚后第二天早上拜茶,第三天早上新郎、新娘携带猪腿等食物回娘家省亲,称"三朝回门"。

当地还有拜年的习惯,在定亲以后,每逢春节男方都要备上猪腿、糍粑等礼物去女方家,女方家会备好鞋子等礼物回馈。若男方家打算当年成婚,则当年拜年除猪腿、糍粑外,还要重点备上猪尾,如果女方家收下全部礼物,则同意当年结婚,如果将猪尾退回则表示不同意当年结婚。

(4)丧葬习俗

过去村民会请道士做超度亡灵的法事。对于正常死亡的人,其家人晚上要唱孝歌、行家礼,对于非正常死亡的人,其家人还要请人做"解法"法事。在灵堂停柩的几天中,选一天作为吉日,即"大葬日",亲属根据亲疏关系不同和经济条件不同向死者烧香祭奠,分为猪祭、牛祭、羊祭。猪祭有烧"猪头香祭",最次者为一块猪肉,名为"刀头香祭"。村民十分重视墓地的选择,讲究龙脉和风水。

4. 传统技艺

(1)古丈毛尖茶制作技艺

古丈毛尖茶制作技艺是古丈县各民族经过无数代人不断实践、探索总结出的一套完整的制茶工艺,是湖南省非物质文化遗产项目之一。古丈毛尖是古丈茶的公共品牌,也是古丈茶的金字招牌,畅销世界各地。据宋家村"茶王"向顺亮①介绍,毛尖被称为"一根针",属竹叶级,品鉴师主要从汤色、香气、味道、外形多个方面品鉴制茶工艺水平,只有全部标准都达到才算是最高的制茶水平。优质的古丈毛尖茶讲究紧、细、圆、直,茶形像鸟雀的嘴,尖、长、直,充满美感。泡出来的茶色、香、味俱佳,黄汤透亮,一杯古丈毛尖经过数次冲泡,香气依旧。古丈毛尖具有生津止渴、清心明目、提神醒脑、去腻消食、防癌、防治坏血病和防放射性元素辐射等多种功效。古丈毛尖曾被奉为贡茶,1929—2017年先后荣获"莱比锡国际博览

---

① 访谈时间:2020年7月23日上午。访谈地点:向顺亮家中。

会金奖""法国国际博览会国际名茶奖""中华文化名茶""中国驰名商标""国家地理标志保护产品""世界茶业博览会金奖""百年世博中国名茶金奖"等奖项和荣誉。古丈毛尖因茶形具有美感，又作为中国绿茶类针形茶的代表，饮誉海内外。古丈毛尖为县内各族人民脱贫致富打开了一条新路。中国著名歌唱家宋祖英也曾在舞台上唱响过家乡的《古丈茶歌》，"春茶尖尖叶儿翠，绿得人心也发芽"抒发对家乡的喜爱，更是对古丈茶的赞颂。

茶的种植、制作技艺远承战国时期的古法，据资料记载，8世纪发明蒸青制法，12世纪发明炒青制法。古代的古丈人采集野生茶树的芽叶晒干、制作并储藏，这一工艺在历代人的传承、保护和改良中延续了三千多年。古丈毛尖属绿茶，一直保持着古法制茶工艺。清明前嫩芽初现，直至谷雨时节，是宋家村茶农和制茶师一年中最忙的时候。清早，村民到茶园采茶，摘取茶树中新抽的芽头。采茶是一个极为关键的步骤，决定了茶叶鲜叶的质量。采茶人往往是有手艺保障、技术娴熟的茶农，因为"夹篓茶"会影响整锅新制茶叶的质量。古丈毛尖制作具体有以下8个步骤。

①摊青。把刚采回来的新鲜茶叶放入簸箕中摊开散热，除去表面的水分，厚度一般是2~4厘米。摊青的具体时长根据当日的天气决定，温度、湿度适宜时，刚采摘的新茶只需要4个小时左右。天气较热，太阳过辣时可以用电风扇辅助散热，等茶叶鲜叶凉了之后再进行摊青。阴天时需要5~6个小时，最长不超过七八个小时，遇上雨天、湿气较重时则需要摊上12个小时左右。摊青的时候切记不可乱翻茶叶，不好的茶叶要直接扔掉。

②杀青。古法手工杀青需要提前备好一口经粗砂石纸打磨、上油并洗净的铁锅。烧火并将其置于灶台上，温度烧至180℃~200℃，放入摊青后的新鲜茶叶不断翻炒。杀青不仅需要力气，更需要时间，1个小时只能杀青4斤左右。相较而言，用机器杀青1小时可以杀青30多斤。不管是手工杀青还是机器杀青，都需要制茶师掌控好时间、火候和速度这3个关键因素。

③初揉。摊开已杀青的茶叶，散热置凉，至常温后开始第一次揉茶。

初揉是个技术活,古法制茶全凭手上力度的拿捏和皮肤对茶叶湿度的感知,用机器制茶则完全靠制茶师的眼力,制茶师要蹲在揉茶机前看里面飞洒的茶叶的形状及颜色。

④炒二青。将揉好的茶放到风干机上,锅温控制在120℃左右,若锅温低,则易结锅巴,白毫脱落,使毛尖无毛,产生红梗红叶;若锅温太高,会造成芽尖焦枯断裂,毛尖无尖,产生焦黄粉末,影响成茶的干净程度。要注意控制好温度、时间,否则会出现"杀青焦边、转锅焦尖"的现象。炒二青的目的是进一步破坏残余酶的活性,巩固本色,继续散失一部分水分,为做条打好基础。

⑤复揉。摊开经炒二青的茶叶,放凉至常温,开始第二次揉茶。注意与第一次在时间和火候上不同。

⑥炒三青。复揉后进行第三次杀青,注意与炒二青在时间与火候上的不同。

⑦做条。做条是茶叶定型的步骤,全靠人工操作,步骤严苛,十分考验制茶师的功力。烧热锅后,放入茶叶,轻轻翻动,使其均匀受热回润,双手抓起茶叶慢慢轻揉,待茶坯水分散失,芽叶之间开始不粘连时,正是做条的时机。如果取出的茶叶过干就无法揉捻成条,做出来的茶条松散;如果太早取出做条,毫毛就会被大量溢出的茶汁黏附在叶的表面,白毫不露,茶条带黑。具体操作方法是双手握茶坯合抱于手掌之中,十指微张,前后搓揉并重复动作,着力于手掌与手指之间,用力轻重相同,使茶条在手掌中来回转动,不断从手掌上下及虎口边挤出,坠落在锅中,伸直成条。当满锅茶坯搓揉一遍后,再按循环的动作重复搓揉。在做条过程中切忌在锅中直接贴锅壁揉条。操作完成后出锅薄摊,待茶坯芽尖叶身的水分重新分布均匀以后,再行复干收锅。最适宜的条索色泽润绿,白毫初露,犹如松针。

⑧提毫收锅。提毫收锅的技巧是当茶条八成干时,切忌五爪(指)抓茶翻拌,只能运用掌力灵活翻拌,这样复干后的茶叶,能巩固做条过程中所形成的良好外形,使茶条挺直不匀、紧直圆细。提毫收锅的目的是使白

毫进一步显露,巩固做条时所形成的美观外形。

宋家村制茶师群体主要以古丈茶王等个体茶农为主,当地的大型工厂很少,一般都是家庭式小作坊,几乎都是在自己房屋内另辟一处专门作为茶叶的加工场地。古代,民间有自发的斗茶习俗,清朝时一度盛行。古丈县大兴茶叶产业化建设,茶园较多,再者制茶师队伍庞大,既为了相互交流学习制茶经验,也为了督促各地的制茶师自觉传承、保护和创新自身的技艺,2000年古丈县委、县政府根据由来已久的习俗组织斗茶大赛。茶农在清明时节采摘茶叶,并在自己的作坊内手工炒制出茶样,交给大赛的评审会评审,经过层层筛选,最终诞生"金茶王"。金茶王是守护、传承古老手工茶艺的代表性人物。斗茶大赛明确规定一家只能有一人获得"茶王"称号,但宋家村"茶王"背后都可能有一家子优秀的制茶师。时至今日,县内的斗茶文化不断传扬。历年来,宋家村走出了很多有名的茶王,并且出了县里唯一的女茶王。古丈毛尖的制作技艺在不断斗茶中日益完善,古丈毛尖也成为"斗"出来的茶中珍品。

(2)竹篾编制技艺

宋家村家家户户都有用竹篾编制而成的生活器具,村民用背篓等器具的时间久远。当地的乡间小道又窄又有坡度,人们生活和劳作只能借助手工编制的背篓、提篮等。村内1名竹篾匠师傅在大拇指受伤的情况下仍能3天完成2个背篓。竹篾匠师傅从宋家村的山坡上砍竹子并托运回家,用柴刀去除竹子上多余的枝丫,将竹子切条,不同器具的不同部位对竹条大小要求不同,有些尺寸和粗细一致,有些则完全不同。然后用切好的条起篾,注意同一器具不同部位的竹条尺寸、粗细也不一样,在编制方向上也存在差别。

竹编背篓(王四莲 摄)

用竹篾编制工具方法简单,只需要一把锯子和一把柴刀,其他的全靠手力和手艺。竹篾匠师傅在初学阶段都会拜师学艺,掌握最基本的编制方法。手工编织好的背篓最后要修平多余的篾条,以免被刮伤。近年,一个背篓能卖七八十元,利润相对较低,往往与付出的时间和精力不成正比,因此村内的竹篾匠日益减少。

三、自然资源

(一)宋家河

宋家河由上游的两股溪流汇聚而成,一条溪水流较大,曲曲折折,流经大部分的农田和门户,另一条则从村内古井方向一直向下,成为村民主要的生活用水来源。河水无污染,清澈见底,家养的鸭、鹅等经常在河水中嬉游觅食。夏夜,村民打着防水的手电筒,男男女女结伴到宋家河中合作徒手抓鱼,既可以为第二天提供美味的餐食,又可以在炎炎夏日享受河水带来的清凉,增添诸多欢乐。

(二)古树

宋家村周围栽有大量古树,成为村寨美丽的风景线和珍贵的自然财富。2016年县人民政府在古树上挂上"湖南省古树名木保护牌",并明确标明了保护的级别。宋家村在河南北两侧的山坡上有两棵相对的枫香树,树龄有三百多年。据村里的老人[①]介绍,这两棵古树是宋家村的风水树,受到历代村民的珍视与保护,不允许人们将其砍伐和破坏。枫香树是由宋家村先人向正余和向庆余两兄弟栽种,这两兄弟属于较早迁入宋家村的一批人。南侧的为向正余所栽,后来弟弟向庆余也在相对的位置上

---

① 访谈对象:向先荣,82岁,宋家村村委会退休干部。访谈时间:2020年7月22日上午。访谈地点:向先荣家中。

栽树。二人死后执意要葬在自己种植的大树下,继续守护大树。他们的子孙后代希望大树保佑他们平安幸福,久而久之大树便成为当地的风水树。此外,村中还有柏树等有上百年树龄的古树。古树高耸青翠,为宋家村平添了一丝沧桑。

四、历史事件

据村中老人[①]回忆,1952年宋家村内发过一次洪水,很多田地被淹,农民收成少,生活十分艰辛。1998年宋家村再次发生洪水,一些在河边的民居被河水淹没,宋家村的地势地貌极易导致洪水猛涨,但也能快速退去,因而仅有几户人家受损。

附录　现存的宋家业余剧团剧本一览

《大破金光阵》(节选)

(花上,走马白)一场干戈动,何日定太平。(坐白)恼恨保同挡大□,芦花河择金光阵,老爷上山去求宝,奴守大营调□□。本帅,樊梨花。老爷去到师父跟前求宝,来破金光阵。本帅镇守大营,调兵遣将,作好破阵准备事务。□□昨夜去到各路巡营回来,在此稍坐一时。(报子上白)报□。(花白)所报何事?(报白)昨夜三更时候,小本官偷去□□令,私往芦花河交兵去了。(花白)随后去探,若有不分通报。(探白)是。(花白)喂呀,不好了!(唱若伤音)闻探□心。罢了,老天爷,若应龙偷令去出战,怎不叫大论着惊吓。(白)少待,应龙盗令出营,私往芦花河交兵,此是凶多吉少。倘若老爷求宝回营,叫我如何应

[①] 访谈对象:向先荣,82岁,宋家村村委会退休干部;向相斌,83岁,宋家村业余剧团主要成员、农民。访谈时间均为:2020年7月22日晚上8点。访谈地点均为:村民委员会办公楼三楼办公室。

对？这便怎处。糟、糟、糟！有了。吩咐奉窦二将。(二将上白)来了。(花白)勒你二人将令一支，将薛应龙追回辕来，路遇贼子决不可与贼擅自妄战，领令小心去罢。(二将白)得令。(花白)人来(有)带马(龙)本帅各路巡营去也！

　　…………

《九龙刀》(人物角色及内容节选)

(1) 所需人员一览表

戏中人物	角色	戏中职务	扮装人数	备注
周赧王	老生	皇帝	1	—
舒云妆	小旦	梓潼娘娘	1	—
张熬	老生	都督元帅	1	—
探子	小丑	报事官	1	—
孟古	黑净	藩王	1	—
王红	小生	藩王义弟	1	—
土地公婆	老生旦	老农民	2	—
手下	小兵	卒子	2~4	—
需女化装人员	—	—	12	—

(2) 内容节选

(孟古上引白)别师下山自称王，汝夺周室锦江山。(坐白)生来性情狠刚杂，两膀武力本不差，吼声如雷震霹炸，钢鞭宝刀西铁塔。孤王，孟古，只因在家将人命打伤，是我投奔金刀老祖门下为徒，方免刑案。适才师言道：说我只有红尘富贵，无有仙家之份。说罢他即赐我两法宝，一条打将钢鞭，一口九龙宝刀，是我下山以来，王林、张泽与我比高，那王林背主投降而去，哗啦啦！我的宝刀斩了张泽。一路上收得御弟王红，娃娃年纪虽轻，两膀却有千之力。这言不表。……

《大闹阳洲》（上下两本）（人物角色一览表）

戏中人物	角色	书中称呼	戏中人物关系
杨天佑	小生（书生）	佑	符金莲、张碧桃的丈夫
符金莲	小旦（民女）	莲	杨天佑的前妻
杨新	小丑（小民）	新	杨天佑的家人
符金荷	红净（农民）	荷	符金莲的大哥
符金叶	黑净（农民）	叶	符金莲的二哥
张碧桃	小旦（二仙女）	桃桃	杨天佑的后妻
碧桃姐	小旦（大仙姑）	仙	张碧桃的大姐
李靖	正生（天王）	李	张大帝玉皇的天将
小兵	小兵	兵	符金莲的山寨兵
天门土地	老生	土	南天门的守门人
需女扮装人员	8～12人	—	—

（本章由王四莲撰写）

第三章　丫角村

丫角村由丫角山寨和凤鸣溪寨合并而来。丫角山寨①四面环山,有小溪绕寨而过。村寨背靠尖山,山上筑有碉堡,与河蓬的旦武营遥遥相望,是守护村寨的瞭望台。山下有一小坪,曾是村寨祈福之地,有观音阁、三元观遗址。凤鸣溪寨也是四面环山,村寨坐落在河谷处,因其形似鸡窝,故称鸡婆寨,该名称一直使用到新中国成立,才改为凤鸣溪寨。该寨以张姓为主,因此又称张家寨,有较完整的家谱,家谱中清晰记载了该村寨的由来及其迁徙历史。传统民居建筑、古井、古碉堡等物质文化遗产和苗族鼓舞、高腔等非物质文化遗产,给丫角村增添了迷人的魅力。2019年6月,丫角村被列入第五批中国传统村落名录。

---

① 因丫角山寨与凤鸣溪寨已合并为新的丫角村,为区分两者,书中使用丫角山寨和凤鸣溪寨来区分两者。

一、村落概况

（一）地理生态环境

丫角村位于湖南省湘西土家族苗族自治州古丈县城南15公里处的古阳镇境内，平均海拔307米，适合茶叶、油茶、药材等生长。丫角村东临官坪村，南靠坪坝镇旦武村、对冲村，西与白洋溪村、排抽村交界。村子有4个自然寨、9个村民小组，共274户计1058人。村域面积25平方公里，其中村庄占地面积960亩。

丫角村远眺（王潇 摄）

丫角村主要由两个大的村寨组成，船形地为大寨，棋盘街为小寨，它们以河为界。小寨为张氏一族，又名张家寨。丫角山寨东有龙头山、尖山，南有笔架山，西有大碗界，北有转头山。三面环水，右侧主干流叫万源河，上游有毛坪河、凤鸣溪，左侧有小湾沟环绕着丫角村寨，是个典型的船形地。村中共有4口井,村头有个小水井,村中有个大水井,村尾有个岩水井,岩水井对面有个凉水井。早些时候,凉水井因为水质上乘,井水冬暖夏凉而被村民所喜爱。村民说只有凉水井的水才能做出好吃的凉粉。

丫角山寨号称一座城堡,布局整密。村头曾有一条路直达城门,据说那条路长约60米,宽约1.5米,用青石条铺了180步台阶,很有气势。此座城门下面为石柱、石条、石板相互衔接,上面为木质结构,分上下两层,颇有古城楼气势。紧接着这座城门是一条青石板路一直向寨中心延伸,分上街、中街、下街三段。在它的两侧有大小短巷道10余条,通往各家各户。上街据说是古代军政衙门所在地,中街为学堂、小商品加工作坊和祠堂,下街为商业经营段。上段有衙门坪场两处,一大一小,中段有坪场一处,供匠人施工、晒谷用,下段有商用坪场一处。出口原有一个贞节牌楼,再步行数十步就是猫儿潭的一座单跨木制桥,连通大小寨和集贸市场,又是一条青石板台阶通向张家寨一座木质楼门,门内同样是清一色的石板路,路连路、巷通巷,故称之为棋盘街。村外,上有上马路,中有边马路,下有下马路,左有边岗路,右有三岔路,还有小湾桥、岩板桥、石拱桥、联姻桥。联姻桥取"七月七"牛郎织女在鹊桥相会之意,是男女青年对歌觅友的场所。

凤鸣溪寨原址在凤凰山上,约在1628年,从山上迁至现今所在地。据传,凤鸣溪寨自清代至新中国成立前一直叫鸡婆寨,是因当时有一名叫花子来此讨米,村里人见他孤苦伶仃,于是让他烧炭谋生。有一次炭窑塌陷,叫花子被压死了,于是村民把他葬在炭窑旁边。后来叫花子的后人要考状元,叫花子给他孙儿托梦,说只要把他的尸骨葬回家,就可以高中状元。于是叫花子的后人寻来,想把叫花子的尸骨带回,凤鸣溪寨的村民害怕叫花子的后人把叫花子的尸骨挖走后会破坏风水,为了不让叫花子的后人找到此地,改名为鸡婆寨。此后,"鸡婆寨"一直沿用至1949年,新中国成立后更名为凤鸣溪寨。

(二) 村落历史

丫角村人有一个共识,即认为他们的祖先是从江西迁徙至此的。县志记载,丫角村危、项、张、孙四姓为结义兄弟,为躲避战乱,从江西迁徙来此,见丫角山寨四面环山,河流贯穿其间,一条小溪绕寨而过,是为船形地,风水极好,于是便在此停留,繁衍生息。明清以来,朝廷曾在此设置衙门。19世纪初,丫角村一直是这个地区的经济中心,纺织业、印染业、熟食业、加工业、榨油业等发展良好,寨中街铺林立,各种商品齐全。每逢农历的初三、初八,十里八乡的人都会聚集于此地,如沅陵、吉首、永顺等地的人都过来购买生活所需物品,俗称赶场。民国时期,土匪张平为祸湘西,每逢赶集之日,就带人将街上的商品一抢而空,渐渐地,街上的店铺不再开门营业,而周围的居民因为害怕也不再来此地赶场。丫角村从此逐渐没落,曾经的繁华街道因为土匪的肆虐而变得空荡。新中国成立后,匪患渐渐平息。1952年8月成立湘西苗族自治区,三年后改为湘西苗族自治州,1957年9月成立湘西土家族苗族自治州。1958年丫角村开始实行人民公社制,直到1981年人民公社制被家庭联产承包责任制所取代。

(三) 村落人口

明清以来,丫角山寨是政府衙门所在地,又因衙门而兴起集市,这里一时成为经济中心,因此有不少人定居于此地,形成了寨中姓氏繁多的局面。村中主要姓氏有危、项、张、孙四大姓,其次有李、王、鲁、朱、邓、覃、邹、袁、双、唐、文、彭等共26姓。凤鸣溪寨是由张姓家族发展而来,作为一个大的家族,其家谱至今保存完好,家族观念较为浓厚。给孩子取名也要按家谱中的字辈排,名字中间的字必须是字辈,一个家庭中至少有一个孩子要按照字辈取名,女儿可以排除在外。在村里生活等同于在一个大家族中生活,因此大家都很注意自己的言行举止,思想也比较传统,平时很少有人参加丫角村的唱歌跳舞等娱乐活动。丫角山寨和凤鸣溪寨合并后,村里人的思想才逐渐开放,参加一些娱乐活动。平时村里的妇女一般不穿裙子,只有在结婚时,女子才穿长款的红色敬酒服。原因一是思想较保守,二是穿裤子干活方便。同姓不婚的观念根深蒂固,如果有同村同姓的人结婚,即使没有血缘关系,已经超出三代,也会遭到大家的唾弃。据村民讲,村里曾有一个姑娘和她舅舅辈分的人结婚了,周围的人都不能接受,她父亲为此与她断绝父女关系,她和丈夫不得已搬到村外居住。

(四)物产与特色产业

丫角村有耕地2000余亩,其中稻田780亩,有林地1.8万亩、茶园400亩、药材地400亩、烟叶地120亩。村里平均每人有1~2亩水田,其余为山地。以前人们的日常饮食受田地收成的影响,多以玉米为主,现在主要以大米为主食,日常用品多从超市购买。

村里的产业有种植业和养殖业,种植业主要分为茶叶种植、油茶种植、烟叶种植、药材种植。清光绪《古丈坪厅志》记载:"吾乡之中,贫寒日甚,生产不繁,土地皆瘠,山广田少,非膏腴之地可比。所出之利,别无大宗,其五谷杂粮,不足以供地方之用,唯桐茶,此地方之一大宗也。"可见清朝时期这里就盛产桐茶。丫角村现种植油茶200多亩,有野生油茶300多亩,但是由于油茶的生长周期长,成活率低,不好管理,因此由林业局发起,将大家的油茶地集合起来,由大户来承包,统一管理。合同规定5年内由大户全权负责管理所有的油茶地,同时也享受国家相应的优惠政策。5年后,等油茶生长稳定后再归还给农户自己管理。这对村民来说是一件好事,可以节约管理油茶的时间,专心料理家中的其他事务,或外出务工。

种植的药材主要是黄精、百合、玉竹、钩藤,其生长周期一般为5年,但由于药材的价格波动较大,因此收益不太乐观。近年来,在省公安厅交警总队扶贫工作队的支持下,村里成立了种植合作社,先后建成村集体经济40亩黄精中药材基地,探索出了一条可持续、可推广、可借鉴的"一托管、两奖励、三监督、四保障"的集体经济发展道路。主要是将集体经济产业项目委托给专业合作社管理,采取统一开荒、统一栽培、统一管理、统一采收、统一用工的规范运营方式,这样有效确保了产业项目的专业化、产业效益的最大化。

丫角村属山地地形,海拔较高,湿度足够,出产的茶叶叶芽柔嫩,清香扑鼻,醇而不涩,质量极高。茶叶也因此成为村里的主要产业,共种植有400多亩,主要用于制作古丈毛尖、红茶、黑茶。红茶、黑茶一年四季都可制作,毛尖一年只能制作两次,其中以古丈毛尖最负盛名。古丈毛尖历史悠久,始于东汉,唐代即以茶芽入贡。古丈毛尖条索紧细圆直,锋苗挺秀,白毫显露,汤色黄绿明亮,滋味鲜爽,香高持久,尤耐冲泡,以这些特点著称于世。1929年获法国国际博览会国际名茶奖,1950年远销苏联、东欧各国,1957年参加德国莱比锡国际博览会,1982年入选中国十大名茶,1988年获中国首届食品博览会金奖。印乐天是村里古丈毛尖的传承人之一,他与合伙人曾专门拜师学艺,配备了一整套现代化的制茶设备,开设制茶工坊。他们从种植到加工全部亲力亲为,用心做出品质上好的茶叶。此外,也会收购村里品相较好的茶叶,帮助村民解决茶叶的销路问题。

村里养殖的主要是山羊、黄牛、鸡、鸭、鹅。平均每家都会养200~300只羊和黄牛若干,以散养为主,因此,它们的肉质较为紧实,口感较好。

(五)经济社会发展状况

湖南省公安厅交警总队是丫角村的对口帮扶单位,2018年3月入村以来,他们就扎实推进村里的基础设施建设,丫角村的公共服务设施趋于完善。入村就可以看到,通往村里的道路都是平坦的水泥硬化路,在路边设置有一排矮矮的道路围栏。沿途都装置了太阳能路灯,路灯均匀地分布在村里村外的道路旁、田地旁,实现了村落全覆盖。每天晚上7点路灯会准时亮起,一直亮到凌晨2点,极大地方便了人们的日常出行。在村口还设置有两处招呼站,平日村民可以在这里等候公交车,去往县城或乡镇,出行较为便捷。

进入村口便可看到一个警卫室,这是2018年交警总队以"两站两员"建设为抓手,结合"戴帽工程进万村"宣传活动,投资建设的交通安全劝导站和农村交通安全警务室。主要负责开展村里的交通安全宣传教育,还给摩托车驾乘人员免费发放安全头盔400余顶。在交警总队的努力下,村民的交通违法行为明显减少,交通安全意识明显提高。

警卫室前面就是丫角村的村委会大楼,里面的规划和设置相当完备。村委会大楼外装置有喇叭,每天早上6点半到7点会准时播放半小时当日新闻,也通过喇叭临时给村民通知消息。随着交警总队扶贫队伍的入驻,他们帮助村子扎实推进党建工作,坚持每周开工作例会,落实"三会一课"、民主评议等制度。2018年组织全体党员赴十八洞村开展"学先进、敢担当,争做脱贫攻坚党员先锋"主题党日活动等。此外,还设立村民议事会、村民监督委员会,全面落实"四议两公开"制度;严格执行村"两委"班子轮流值班制度;完成党建活动室建设,定期组织开展创业致富知识讲座。通过党建和制度建设帮扶,村"两委"的组织能力、执行能力不断提高。村委会中不仅有综合办公室、党群活动中心、党建学习室,还设有一间儿童阅览室,村委会大楼还设有一间村卫生室,负责村民日常小病的医治。

村中还创新性地建立了"互助五兴"积分超市,共分为产业发展、综治维稳、环境卫生、基础教育、配合检查、参加活动、公益事业、五好家庭8个方面进行考核。每次考核后得相应的积分,村民可以用积分换取相应的生活用品。借力"互助五兴"活动,村里筹备成立了红白理事会、老年协会、妇女协会等农村基层组织。

此外,村里建有一个舞台,每年除夕都会在这里举办春节晚会,那是一年中最热闹的时候了。舞台前的广场上安装有一整套健身器材,平日里村民可以在广场上开展娱乐活动,农忙时这里便是晒谷子的好地方。

村里还有很多小卖部,方便人们的日常生活,仅丫角山寨就有5个小卖部。据说以前村里的店铺会开一个较高的窗口,以方便骑马的人买东西。2014年村里铺上了平坦的水泥硬化路,并且装置了配套的消防管道,路边可以看到消防栓。村里房屋建筑多为木质结构,容易发生火灾,且一旦发生火灾后果不堪设想。为完善消防设施,2014年,村里专门修建了一个100平方米的消防用蓄水池,以备不时之需,在平时严禁使用。

丫角山寨和凤鸣溪寨以前各有一所小学,但如今随着大家对教育的重视,以及村里小孩数量减少,村里的小学都已停办。如今小孩上学一般去古丈县或距离村子较近的河蓬乡。村里人对知识的渴望较强烈,大家比较重视孩子的教育,村里有人考上大学,当地政府会给予其一定的奖励。

早些时候,丫角山寨村民的生活用水全部来源于村里的一口古井,如今村里已经有两个专供日常饮用的蓄水池,很是方便。凤鸣溪寨还遗留有1960年左右修建的水坝及相应的凤鸣水电站,以前村里用的电全部来源于此。现今,随着国家政策的落实,不再使用这个旧水电站。此外,对于村里的卫生,村委会不仅要求大家各自打扫自己的房前屋后,还雇佣村民专门负责公共区域的卫生管理工作。丫角山寨和凤鸣溪寨各有5名保洁员,他们有明确的区域分工,分区负责,责任落实到位,不仅使村容村貌更加干净整洁,也解决了一些村民的就业和生活问题。

二、文化遗产

(一)物质文化遗产

丫角村内房屋鳞次栉比,村子中间有一条古街道,约500米长,3米宽。另有横向小街巷10条,与之交会形成"井"字形布局。街道两边还有商铺柜台遗存,古时人们可以直接在马背上购买商铺的东西,很是方便。旧时村中心设有千总衙门、校场坪、监狱、兵房、马房、军田等,由于流官上任,商业繁荣,各族人民在这里经商、定居。如今,千总衙门已荡然无存,只遗留下宽敞的坪场和房屋基石,但基本沿袭旧时的老地名,仍将村中的大坪场称作衙门坪场。

1. 四合院天井

村里的房屋建筑风格迥异,现留存有一座四合天井大院,以及很多吊脚楼、籽蹬屋(又名虎口屋)、排扇木屋等。民居建筑颇具特色,庭院式吊脚楼、转角楼、美人靠,富于变化,具有较高的美学价值。

这里的四合院不同于北方的四合院,它没有北方四合院明确的房屋布局,而是将带有苗族风格的四间屋子组建在一起,更加注重采光和排水的设计。村中的这座四合院已有四百年的历史,其用木构架支撑屋顶,墙壁只起到围护作用。屋顶采用一般的悬山式,覆盖小青瓦。所有柱子下面均垫有石墩,整栋房子远离地面。屋内铺有楼板,并设有通风口,能

丫角村四合院天井(石子　摄)

够充分排出屋内的湿润气体,防止楼板腐烂。院中央设有天井,遇到大雨天气,院内也不会积水。

2. 穿斗式木屋

穿斗式构架是中国古代建筑木构架的一种形式,这种构架以柱直接承檩,没有梁,原作穿逗架,后简化为穿斗架。穿斗式构架以柱承檩的做法,可能和早期的纵架有一定关系,已有悠久的历史。在汉代画像石中就可以看到汉代穿斗式构架房屋的样子,即用穿枋把柱子串起来,形成一榀榀房架,檩条直接搁置在柱头上,沿檩条方向用斗枋把柱子串联起来,

丫角村穿斗式木屋（王潇　摄）

由此而形成屋架。

房屋一般由五根主要支柱组成，称为五柱六瓜式，一般用杉木作为支柱。由于现在退耕还林，保护生态，禁止乱砍滥伐政策的落实，村民盖房需要木材时，首先要向村委会及政府请示报备所需数量，审核通过后才能砍自己所需的木材。结婚的时候，家里的每根柱子上都要贴上红色的对联及"囍"字，一般都是请人用毛笔书写。由于村里的房屋都是木质结构，很容易毁坏于火灾中，村里有几栋年代较久远的房屋就因此而不复存在。因此，现在村里格外注重房屋的消防设施建设，修建了专门的消防用蓄水池，并在道路旁边装有消防管道，以备不时之需。

3. 石墙

湘西位于武陵山片区，山高谷深，重峦叠嶂。由于平坦的土地较少，而且大多被用作耕地，因此民居基本都建在缓坡上，为了使地基更加牢固，扩展平地的面积，村民就会砌起堡坎。这种堡坎以山上的石头为原料，石头不用加工，石头与石头之间也不用水泥，完全利用石头的自然形态契合而成，异常稳固，历经百年而不倒。

4. 观音阁遗址

丫角村村口的山腰上有一处观音阁，内置观音菩萨塑像，两边有十八罗汉，二十四诸仙，中堂还有其他菩萨及灵官。新中国成立以后，观音阁在"破四旧"运动中被毁，如今只留下了残破的土垣。至今有人仍然会来这里祭拜，可看到残留的蜡滴和香段。在观音阁周围环绕着以柏树、樟树和榉木为主的古树，共32棵，它们大都已有二三百年树龄。现在村里人也比较重视对古树的保护,前几年有人在这里故意纵火,烧死了一棵柏树,村委会对此高度重视,加强了对这片区域的巡查。

5. 古井

丫角村的古井位于村头,据说形成

丫角村观音阁遗址(王潇 摄)

于明代,以前是村民主要的饮水来源,水质清凉,冬暖夏凉,常年不干。据传,丫角村的人只有用这口水井的水才能将藕粉揉好,因此大家都格外珍惜这里的水。现在村里已有专门的饮用水,这个水井的水主要用来喂养动物。

6. 石拱桥遗址

丫角村的石拱桥位于丫角山寨,据说修建于民国时期,主要用于人、畜通行。石拱桥是用方形石块堆砌而成,桥面宽2米,长4米。据传,当时有个叫危云赐的大财主见大家每天往来于两岸,很不方便,便请石匠修了这座石拱桥。后来有个风水先生路过,说丫角山寨的地形像船,在此修桥,就像一根马钉把船钉死了,船不能再行驶。自这座桥修好后,丫角山寨就渐渐衰败,集市不再像从前那样繁华。于是这座桥便遭废弃,不再使用。

丫角村石拱桥遗址(王潇 摄)

7. 古街

村落的中间有一条古街，长500多米，宽3米。街道全是青石板铺就，以前这里很繁华，有开旅馆的，有卖熟食的，有煮酒的，有打豆腐的，有做糖的，有卖粑粑的，有卖杂货的，有染布的，有擀面的，有打油的，等等，商贾云集。保靖、永顺、沅陵、泸溪等地的人都来这里赶场。后来因土匪抢劫，村里一些大户逐渐没落，赶场再也办不起来，不复当年的繁华。随着人们与外界交往的增多，石板路已不能满足人们的日常生活需要，被平坦的水泥路所取代。

丫角村街道（李涛 摄）

8. 军田

明清时期，丫角村设有千总衙门，兵房、监狱、马房一应俱全。为了满足衙门士兵的作战及生活需要，寨主与衙门签订协议，在寨子中选最肥、最好的田作为军田，让士兵轮流耕种。至今，军田还是老地名，没有改变，但衙门已没有了当年的踪迹。

9. 碉堡遗址

丫角村东面有一座尖山，与旦武营遥遥相望。山上设有一个碉堡，其壁有枪眼，下面埋有火竹筒（土电话），专门用来与旦武营通话。碉堡是守护寨子的瞭望台,易守难攻。尖山脚下有一个山包,叫烟包,建有信息传输渠道。如果有外敌来犯,有专人燃起狼烟报警,士兵们就迅速汇集,一起抗敌。现在该遗址仍在那里,保存较好,村里计划将其打造成一个观光景点。

丫角村碉堡遗址(古丈县政府 供图)

10. 滴水床

滴水床是丫角村苗族女子出嫁时的嫁妆之一。早些时候,女子出嫁时,经济条件较好的人家会打制五滴水木床作为陪嫁品。滴水床全部由实木雕刻打制而成,上面雕有梅、兰、竹、菊图案,十分精致。由于打制一张木床最少需要4个月时间,加上木料和人工费,一般

丫角村三滴水木床(王潇 摄)

人家承担不起。随着社会的发展，村里与外界的交流增多，村民家中的家具也逐渐被现代家具所代替。据村委会主任介绍，丫角村中目前只有一张保存完好的民国时期的三滴水木雕屏风床。

（二）非物质文化遗产

1. 音乐舞蹈类

（1）苗族鼓舞

苗族鼓舞是国家非物质文化遗产，丫角村至今仍流行着这一种舞蹈形式。苗族鼓舞原是苗家人用以驱鬼除邪、消灾纳福的一种祭祀性舞蹈，后来逐渐发展成为一种世俗性舞蹈，有团圆鼓舞、猴儿鼓舞、女子单人鼓舞、女子双人鼓舞、女子群体鼓舞等样式，鼓有两面鼓和四面鼓之分。表演者双手握槌击鼓起舞，伴以敲边或击锣之声。男子模仿猴子的滑稽动作，女子则表演梳头、戴花、纺纱、织布等生产劳动和日常生活方面的动作，鼓声清脆，舞姿优美，给人以美的享受和向上的力量。每逢苗年、赶秋节或家庭有喜庆活动之时，都会进行苗鼓表演。

苗族团圆鼓舞是省级非物质文化遗产，其起源于古代苗族的祭祀活动，产生于汉代以前。《古丈坪厅志·民族卷》记载："刳长木空其中，冒皮其端以为鼓。使妇人之美者跳而击之，择男女善歌者，皆衣优伶五彩衣，或披红毡，戴折角巾，剪五色纸两条盘于背，男女左右旋绕而歌，迭相和唱，举手顿足，疾徐应节，名曰跳鼓藏。"这是祭祀性的歌舞，随着社会的发展，团圆鼓舞逐渐从祭祀中分离出来，成为深受苗族人喜爱的日常歌舞表演样式。

新中国成立初期，文化部门就着手进行团圆鼓舞的

苗族团圆鼓舞（古丈县住房和城乡建设局　供图）

整理工作,开展各项活动,丫角村的苗族人参加了州、省民族民间歌舞会演,荣获嘉奖。过年时,团圆鼓舞要一直跳到正月十五才结束。鼓点铿锵,舞姿翩翩,苗歌悠悠,好一个团圆过大年的欢乐情景。团圆鼓舞的舞蹈动作分大摆、小摆、细摆三种,大摆粗犷,小摆稳健,细摆天真,将苗族人热爱生活、祈求丰年的愿望表达得淋漓尽致。苗族团圆鼓舞对研究苗族历史、文化、习俗具有重要的价值。

(2) 哭嫁歌

丫角村的人虽然95%是苗族人,但仍有少量土家族人居住。唱哭嫁歌就是土家族嫁娶中的一个习俗。土家女儿出嫁时,自古兴唱哭嫁歌,以诉思恋亲人、离别之情。在姑娘出嫁前十天或半个月,每天晚上村寨的众姐妹聚在姑娘的秀房,抱头边哭边歌,形式有单哭、对哭、混声哭。哭嫁歌有固定的唱词,亦可临时编词,形式较为自由,以七言居多。内容有开声、姊妹哭、骂媒人、母女哭、哭离娘席、辞祖宗、哭上轿等。既可用土家

哭嫁(古丈县住房和城乡建设局 供图)

语唱,也可用汉语唱,具有极高的文学价值。哭嫁歌已于2011年被公布为国家非物质文化遗产项目。现在虽然在嫁娶中很难见到哭嫁这个环节,但哭嫁歌作为一种民族民间歌谣形式,被流传下来。

(3) 打溜子

打溜子俗称"打家伙",是丫角村人喜闻乐见的打击乐演奏形式。主要的乐器是头钹、二钹、锣和小钹,俗称"四人溜子",也有三人溜子。它的演奏形式有走式、立式和蹲式。钹技打法有亮打、闷打、砍打、侧打、挤打、磕边打和搓揉打。锣的演奏技巧有敲锣、逼锣和闷锣。土家族打溜子的曲牌十分丰富,共有108套,有形声、绘神和写意三种表现形式。头钹明快稳健,二钹急如星火,铜锣行腔点韵,小钹洪亮清新。打溜子多用于土

家山寨的婚嫁和其他各种喜庆活动中。

古丈县内的苗族、汉族都有打溜子的习俗。2006年,湘西土家族打溜子被公布为国家级首批非物质文化遗产名录。丫角村的打溜子又衍生出闹台锣鼓和高腔围鼓等艺术形式,深受群众欢迎。

(4) 唢呐艺术

唢呐艺术是中国民间传统文化的一种表现形式。其基本乐器唢呐,俗称喇叭,是一种在我国各地广泛流传的民间乐器,丫角村也有不少人爱好此类乐器。根据不同分类标准,可以分为不同的种类,发音高亢、嘹亮,过去多在民间的吹歌会、秧歌会、鼓乐班和地方曲艺、戏曲的伴奏中使用。经过不断发展,唢呐的演奏技巧丰富了,表现力也提高了,已成为一件具有特色的独奏乐器,并用于民族乐队合奏或戏曲、歌舞伴奏。

唢呐演奏
(古丈县住房和城乡建设局　供图)

(5) 跳香

丫角村的苗族人,在秋收完毕后的农历十月初九,都要举行传统的跳香活动,喜庆丰收,敬五谷神,祈求来年风调雨顺。如今跳香已被列入省级非物质文化遗产项目,丫角村现在的跳香传承人是朱昌吉,传承人使跳香能够保持活力并延续下去。

跳香舞是苗族人欢庆丰收,预祝来年风调雨顺、六畜兴旺和取得更好收成的一种祭祀舞蹈。每年农历十月初一至十五,各个寨子轮流跳香,一个寨子跳一天,酬谢五谷神赐给的一年丰收果实。在苗族传说中,五谷神是吃斋的菩萨,只吃素不食荤,因此跳香人走到哪个寨子,哪个寨子的人就会蒸酒、打豆腐,请大家大吃一顿,以示酬答。丫角村设有香堂,专门用于开展跳香活动。村民会请一名能歌善舞的跳香老司,身穿红袍,头戴师额,手握司刀,口吹牛角,伴着铿锵有力的鼓声,在堂屋中载歌载舞。一般他身后会跟着四个小伙子,他们上身着白色苗装,下身着蓝色裤子,手拿四节竹棍,跟着跳香老司起舞。主要动作有"关公推车""怀中抱月""雪花盖顶""黄龙缠腰"等。跳到热闹时,老司单脚立在一匹茶枯上,长时间地旋转,紧锣密鼓,鞭炮齐鸣,真是又精彩又热闹。

跳香传承人朱昌吉
(古丈县住房和城乡建设局 供图)

跳香有成套的唱词,大多都是敬五谷神、庆丰收一类的吉祥语。看热闹的群众站在四周和大门口。大家选出4名经过一定练习的青年,手持竹棍,竹棍上面捆着几皮苞谷壳壳,在四周跳来舞去,并不时发出呜呼的声音,和着锣鼓的节拍,跳起各种与干农活有关的舞蹈动作(如打荞、扮谷等),并帮腔助唱,这叫"打筒"。跳香时所唱的曲调婉转动听,有浓郁的乡土气息。在跳香这一天还要"过香"。快到节日时,村民用新收的粮食蒸酒、做豆腐、打粑粑,这叫做"过香"。"过香"也叫"吃香",就是一家人围在一起,品尝自己用辛勤劳动换来的丰收果实。这一天与过年时不同,只能吃土里长出来的东西,严禁吃肉蛋之类的食物。人们吃到用粮食做成的丰盛食物,就倍加感谢五谷神的献种之恩。

2. 戏曲类

(1) 高腔

丫角村的高腔戏历史悠久,表演风格朴实。该曲种实属辰河高腔的一种。表演者朴实、自然,带有浓郁的乡土气息,具有讲究唱功、多唱传奇本高腔、善演目连戏的特点。演出时的伴奏乐器有唢呐、笛子、京胡、二胡、三弦、大鼓、小锣、云锣、钹、小鼓等。特制的高腔唢呐声音高亢优美,能与唱腔

高腔演奏(古丈县住房和城乡建设局　供图)

融为一体,在帮腔和伴奏中发挥着重要作用。其唱腔无曲谱,用当地乡话自编词曲,在演唱中有很大的灵活性,富有地方特色。声音高亢、嘹亮,风格粗犷、豪放,感情朴实、真挚,音域较宽,幽雅动人,是村民自娱自乐的一种演唱戏曲,如今也成为国家级非物质文化遗产,在村里传承良好。

(2)阳戏

阳戏分为内坛和外坛,内坛主要是做法事,外坛主要是唱戏。阳戏内坛二十四戏,即二十四坛法事,为迎神、酬神、送神仪式;外坛二十四戏,主要是戏剧表演,常演的剧目为赐福戏、贺寿戏、仕进戏、婚娶戏、送子戏、逗乐戏等。祭祀仪式的淡化和消失、戏剧娱乐因素的强化是阳戏的重要特征。面具是傩戏艺术的一个重要特色,早期阳戏演出者都要戴面具,至近现代,逐渐演化为涂面化妆表演,只有个别地方的演出者仍戴面具,保留了阳戏早期的演出形态。如贵州福泉阳戏就是戴着古老的面具进行表演,保留了早期阳戏演出特色的剧种。从民间歌舞发展成为戏曲剧种,阳戏经历了"二小""三小",以及"多行当戏"等阶段。在发展过程中,受到民间花灯、傩戏、辰河戏等艺术形式的影响。阳戏传统小戏中有不少载歌载舞的剧目,都具有民间花灯表演的特点,而《盘花》《捡菌子》《掐菜薹》等剧目,则直接来自花灯。

关于阳戏的具体形成时间,典籍中无从稽考。据说阳戏形成于清嘉庆末年,道光初年。关于阳戏的得名,有两种说法,一种认为是种田人、种阳春人演的戏,艺人大多是农民,并且长期在农村演出,所以称之为阳戏;另一种说法是因为傩戏与阳戏同班演出,傩戏是为娱乐鬼神而演,故称阴戏,阳戏显然

阳戏(古丈县住房和城乡建设局　供图)

也有还傩愿的酬神演出,但在庭前搭台唱阳戏,主要是娱人,故称之为阳戏。阳戏有比较成套的舞台步法,如小旦走的"斑鸡刁豆""双手种油麻""风摆柳""边鱼上滩""驾妖风"等。阳戏的音乐和唱腔很丰富,但因地区不同而各有千秋,一般有男赶板、女赶板、七句半、女一字、翻山调、后山调、正宫调、老一字、阴阳扇等27个过场音乐,曲牌有《步步娇》《水府渔》《大排队》等25个。器乐原来只有一把大筒和锣鼓钹,解放以后增加了扬琴、三弦、二胡、板胡、纸胡、横笛、唢呐、木鱼等。①如今,阳戏已成为国家级非物质文化遗产,在丫角村也得到了较好传承。

3. 传统节日

"七月八"是苗族传统的情人节,在这一天青年男女以歌传情,以歌结友,愿天下有情人终成眷属。社会的发展也给这一传统节日赋予了更多的意义,逐渐发展成为周边各族人民相互交流、娱乐的盛会。在当日的盛会上,来自不同县市的人都身着盛装,以山水为台,歌舞相伴。"七月八"有很多表演节目,如苗歌对唱、苗族鼓舞、跳香舞、传统舞狮、九子鞭、碟子舞、苗拳、篝火晚会等,充分展示了苗族文化的博大。

虽然村中有"七月八"的习俗,但随着社会的发展,村中的青年人外出打工的较多,以至于"七月八"在村中无法办起来。每逢"七月八",周围村寨的人都相聚河蓬乡穿洞共度节日。

---

① 《湘西苗族》编写组:《湘西苗族》,湖南:吉首,团结报印刷厂,1982年。

4. 民间传说

丫角村的民间传说主要有转头山的传说、角的传说、阳雀的传说。

（1）转头山的传说

传说在很久很久以前，有四座山，分别是吕洞山、丫角山、阿公山、阿婆山，它们相亲相爱，如兄弟姐妹。久而久之，它们之间渐渐产生了爱慕之情。丫角山爱上了阿婆山，但是吕洞山也看上了阿婆山，只有阿公山老实，敢想不敢讲，其实它们都爱阿婆山。丫角山提出要与阿婆山成亲，而吕洞山强行要娶阿婆山，不准丫角山与阿婆山相好。丫角山不服，就与吕洞山争吵起来，之后为争阿婆山它们互相残杀。丫角山先动手，在吕洞山胸前刺了两刀（如今吕洞山上还有两个大洞，洞内建有庵），吕洞山一气之下将丫角山的脑壳砍了，掉进了万沅池河中，变成了离丫角山不远的转头山。故此，在丫角村居住的人，不管在外乡工作或居住多久，总要时不时回丫角村看看，牢记自己的根本。

（2）角的传说

传说鹿、公鸡、蜈蚣三个是最好的朋友。狮大王过寿时，邀请百兽为它祝寿。各种兽选代表前去参加，唯有鹿说自己长得比别人丑，不愿在众兽面前现出它的丑相。蜈蚣说："我们都是好朋友，你不去我们之间少了个朋友，那不好，你去，我会想办法，把你打扮得漂漂亮亮，比别人都好看。"于是蜈蚣就找公鸡商量，蜈蚣说："公鸡大哥，今天我可要求你一件事，我看你比别人都美丽，头戴大红冠，身穿花锦衣，性情温顺，别人比起你来就差远了。看在我们都是朋友的份上，把你那两只角借给鹿哥，等回来时，我叫它还给你。"公鸡想了想说："到时候它若不肯还怎么办？"蜈蚣说："我保证它能还给你。"于是，公鸡就将两只角从头上摘下来，借给了鹿。鹿得了一对美丽的角，高兴极了，于是就同它们一起去参加祝寿活动。到了祝寿现场，百兽都围拢过来观看鹿的一对角，个个都夸它："这对长角真好看，可以说是我们百兽当中唯一的一对角了。"这么一讲，把鹿讲得心里美滋滋的。鹿心里暗想："都说我这角长

第三章
丫角村

得好看,那我回去后就不还给公鸡了,留在我头上,我永远都是最美丽的,再也不像以前那么丑了。"祝寿完毕,它们三个回到原处,公鸡见鹿几天了都还不把角还给它,就对鹿说:"你现在该还我的角了吧?"鹿说:"角长在我的头上,怎么说是你的,再说角是从头上长出来的,又不是什么东西,能取得掉的,怎么能给你?"公鸡见鹿翻脸了,不认朋友,于是就找蜈蚣要,说:"当时是你担保,我才借给鹿的,现在鹿不肯还我角,你看怎么办?"蜈蚣无奈,只好前去劝说鹿。蜈蚣再三劝说,但鹿依然无动于衷,不管怎样都不肯还角。蜈蚣劝不好鹿,也冒火了,就用口咬鹿。鹿痛了,就在地上打了一个滚,把蜈蚣圆柱式的身子压成了一节一节。而鹿由于被蜈蚣咬,浑身出现一个个伤疤,带着伤逃往深山老林了。公鸡得不到角,也对蜈蚣伤了感情,要吃蜈蚣,蜈蚣为了逃命,拼命往乱石里钻,把身体夹扁了。公鸡没有吃到它,但从此公鸡和蜈蚣成了死对头。

(3) 阳雀的传说

相传阳雀(杜鹃鸟)与李贵杨(穿山甲)是一对情侣,因犯天条,玉皇大帝把它们打下凡间,一个在树上,一个在土里,永世不得相见。杜鹃对李贵杨一往情深,非常挂念,苦苦哀求玉皇大帝,想要与李贵杨见一面。玉皇大帝见它有点可怜,便封它为阳雀,让它在清明节后三天才能叫,否则不吉利,叫的时候要叫到嘴巴流血(后来民间流传正在上厕所的人如果听到阳雀叫就不吉利,要讨三天饭吃)。所以阳雀日夜不停地叫,"李贵杨、李贵杨……"李贵杨听到叫声,反而越藏越深。杜鹃叫啊叫,一直叫到六月半,乌蒾(过江龙)熟了,它吃了乌蒾把嘴染红了,骗了玉皇大帝(阳雀叫的季节看不见穿山甲,因为穿山甲碰着人时头、尾都是卷起来的)。

又传有一女子,她母亲清明节前去世,之后她父亲娶了一个后娘,后娘待她不好。于是就有这样一个流言:阳雀叫来李贵杨,有钱莫讨后来娘。前娘杀鸡留鸡腿,后娘杀鸡留鸡肠。鸡肠挂在篱笆上,想到前娘哭一场。

5. 手工技艺

古丈毛尖茶制作技艺是古丈县各民族经过无数代人艰苦探索,不断实践总结出来的一套完整的制茶工艺。

古丈毛尖是全国十大名茶之一,种植历史源远流长。丫角村土地肥沃,空气湿润,植被茂盛,非常适宜茶叶生长。《古丈坪厅志》记载:"古丈坪厅之茶种之山者甚少,皆人家园圃所产及以园为业者所种,清明谷雨前捡摘,清香馥郁,有君山之胜,夫界亭之品,近在百余里内,茶为沅陵出产之大宗。"其特征是条索紧细圆直,锋苗挺秀,白毫披露,色泽翠绿,清香馥郁,回味生津。冲泡时,芽叶沉底,芽尖向上挺立,或如旗枪,摇曳晃荡。举杯细品,先微苦再转甘,最后满口香醇,令人心旷神怡。古丈毛尖茶的制作技艺分为杀青、初揉、炒二青、复揉、炒三青、再揉、做条、提毫、收锅等工序,每一道工序都极为讲究。目前,丫角村全村有茶园300亩,所产的茶叶用来制作高级别的古丈毛尖茶,还成立了茶叶生产合作社。古丈毛尖茶制作技艺已被公布为省级非物质文化遗产项目。古丈茶俗被公布为州级非物质文化遗产。丫角山寨有古丈毛尖茶制作技艺传承人2人。

6. 传统医药

苗族医药是一笔宝贵的财富。在丫角村,苗医已有很长的历史。以前村里还有土医生,通过推拿、针灸等方式,用草药为村民治病。在苗医流行时,医术高明的苗医得到村民的信赖。据凤鸣溪寨村民张文良说,他爷爷以前是丫角村的苗医,医术高明,方圆几十里的人都来村里找他看病。据说他曾经治好了因骨折瘫痪在床的女孩,她被医生诊断不能再站起来了,经过他爷爷的悉心医治,这个女孩不仅站起来了,还恢复得与常人无异。现今,村里的土医生几乎没有了,村民看病主要去村里的卫生室。

7. 民俗

(1) 日常礼仪

苗族人对礼仪极为重视。晚辈在长辈面前说话要诚恳,行为恭敬,必须使用敬辞。对于年纪与自己父母相当的陌生长辈,男的一律称"得讷",女的称"得目"。遇到和自己爷爷奶奶年纪一样大的,则称呼男的为"阿打",女的为"阿达"。在路上遇到和自己年纪一样大的,也要积极打招呼,对于不认识的大哥可称为"阿郎",大姐可称为"阿娅"。长辈遇见小辈,点头即可,也可称为"得苟",意为小弟弟、小妹妹。

(2) 婚俗

丫角村人讲礼仪,重情谊。无论是婚丧嫁娶,还是人情往来,都非常注重礼节。在婚姻方面,苗族人的婚姻较为自由,但也讲究门当户对,媒妁之言。必须经过媒人介绍(或自由恋爱)、吃开口酒、看屋、测八字、吃定亲酒、下聘礼、结婚等一系列复杂程序。

订婚通常是男方家到女方家登门央求。当男方家看上某家的女子时,就准备酒肉,请媒人先到女方家去"讨口风"。媒人到女方家后,女方家如果非常热情,便说明女方家有意,媒人便将此消息回告男方家。过几天,媒人又去央求,正式提及婚事。按习惯,央求的次数越多越好,因为"亲要多求为贵"。女方家里若有心将女儿许配给别人,必须经过众族人的赞同,才算有效。吃了"放口酒"就算是正式订婚了。订婚后,男方家马上选择吉日,向女方家过礼,做"亲酒"。过礼前一个月,先由媒人通知女方家,女方家又通知其族人等,到时前来吃酒。男方所过礼物主要是糯米、茶叶、茶油、食盐、米酒、猪肉、糖等。男方家的亲族要去一人帮忙过礼。走到女方家所在的村头时要放鞭炮,女方家听到炮声后立即出来迎接,主客双方互相道贺。客人到家后,稍加休息,洗脸,主人便取甜酒、阴米请客人们吃,每户照例请一男一女饱吃一顿。若有善歌的青年男女,可在早餐、晚餐时互相唱和,以为乐。共两天三晚才散客。过礼后,便可选择佳期娶亲了。娶亲队伍走到女方家门口时,主人首先要关门"拒绝"客人,屋内主人和屋外客人互相比赛放鞭炮。鞭炮放完后,娶亲的人把一包钱从门缝中塞进门内,叫做开门礼。关门的人接受开门礼后,才将大门打开,迎接客人入室。客人进屋后休息一会,吃过饭就发亲。新娘整装完毕,由胞兄弟(堂兄弟)背着上轿。新娘坐轿去男方家,除亲属陪同外,还有若干女子伴嫁。特别是要请两个儿女双全的妇女做引亲娘。引亲娘手拿布走在前面,叫开路邪。另外还要请歌师、歌手一同前往,作为娘家的代表参加赛歌。娶亲的人和送亲的人到男方家门口时,要将轿子放下,经合事用鸡"短然"后,才能请新娘下轿。新娘进屋前,男方家门口必须烧一堆旺火,象征吉兴。有的地方还要在进门处放一只筛,伴新娘来的女子绕筛而过,只有新娘踏筛而入。伴嫁女子全都是着盛装,哪一个是新娘,经筛子一筛便一清二楚了。新娘踏筛进屋后,不拜堂,而是一直走到地楼火坑边,面朝内坐下。主人便将一杯酒、一片肉,送给新郎、新娘共饮共吃,表示二人合好不分彼此。吃过肉酒后,又送来一盆洗脸水,这种水是用草药煮的,用来洗脸,据说可以驱除一切恶煞凶神。洗毕,主婚人唱合事歌一首,祝福新郎、新娘。歌词大意是:夫妻要合好,地久天长。女是太阴,男是太阳,日月同明,诸事吉祥。口合口,心合心,夫妻相合创乾坤。手合手,脚合脚,夫妻相合同快乐,夫妇齐眉同到老,百子千孙福寿长。唱完合事歌,婚礼就完毕。当天,新娘可同女伴出外观游,熟悉寨情,但不能走到与男方同姓的人家里去。吃过晚饭,夜幕降临后,便开场唱歌,以娱乐。一般由男方歌师唱起,女方歌手应和。双方歌师所唱的歌词,刚开始时互相谦让,然后互相争胜。唱到深夜的时候,为使听众振奋精神,双方歌师不唱正歌,而是互相打趣、取乐。歌词有猜谜语的,有讲故事的,等等。这时,主人煮甜酒给客人和其他听众当宵夜。吃完宵夜后,唱收场歌,大家散去。第二天吃完早餐以后,又唱容饭歌。一直要唱三天三夜才算完毕。这几天新郎、新娘只是见面。三朝后,清早起来,新娘挑一担水倒进水缸,表示自己从此在夫家勤劳作。男方家的亲族为了表示盛情,常常留客吃饭,一家一顿,苗语叫做"农列吐"或"农列高",意思是"吃排村饭",新说成"排家饭"。有时亲族人多,请客吃饭的也就多,客人有时一天要吃七八顿饭。常常是这边刚下桌,那边又喊吃饭、喝酒,实在是应接不暇。

客散了以后,新娘要回娘家住一晚,叫做回门。第二天由女方家派族人或同胞兄弟护送其回夫家。这天晚上才是新郎、新娘成婚的日子。按照习俗，新娘先入房，新郎要等客人和全家睡尽之后，才入新房与新娘同宿。一个月后，新郎须陪新娘回娘家住三天。此后，夫妇从事各项劳动，创家立业，白头到老。

除上述情形以外，苗族人的婚姻尚有两点特殊之处。第一，汉姓同而苗姓不同者可以通婚。苗族人有自己的苗语姓氏，尽管汉姓相同，但苗姓不同。在湘西苗族人中，汉姓相同而苗姓不同的有石姓、龙姓、张姓、吴姓等。以石姓来说，同是石姓，内分"仡瓜"和"仡卡"两姓。"不相识瓜"，一般称为大石，祀奉的祖先是"椎牛"，"仡卡"称为小石，祀奉的祖先是"吃猪"。因此石姓与石姓通婚，实际上是"仡瓜"和"仡卡"两姓通婚。不清楚内情的人，便以为苗族习惯同姓通婚。第二，恋爱自由。苗族青年男女谈恋爱最重情义。一般说来，男女双方初次相见，虽各表现出相惜之情，但实际上并未倾心，至少要经过若干次接触后，双方有了比较深入的了解，才肯赠物为凭，约为友好。也有一些青年男女感情深厚，但父母却竭力反对，双方为爱情私奔的现象，但不多见。

(3) 传统丧葬习俗

对于白事，丫角村的传统习俗也格外讲究。成年人用杉树棺木收敛遗体，未成年者用木匣收敛遗体。寿终正寝者，要先用桃树叶或水菖蒲煮水给其洗澡，然后给其穿寿衣并将其放到床上，再入棺。棺木放在堂屋的正中央，停柩三天后才能上山安葬。抬着灵柩上山时，需要找一个年纪较大者拿着火把在前面引路。抬丧不走弯路，逢山翻山，遇水蹚水。送亡者上山安葬后，回到孝家，必须从其门外的米饭碗中取一粒放入口中，然后吐出来，最后才能进屋里。夭折的人的遗体不能进屋，不停灵，要尽快下葬，且只能用木匣装遗体。其他因上吊、跳水等原因而去世者，遗体也不能放在家里，死者的家族要立即将装有酸菜的坛坛罐罐摔碎在屋外，或者将罐子掏空，放在野外一段时间才可拿回来。

凤鸣溪寨是1628年从山上（大屋场）搬下来的，大家依然认同那处旧址是自己的祖宅。因此村里有老人去世后，一般都葬回大屋场。当地安葬去世的老人也有许多讲究,墓地要认真选择。老人去世后,其亲属首先请风水先生找一处风水宝地来安葬老人的遗骨,因为这关系到他们家族以后的命运及发展。凡年满60岁以上的老人去世,在家最短也得停放三天(即"三早"),少于"三早"的,别人会骂其子女不孝。凡家里有60岁以上的老人去世,这户人家必须在大门上方贴上"当大事"三个大字,就是告知周围村寨的七亲八眷及邻里乡亲家里有老人过世了,要当大事来对待。得知不幸消息后,亲朋好友都会自发前来帮忙。确定一名有威信的长者主事,主持全盘大小事务。大寨小寨所有的事全部为此事让路,以此事为大。丧事一般分为"开路""传灯解结""天女散花""绕棺""唱孝歌""出殡"等程序。每一个程序都很隆重,也要认真对待。从安葬这天算起,要连续三天到坟上烧夜火,以给亡人做伴,人们认为亡人初来乍到,怕其孤独。新坟三年,家人必须祭社,替代挂亲,三年期满后,清明时祭奠即可。如果家里有刚去世的人,一般在春节前几天,家人会带东西给新去世的人上坟,叫做送年夜饭,要连续送三年。在此期间,清明的时候不能去坟上祭拜,直到三年期满才可以去,三年期满不再需要每年去送年夜饭。此外,还有一些讲究,如家里有老人过世,则三年内不能放鞭炮等。

村里没有公开的祭祀场所,大家一般都是在家里祭拜。在每户人家都可看到"天地君亲师"牌位。这个牌位其实是一张粘贴在墙上的纸,可以请先生来写,也可以直接到市场上购买。这个牌位体现了丫角村人对天地、国家、祖先和老师的崇敬。一般的祭祀节日有春节、中秋、重阳、清明、端午、农历六月初一、农历七月初一。每逢节日,大家会在家里的牌位前摆上水果、猪头肉等祭品,并在上面插筷子,表示祭祀之意。一般大家只在清明节时上山祭拜,其他节日都是在家里供奉牌位。白事一般都杀猪、宰羊,以猪血、羊血祭奠亡人。

丫角村非物质文化遗产名录

序号	项目名称	项目类别	保护级别
1	苗族鼓舞	传统舞蹈	国家级
2	哭嫁歌	民间文学	国家级
3	打溜子	传统音乐	国家级
4	高腔	戏曲	国家级
5	阳戏	戏曲	国家级
6	唢呐艺术	传统音乐	国家级
7	苗族团圆鼓舞	传统舞蹈	省级
8	跳香	传统舞蹈	省级
9	古丈毛尖茶制作技艺	传统技艺	省级

三、自然资源

（一）自然景观

1. 古河道

丫角村自有村落以来，村口就有一条古河道，名万源河。它发源于毛坪村，流经窝土田、白洋溪几个村寨，至丫角村汇集成万源河。这条河的水质很好，河水清亮，鱼虾很多，是村民生产灌溉的主要水源。如今，在丫角村经常可以看到村民在河边洗衣、钓鱼。

2. 古树群

丫角村的观音阁遗址旁种植了一大片古树，以柏树、樟树、榉树为主，它们已经生长了二三百年。

（二）药材资源

药材有黄精、百合、玉竹、木瓜、钩藤、鹅掌金星、一点红、卷柏、吊金钟、天麻、七叶一枝花、杜仲、黄柏、厚朴、散血丹、党参、鹿茸、黄连等，其中以黄精、百合、玉竹、木瓜、钩藤为主。

四、历史人物

丫角村虽是古丈县大山深处的一个小村落，但其在历史上曾出过很多名人。民国时期，村子里就出现了一些为国家和人民抛头颅洒热血的英雄。据说古丈县有7个共产党员，丫角村就占了3个。

危云炎（1887—1927），又名赤勋，古丈县古阳镇丫角村人，祖辈都是农民，曾在村小学担任教员。民国十四年（1925年），在古丈巡防军总监刘谷卿的部下任军法官。民国十六年（1927年）春，中共党员、国民党党务特派员张世衡介绍他加入国民党，出任县党部录事一职。后被派往罗一溪、官坝、龙鼻嘴等地开展农民运动和组织农民自卫队等。

危云开（1885—1927），又名危开泰，是危云炎的胞兄，以经营小商业为生，当时是古丈县商会负责人。民国十六年（1927年）4月，经中共党员、国民党党务特派员张世衡介绍，与危云炎、向成良、杨万玉、陈金山、陈金生一道秘密加入了中国共产党。危云炎、危云开加入中国共产党后，积极工作，发动工农群众，开展农民运动，打击贪官污吏。

1927年，这里发生了声势浩大的农民运动，印世芳等人成立了农民协会和自卫队，与土豪劣绅作斗争。1927年5月21日，湖南长沙发生反革命事变，史称"马日事变"。此事件发生后，6月1日（农历五月初二），危云炎、危云开兄弟二人便被国民党反动派刘谷卿逮捕。被羁押时，两人视死如归，为保存革命力量，危云炎被捕时，设法在手掌上写个"走"字，暗示其他同志赶快离开此地。当晚，兄弟二人惨遭杀害，血洒校仗坪。牺牲时，危云炎40岁，危云开42岁。

五、村规民约

村规民约在村民的社会生活中发挥着重要作用。借助"款"等民间组织,村民将约定俗成的条款运用到村寨人际关系的梳理和村寨的治理中,为村寨的稳定及村民关系的和谐提供了重要保障。在今天村民的生活中依然能够看到传统村规民约的痕迹。不过,随着社会的发展,传统的村规民约已经难以满足人们生产生活的需要,因而丫角村村民又在原来村规民约的基础上制定了更加适合时代发展的规约条款。以下是2017年9月丫角村的村规民约内容。

1. 爱党、爱国、爱集体、爱劳动、爱护公共财物;做有理想、有道德、有文化、有知识、守纪律的好村民。

2. 认真学习党的路线、方针和政策,坚持四项基本原则,在思想上、政治上同党中央保持一致,不搞资产阶级自由化,不搞任何形式的精神污染。

3. 认真学习农业科技知识,提高科技兴农本领,科学种田,搞好生产,增加收入,勤劳致富,建设社会主义新农村。

4. 努力学习并模范遵守党和国家的法律、法令,自觉同一切违法乱纪、坏人坏事和不良倾向作斗争。

5. 树立社会主义新风尚,保护妇女儿童的合法权益,尊老爱幼,尊师重教,拥军优属,扶贫帮困……喜事新办,破除迷信,移风易俗,厉行节约,文明办理丧事,禁止赌博,无违法婚姻。

6. 自觉搞好精神文明建设,积极开展文明家庭、文明院落、文明村组、好丈夫、好媳妇、好婆婆、好儿女争创活动。

7. 讲究社会公德,维护社会秩序,自觉维护户与户、组与组、村与村之间团结,反对称王称霸,禁止打架斗殴,寻衅滋事。

8.自觉保护好环境卫生，搞好绿化、净化空气，保持庭院的整洁美观。

9.积极支持和参加本村和社会上的公共事务和公益事业建设，积极兴办和发展社会福利保障事业。

10.保护生态，不准乱砍滥伐，禁止电鱼、毒鱼。

从以上内容可以看出，新修的丫角村村规民约主要在村民的思想建设，习俗风尚的革新，法律、科学等知识的提高，精神文明建设，环保意识和公共服务意识的培养等方面做出了相应的规定。

（本章由王潇撰写）

第四章　三坪村

三坪村是古丈县高峰镇管辖的建制村,位于高峰镇东北部,北与铅厂村交界,西接原高峰镇林场,南与岩排溪村相邻,东与沅陵县接壤,下有寺坪、麻坪、岩坪三个自然村。三坪村的地形以山地为主,村落总面积9.053平方公里,人口1282人,以苗族、土家族为主。全村耕地面积1515亩,其中稻田面积1160亩,旱地面积355亩。森林面积9930亩,森林覆盖率73%以上。三坪村气候寒冷,昼夜温差大,全年平均气温12℃,无霜期240天,平均海拔700米。2019年6月,三坪村被列入第五批中国传统村落名录。

一、村落概况

（一）地理生态环境

三坪村因呈"品"字形分布的寺坪、麻坪、岩坪三个高山平坝而得名。村背后的雄浑山脉——白虎山一分为三，向同一方向延伸出去，形成既勾连有致又相对独立的三块平地，如同"品"字，上应日、月、星，下和雷、龙、夔。"品者，众庶也"，"品"字形亦暗合人丁兴旺之意。先辈认为这是一块吉祥幸福之地，便在三个小坪上依"品"字形就势而居，形成犄角之势，外御强敌，在此世代繁衍生息。

三坪村海拔高，交通不便，是隐世避乱的好地方。据村民叙述，先辈为了躲避战乱才迁徙定居三坪村的。从村落的分布格局看，三个自然寨互为犄角，具有明显的防御性质。

三坪村全景（车越川　供图）

三坪之名或源于建筑，或源于物产，或源于地势，原建有寺庙的称寺坪，盛产苘麻的称麻坪，地势较高靠近悬崖的称岩坪。三坪村地势险要，易守难攻，背靠大面山层峦叠嶂，形如玉枕，面临王连溪迂回曲折，形似玉带,左边悬崖若刀劈斧削,右边的白虎山虎视眈眈。村中地势平缓开阔,沃野连绵,泉源众多,植物繁茂,可开垦千亩梯田,是理想的栖息之地。寺坪正中有一个自然湖洼,水质清澈,房屋大取地势,小取朝向,多环湖而建,疏密有致,村民凭水而居。传说天然形成的古老湖洼、水池有灵气,水底有神灵居住,守护村落平安。

受山地地貌影响,村落的空间格局多依地势鳞次分布,阡陌交通。村中道路多以青石板铺就,或成平衢,或成石阶。古人在冬天时穿着钉鞋走在石板路上可听见叮叮声。

村内水源丰富,有四口古井,一座小型水库,供人畜饮用和灌溉。最具特色的是村头的一口方井,其水质甘甜,水量充沛,四季如注。井旁有五株千年古柏,苍劲若虬龙,盘旋傲长天,自成风景。村民多在树下纳凉,聚集议事。

(二) 村落来源

三坪的村民认为他们是盘瓠之后。相传,盘瓠娶了辛女之后升山入谷,居于石室之中,豢养一只吊颈白额虎为伴。酉水住着一条黑龙,觊觎辛女的美色,一天黑龙行恶,白虎撕断其脊梁,黑龙死去化为悬崖。辛帝遣兵寻觅辛女,白虎又将官兵全部咬杀。辛帝大怒,命土老司作法将白虎压于大山之下,即三坪村右侧的白虎山。为了感念白虎的守护之恩,村民在山顶建寺塑像,常年祭祀。

村民认为向氏是最先迁徙到三坪村的。其传说有二,一是佤乡苗族向姓一支,一是向宗彦之后。相传,东汉初年,伏波将军马援征五溪,佤乡苗族向姓一支为躲避战乱,带着田姓姻亲沿酉水而上寻找避难之处。时地势平坦的低山平坝已有人居住,只好往地势较高的地方寻找,行至三坪,见其地势平坦,土壤肥沃,水源充足,遂定居于此。

向宗彦之后一说则认为三坪向氏是溪州之战后由沅陵二酉莲花池迁入。939年,溪州刺史彭士愁发起溪州之战。江西丰城人向宗彦辅助

三坪村《向氏族谱》(车越川 供图)

马希范平息了战乱后,其部族定居于沅陵二酉莲花池,即今沅陵县与高峰镇接壤的莲花池村。后来向宗彦因受猜忌而死,其部众为逃避剿杀,四处逃亡,三坪向氏一支便是由莲花池迁来。

向宗彦死后被尊为向老官人,是守护一方的五谷尊神。这些传说和信仰在高峰、岩头寨等镇的向姓村民中广为流传。

(三)村落人口

三坪村村民大部分是操佤乡话的苗族人和土家族人,他们自称佤乡人。佤乡人的语言独特,其被语言学界列为濒危汉语方言,是单列的不属于任何其他汉语方言的语言系统。就与佤乡人核心分布区的语言比较来看,佤乡语言既不属于邻近的辰溆片湘语,也不属西南官话中的沅陵话。因而有学者以佤乡语所保留的中古汉语和上古汉语的元素,而将其认定为古楚湘语或者古湘语的一种。据村民讲述,在20世纪的民族识别中,因佤乡人的数量较少,在传统民俗、服饰、饮食等方面与汉族亦有相同之处,因而未被识别为单一的民族。村民能用西南官话与外乡人无障碍地沟通,佤乡人之间则使用其独特的语言——佤乡话来交流。1944年,国民政府将沅陵县利平乡管辖的寺坪(今三坪村)划归古丈县,此后三坪村无大规模的人口迁徙。

目前,三坪村主要有田、向、张、李、赵、罗、曾、胡、姚等姓氏村民。据村民口述,先辈迁徙到三坪的时候都是多个姓氏结伴同行,相互之间都有着宗亲血缘关系,因而各宗族相处得非常和谐,不会因为争夺土地或其他资源而发生斗争。三坪村本身又地处海拔高的山地,交通不便,因此与外界的冲突也很少,俨然是一个世外桃源。随着时间的推移,又有其他宗姓迁来,形成了今天十多个姓氏共居的局面。

(四)物产与特色产业

三坪村以传统农业为主,村中的大部分经济来源是村民外出务工和经商的收入。村中的常住人口较少,约为总人口的三分之一。留守的村民主要靠农业获得收入,农作物以水稻、玉米、油菜、黄豆等为主。近年来,三坪村大力发展烟叶、药材、香米等经济作物,增加了村民的经济收入,人均年收入约5000元。在党和国家政策的帮扶下,三坪村的产业发展迅速。原有茶叶、林木加工等产业,现村内的主要产业为黄柏种植、红米种植、小香米种植、稻花鱼养殖。此外,黄桃种植、核桃种植等正在进行产业发展试点。也正在推进以荷花观光为主的传统村落观光旅游业。

1. 小香米种植

三坪村的小香米是三坪村村委会主任向敏委托本县农业种子公司从云南引进的优质水稻品种,属非杂交非转基因水稻。2015年开始试种,已在三坪村连续试种了4年,2018年种植面积15亩。该水稻品种现已完全适应当地的气候和土质,成了具有三坪地方特色的水稻品种,谷粒饱满,色泽金黄,米粒完整浸色,用其煮出来的米饭香气浓郁,黏糯适中,口感香甜,色、香、味、营养俱佳。三坪村的海拔在400~550米,日照时间长,光照条件好,水稻完全用山泉水灌溉。全村周边没有厂矿和养殖场,水、土壤和空气的质量十分优良。按照绿色农产品的生产要求严格控制生产投入资料的使用和管理,肥料完全使用农家厩肥,使用剥壳机进行香米加工,较好地保留了香米的营养成分,保证了产品绿色、环保、营养、安全。

2. 红米种植

红米种植起源于中国,距今已有一千多年的历史。红米外皮呈紫红色,内心红色,米质较好,营养价值高,略有酸味,味淡,是南方常见的一种粮食作物。据村干部介绍,三坪村的红米种植历史悠久,品种纯正,硒含量高,近年来逐步形成产业,进行规模化种植。村里的红米主要销往沿海的广州地区,因其硒含量高,广受好评。

3. 稻花鱼养殖

三坪村坐落在大山的褶皱里,村内田地多,水源丰富,水土肥美,得天独厚的自然条件非常适合养殖稻花鱼。每年5月插秧前后,村民将鱼苗放到稻田里,任其自由生长,只需保障好水源和水质即可。稻花开的时候走过稻田时,时不时能听见鱼儿在稻田里嬉戏的声音。稻花开时带来充足的养料,也是稻花鱼生长最快的时候。每年8月,花期会延续10来天,等到稻花落尽,打稻谷之前,便到了稻花鱼收获的季节,当地称为"抠鱼",把稻田里的水放干,便可以开始抠鱼了。目前三坪村的稻花鱼养殖面积约800亩,亩产稻花鱼约30斤,经济效益高,除售卖活鱼之外,多制成干鱼和酸鱼。

(五) 经济社会发展状况

三坪村的农业生产规模较小,未能形成大规模的产业。村中大部分经济收入是村民外出务工所得,经济社会发展水平相对落后。随着脱贫攻坚战取得全面胜利,村民脱离了贫困线。

三坪村地处沅陵县、永顺县、古丈县交界地带,以前从三坪村到高峰镇的道路破旧,村民出行需要自驾汽车或摩托车,约30分钟车程。通往古丈县的公共汽车每天往返2趟,到达县城则需要2~3个小时。现在该村主要有三条路与外界相连。第一条是东南方向,通往沅陵县城50公里,通往乌宿乡30公里,是三坪村村民赶集、商贸往来的主要道路。第二条是西边方向,经高峰镇至古丈县城,全程约60公里。第三条是西北方向,到达永顺县小溪镇约10公里,可至酉水河,以水路通往外界。20世纪70年代,三坪村修建了通村公路。2018年,村内的道路完成硬化。

新中国成立以前,三坪村没有正式的学校。最早办私塾的先生叫向永真,私塾常年有10个学生左右,学生可用米、豆腐、油等充抵学费。新中国成立以后,才开始办学,1954年开始办初小,20世纪60年代增加了初中阶段的教学。20世纪90年代末,由于学生人数少而停止办学,学校旧址现改建为村民服务中心。据村民介绍,三坪村学校兴盛时期,学生最多时有370余人,教师12位,邻村的孩子都集中到这里上学,为当地的社会发展做出了重要贡献。

村内现建有一所村卫生室,扶贫期间,高峰镇卫生院为精准扶贫户提供了家庭医生签约服务,能够提供一些基本的公共卫生服务、健康扶贫政策的宣传和落实服务、个性化健康管理服务以及基本医疗、分级诊疗、双向转诊等服务。

三坪村建有村民服务中心、为民服务微信群、警务工作站、公共厕所、图书室、戏台、健身器材、篮球场等,进一步丰富了村民的日常生活。

三坪村活动场所(车越川 摄)

未通电之前,村民一般用一根铁丝制成的篓,把枞树皮或枞树油放入其中燃烧来照明。近代以来,便开始使用桐油灯,在像碗一样的灯盏中放入灯草或棉纱点燃照明,多为富裕人家使用。后来开始使用煤油灯,把煤油注入一个玻璃灯罩中,点燃照明。20

世纪80年代,凤滩水电站建成以后,三坪村通了电,村民开始使用电灯。通电之前,村民主要使用石磨、石碓加工农作物,20世纪80年代以后,村民用上了小型的粮食加工机器,如打米机、磨面机等。

没有通电话之前,村民的通信基本靠大声喊,20世纪八九十年代开始通电话,一个村只有一个座机。一般通信除了口耳相传外,大多靠写信,或到县城发电报。2003年起,经济状况较好的家庭陆续使用有线座机。2016年以后通宽带,接入互联网,大部分家庭用上了互联网。村里还建有农村电商服务站,帮助村民进行网上购物和接收快递,村民的生活越来越便利。

二、文化遗产

(一)物质文化遗产

三坪村的物质文化遗产丰富,特别是传统民居保存较好。有民居12栋,为干栏式建筑,以土木结构为主,屋顶上盖小青瓦,用红泥夯土墙,以木板房为主体,风貌别具一格。另有多栋老旧建筑,亟待修缮。村中有4口古井,仍然为村民提供饮用水。有多处矮石墙、阶梯、石道仍在发挥作用。修建水塘时所刻的碑文清晰可辨。古碾坊、榨油坊则仅剩裸露的地基。村口原来建有大牌楼和两座古墓,皆毁于"文革"时期,在附近仍能看见其用于他处的石料。

1. 传统民居

据村民讲述,村里原有一座规模较大的民居,为著名雕刻师田华堂的祖宅。相传,此宅建于清朝初期,为两进两厢式结构,有一个200平方米的大坪场,外面有一个吊脚楼,周围用围墙圈住,有一个朝门,占地面积近600平方米,是当时寨中最大的宅子,可容纳一两千人,还有三四十个卫兵。此宅在"土改"中被分配给贫雇农居住,"文化大革命"时被毁。

现有向明强、向西达、田金平、赵如东、田金万、向和西、向和万、向发友、向邦江、向发权、向发武、向邦兵12户的传统民居被列入县级文物保护单位。

三坪村现存的传统民居大多在民国时期进行过改建,都有单独的外墙,为砖木混合结构。地基是用当地厚重的青石砖筑就,中间部分保留着清朝时期初建时的木质结构。边墙部分在民国时期用泥石进行了加固,厚度超过60厘米,非常坚固,有防火、防盗、防土匪的作用。背墙用青砖砌成,抗战时期写在墙上的抗日标语仍清晰可见:"投笔从军,诛杀敌人""肯做战场死鬼,不肯做亡国奴隶",落款为"利平乡第一、四保国民学校宣传队制"。据老人讲述,抗日战争时期三坪村隶属沅陵县,当时抗战的气氛已经深入村寨,日本军队已经侵入50公里以外的沅陵县城,飞机多次飞到村寨上空,村子里还有目睹过日军飞机的老人在世。

(1) 向明强民居

建于明代,总占地面积160平方米,建筑面积120平方米,有4间房屋。建筑为1层,坐北朝南,建筑整体为木质结构,传统小青瓦覆顶,木门木窗,中间为堂屋,右边为卧房。屋前有石板台阶和小院坪。

向明强民居(车越川 供图)

(2) 向西达民居

建于明代,总占地面积200平方米,建筑面积180平方米,有8间房屋。建筑为2层,坐北朝南,建筑整体为木质结构,传统小青瓦覆顶,木门木窗，中间为堂屋，左边为厨房，右边为卧房。屋前有石板台阶。

(3) 田金平民居

建于明代，总占地面积100平方米，建筑面积90平方米，有3间房屋。建筑为1层，坐北朝南，建筑整体为木质结构，传统小青瓦覆顶，木门木窗，中间为堂屋，左边为厨房，右边为卧房。现已无人居住，房屋状况较差。

(4) 田金万民居

建于民国时期，总占地面积120平方米，建筑面积110平方米，有5间房屋。建筑为2层，坐北朝南，建筑整体为木质结构，传统小青瓦覆顶，木门木窗，中间为堂屋，左边为厨房，右边为卧房。

(5) 向和西民居

新中国成立以后修建，总占地面积120平方米，建筑面积110平方米，有5间房屋。建筑为2层，坐北朝南，建筑整体为木质结构，传统小青瓦覆顶，木门木窗，中间为堂屋，屋后为厨房，其余为卧房。

(6) 向和万民居

建于民国时期，总占地面积130平方米，建筑面积110平方米，有7间房屋。建筑为2层，坐北朝南，建筑整体为木质结构，传统小青瓦覆顶，木门木窗，中间为堂屋，屋后为厨房，其余为卧房。

(7) 向帮江民居

建于民国时期，总占地面积120平方米，建筑面积200平方米，有7间房屋。建筑为2层，坐北朝南，建筑整体为木质结构，传统小青瓦覆顶，木门木窗，中间为堂屋，堂屋内有神龛，屋左边为厨房，其余为卧房。

(8) 向发权民居

新中国成立以后修建，总占地面积90平方米，建筑面积180平方米，有5间房屋。建筑为2层，坐北朝南，建筑整体为木质结构，传统小青瓦覆顶，木门木窗，中间为堂屋，堂屋内有神龛，屋左边为厨房，其余为卧房。

(9) 向发武民居

建于清代，总占地面积90平方米，建筑面积180平方米，有5间房屋。建筑为2层，坐北朝南，建筑整体为木质结构，传统小青瓦覆顶，木门木窗，中间为堂屋,堂屋内有神龛,屋左边为厨房,其余为卧房。

(10) 向邦兵民居

建于清代,总占地面积150平方米,建筑面积130平方米,有6间房屋。建筑为1层,坐北朝南,建筑整体为木质结构,传统小青瓦覆顶,木门木窗,中间为堂屋,堂屋内有神龛,屋左边为厨房,其余为卧房。

三坪村是依山就势而建的村落。木屋防腐用的是桐油涂料,随着岁月的增加,木材乌黑发亮,古色古香。但是由于三坪村获评为传统村落的时间较晚,国家下拨的维护传统村落古建筑的资金尚未到位,各项维护、保养工作尚未开展,部分传统民居破旧不堪,保护工作迫在眉睫。

2. 古碾坊

三坪村曾经的碾坊位于村子西南角的溪水旁,寺坪与岩坪交界处。碾坊分为上下两个部分,瓦房20平方米,用于住人,碾坊30平方米,用于碾米。据村民介绍,碾坊有三四百年的历史。旧时三坪人皆在此处碾米,现存遗址已被杂草覆盖。碾坊上方筑有两米多高的水坝,外层是14厘米粗,十几米长的圆形松木,内侧填土,横在溪中央,碾坊内用木板做了一个引水的水槽,提供推动转盘的动力,带动碾子运转。碾子由石磨和石碾两部分构成,秋冬枯水季节,蓄水时间较长,需要一两个小时,其余季节可随时使用。据村民口述,碾坊有专人看护,日夜不停地运转,碾坊一天可以碾两三千斤谷子。碾一槽稻谷(约一百斤)碾坊抽取大致一升(约三斤)的糠米做酬劳。

古碾坊遗址(车越川 供图)

带动碾坊运转的动力来自一旁的黄连溪,溪上横跨着一座碾坊桥,最早的木桥修于清朝,20世纪80年代改建为石板桥,宽约1.5米,长约9米。该桥连接岩坪和寺坪,为方便当地学生上学以及村民去凤滩、沅陵县等地

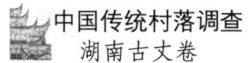

而修建,通过此桥来往于两村只需20分钟。

3. 古榨油坊

榨油坊位于寺坪西南方向的边缘,被称作油坊堡,以前三坪及附近村寨(包括沅陵县)的人都到此处来榨油。据村民讲述,该榨油坊有一百多年的历史,建于民国初期,由村民自己建造,内有一个大碾盘,直径约2.4米,只能用牛来拉动,现存遗址上仍能看见碾盘。

榨油的主要流程分为三个部分,先把油料碾成粉,两个转盘一大一小一起转动的场面被称为"流星赶月",然后将油料移至大蒸笼中蒸熟,再用稻草将油料包成饼,用大木槌锤出油,一般至少需要4个壮年同时工作才能锤动。这种古榨被称作"雷公榨"。一般在秋季以后榨油,一斤油菜籽能榨出3两左右的油。榨油坊在20世纪末被废弃,被居民改建成房屋,地基仍依稀可见。

4. 矮墙与石道

三坪村地势较高,村民随坡就势修建房屋,用大量石头打牢地基,地基的外部就成了石墙,每幢房屋的石墙有近1米厚。因打地基的工程量大,大多房子是在旧地基上建起来的,这样村落中一面面石墙才得以保留。石墙除了起到地基的作用,还能使房屋之间拉开一定的距离,也使得村中的房屋错落有致。

村中的小路大多用青石板砖砌成,板砖都是就地取材,经过几代村民不断增补而成,有的还经过人工打磨,形制规整,古色古香,别具一格,但不少石道在几年前实施的乡村道路硬底化工程中被混凝土取代,仅有少部分被保存下来。

5. 水库

20世纪60年代,三坪村发动村里的劳动力修建了一座小型水库。水库的规模很小,占地面积不超过3亩,但可积攒周边山上的流水来灌溉田地,至今村中的部分庄稼都依靠这座水库灌溉,水库对整个村子而言有着重要的作用。村民有很强的环保意识,对水库非常爱护,猪圈、牛栏必须与住房和水源保持一定距离,特别注重畜牧排污、山洪排水等沟涵建设的布局,力求合理排放。

6. 古井

三坪村现有3口古井,为村民世代饮用。现如今家家户户都安装了自来水,居住在古井附近的村民仍然使用古井的井水。据村民讲述,古井并不深,井水是从山上流下来的山泉水,流到低洼处自然就形成了井,人们就在上面堆砌围栏,加上石盖,就成了一口井。据说三坪村的井水甘甜柔软,富含硒、锶和偏硅酸性物质。村民非常注意保护水源,长期以来,不管谁家建房都不得影响饮用水源,不得破坏水井,不得影响道路。

7. 梯田

向氏、田氏搬迁到此后,就开始在村子周围不断开垦荒地、筑田,现有耕地1100多亩。由于地形所限,耕地多为梯田,筑于山脊和山谷处,用石头砌田坎,种植水稻、玉米等作物。从远处眺望梯田,就能看见优美的山地田园风光。

(二)非物质文化遗产

1. 坐坛戏

坐坛戏是当地的传统戏剧,主要的腔调为高腔,至今流传的戏曲牌很多。向明兵是村中县级的代表性传承人,他从20世纪80年代开始学习坐坛戏,先跟随伯父学习唱腔,后跟随舅舅学习唢呐,他舅舅吹的唢呐被公认为沅陵县乌宿乡的第一杆。

当时婚丧嫁娶等重要活动中皆要请坐坛戏,坐坛戏表演一般是七八个人坐在堂屋里唱,俗称"七紧八松"。伴奏乐器有大小两个锣、一对钹、一面鼓、一杆唢呐,所唱剧目除了朝代戏,还有一些小曲子戏,唱得最多的是《三星开泰》等。不同场合也有不同的剧目,如接媳妇时要唱《送子》,

嫁女时要唱《遣嫁》,过寿时要唱《上寿》,修新房时要唱《鲁班》。据向先生讲述,20世纪80年代,坐坛戏很受村民欢迎,每个表演者的收入从最初的2元钱涨到100~200元每天,以前表演一场就是三五天,近年来聘请戏班表演的人越来越少,程序也慢慢简化了,团队8名成员的平均年龄超过了50岁,没有年轻人愿意学习这种技艺,正面临失传的境况。

坐坛戏乐器(车越川　供图)

2. 傩言腔

在三坪村傩言腔又称高腔,是一种传统的山歌唱腔,流传于古丈县和沅陵县交界的高海拔山地,主要分布在三坪、岩排溪和高望界。傩言腔起腔高,旋律跳进,多音调特点明显,高、低声部先后进入,两个声部交替流动,同时可唱出3~4个声部来。唱词一般为七言四句,音乐为上下句结构,三、四句是一、二句的反复,但第四句的音量低于前者,拖音和饰词更加丰盈,长音长腔拖调变换衬词,最适宜在山地旷野清唱。傩言腔的具体唱腔又分为长腔和短腔。傩言腔是三坪村的民间音乐,诠释着人们对真、善、美的追求,表现了人们对艺术的审美情趣,或唱或听,无不给人以美的享受。傩言腔有广泛的群众基础,对唱腔、曲谱和歌词的整理,使其更加富有艺术价值。三坪村人一直视傩言腔为本村山歌传统唱腔的最高艺术。

3. 苗族鼓舞

苗族鼓舞是流行于古丈县东北部的苗族舞蹈,原为一种祭祀性舞蹈,后来逐步发展成为一种世俗性舞蹈。鼓舞有猴儿鼓舞、女子单人鼓舞、女子双人鼓舞、女子群体鼓舞等不同形式,鼓有单面、两面和四面鼓。

鼓舞表演时,表演者双手握槌击鼓起舞,伴以敲边或击锣声。男子模仿猴子滑稽的动作,女子则表演梳头、戴花、纺纱、织布等生产劳动和日常生活方面的动作,舞姿优美,鼓声清脆,给人以美的享受和向上的力量。每逢苗年、赶秋节、椎牛祭或家庭举办喜庆活动之时,都要进行苗鼓表演,深受群众喜爱。2006年,苗族鼓舞被列入国家级非物质文化遗产名录。

苗族鼓舞产生于汉代之前,源于苗族古代的祭祀活动。《古丈坪厅志》记载:"刳长木空其中,冒皮其端以为鼓。使妇人之美者跳而击之,择男女善歌者,皆衣优伶五彩衣,或披红毡,戴折角巾,剪五色纸两条盘于背,男女左右旋绕而歌,迭相和唱,举手顿足,疾徐应节,名曰跳鼓藏。"这是祭祀性的歌舞活动。随着时代变迁,团圆鼓舞从祭祀中分离出来,成为苗族人喜闻乐见的歌舞表演形式。

新中国成立之初,文化部门就着手进行团圆鼓舞的整理工作,并组队参加州、省民族民间歌舞会演,荣获嘉奖。20世纪80年代,全国开展民族民间歌舞集成编纂工作,经专家进一步发掘整理,团圆鼓舞选载于《湖南民族民间舞蹈集成·自治州卷》。每到农历腊月二十八,苗族人不管外出务工多久,离家多远,都要如期赶回家过年。这天晚上,大家不约而同地向村口的大坪场汇集,场中摆一面大鼓,由一位德高望重的老人频频击鼓,众人围成两个圆圈,边跳边舞,不时唱起动听的苗歌,尽情表达亲人团聚的喜悦心情。团圆鼓舞一直要跳到正月十五。鼓点铿锵,舞姿翩翩,苗歌悠悠,好一个团圆过大年的欢乐情景。团圆鼓舞的舞蹈动作有大摆、小摆、细摆三种。大摆粗犷,小摆稳健,细摆天真,将苗族人热爱生活、祈求丰年的愿望表达得淋漓尽致。苗族团圆鼓舞对研究苗族历史、文化、习俗等具有重要价值。

4. 跳香

三坪村也保留有跳香的民俗,一般在秋收完毕后的农历十月初九举行,庆丰收,敬五谷神,祈求来年风调雨顺。节日快到时,大家都用新收的粮食蒸酒、做豆腐、打粑粑,叫做"过香"。三坪村有香堂,专门用于开展跳香活动。他们请来一名能歌善舞的跳香老司,手握司刀,口吹牛角,伴着铿锵有力的鼓声,在堂屋中载歌载舞,跳到热闹时,老司单脚立在一匹茶枯上,长时间地旋转,紧锣密鼓,鞭炮齐鸣,真是又精彩又热闹。跳香有成套的唱词,大多都是敬五谷神、庆丰收一类的吉祥语。看热闹的群众站在四周和大门口,大家选出4名经过一定练习的青年,手持竹棍,竹棍上面捆着几皮苞谷壳壳,在四周跳来舞去,并不时发出呜呼的声音,和着锣鼓的节拍,跳起各种与干农活相关的舞蹈动作(如打荞、扮谷等),并帮腔助唱,这叫"打筒"。跳香时所唱的曲调婉转动听,有浓郁的乡土气息。在跳香这一天还要"过香"。"过香"也叫"吃香",就是一家人围在一起,品尝用自己的辛勤劳动换来的丰收果实。这天与过年时不同,只吃土里长出来的东西,严禁吃肉蛋之类的食物。人们吃到用粮食做成的丰盛食物,就倍加感谢五谷神的献种之恩。

5. 传统节日

据村民介绍,三坪村的节庆活动与汉族比较接近,但仍有一些独具特色的节日,这些节日具有明显的山地农耕民族的特色。

(1)"七月七""鬼扒壁"、"七月半"鬼节

在农历七月初七和七月十四这两天,三坪村各家在门前准备肉、焚香烧纸祭拜鬼神,祈求鬼神不闹寨子,保护寨子平安。

(2)"四月八"祭祀牛神

农历四月初八是三坪村祭祀牛神、答谢耕牛为人们付出辛劳的节日,这一天不准牛耕田犁田,要让耕牛歇一下。专门准备用五谷调制的饭给牛吃,这一天也叫牛的生日。

(3)农历十月初十丰收节

农历十月初十三坪村庆祝丰收,大家约定在某一家焚香烧纸。全村村民自带粑粑、豆腐、米,轮流集中在这一家祭拜谷神(又叫五谷神),祈求五谷神保佑明年五谷丰收。

(4)"六月二十八"半年节

半年节当日,家家户户喝酒吃肉,庆祝上半年平平安安、顺利度过。

比较特别的是,向氏家族在农历腊月二十八这一天还要过一次半年节,在农历腊月三十过大年。

三、自然资源

(一) 动植物资源

1. 野生黄鳝

三坪村的海拔高,常年气温较低,每年5—7月黄鳝肉质鲜美,深受当地人欢迎。据村民介绍,古丈县和附近乡镇的不少食客对三坪村的野生黄鳝情有独钟,基本上是供不应求。三坪村的野生黄鳝每斤售价可达50~80元。村民谨遵约定俗成的做法,只在5—7月捕捉黄鳝,避免竭泽而渔造成物种灭绝。

2. 其他野生动物

据三坪村的村民讲述,由于村落地处偏远,野生动植物资源丰富,如野鸡、野猪、野山羊、眼镜蛇和其他不知名的野生动物较多,随着国家保护野生动物的宣传教育和立法、执法力度加大,村民保护野生动物的意识大大提高。近年来,野猪的活动愈发频繁,经常毁坏村民的庄稼,鉴于野猪已是受国家保护的野生动物,村民不再像以前那样设陷阱捕猎,而是将受损的庄稼数量上报,由政府部门根据相关规定对被野生动物损坏的庄稼进行补偿。

3. 古树

三坪村有3棵古树的树龄超过百年,其中2棵为枫香树,分别位于村落的东边及村部附近,1棵柏树立于村道旁。据村中老人讲,以前人们种树,是用来做标界的,树的这一头为向氏的土地,那一头则属于田氏的土地,有的树是两个村子之间的界线。早些年,村子的古树还很多,如今,有的老死干枯了,有的被风吹倒了。

村民对古树是满怀敬畏的，不敢砍伐，认为古树有灵性，甚至将古树看作神灵。

（二）药材资源

黄柏是清热降火的药材，剥取树皮后，除去粗皮，晒干成药。黄柏作为经济林木，运输方便，价格稳定，便于储存，对劳动力要求不高，管理方便，经济效益较好。三坪村依靠适合黄柏生存的海拔条件、富硒的肥沃土壤、悠久的种植历史、丰富的种植经验，近年来依托合作社＋贫困户的经营模式，大力发展黄柏产业，全村种植面积达到1600多亩，为区域内之最。

（本章由车越川撰写）

第五章　岩排溪村

　　岩排溪村坐落在古丈县高峰镇东北部,现有248户,人口1116人,共有6个组4个自然寨。平均海拔600米,四周群山起伏,溪岭交错,与怀化市沅陵县桐木溪村毗邻,1300多亩的层层梯田围住上千年的村庄,79级梯田用岩石垒砌,形成梯状的自然景观。特色民居吊脚楼井然有序,村寨内石板街巷纵横交错。岩排溪村历史悠久、民风淳朴、林茂竹翠,村内传统建筑数量多,相对集中,保存完整,非物质文化遗产丰富。2011年1月岩排溪古建筑群被列入第九批省级文物保护单位;2012年12月岩排溪村被列入第一批中国传统村落名录;2015年被评为湖南民俗摄影基地。

一、村落概况

（一）地理生态环境

岩排溪村位于湖南省湘西土家族苗族自治州古丈县高峰镇，面积11.18平方公里，林业用地13288.5亩，梯田79级，1300余亩。村级林场2个，在岩排溪、丰溪、各连溪等地，总面积4964亩。岩排溪村四季分明、气候温和、雨季明显，常年气温较低，平均气温在16℃。

村内用于建造梯田田坎的岩石一排接着一排，中间夹杂着小溪和沟渠，因而得名岩排溪。村子坐北朝南，背枕观音山，面朝团山，两侧分别为金冈咀、刀背山，被称为"左青龙，右白虎"。村寨周边梯田环绕，浅丘层层叠叠，宛若天成，九条古水渠犹如九条龙从天而降，灌溉着千亩良田，景致优美，十分壮丽。岩排溪村地处武陵山腹地，村内层峦叠嶂，山势高峻，沟深谷窄，村落主要坐落于观音山山脊处。村前有三株古老的枫香树高高耸起，被当地人形象地比喻为三炷香，清晨，雾气蒸腾，缥缈的云雾像香上燃起的烟雾，一幅执香拜观音的图景展现在眼前，蔚为壮观。谷内有三条溪，分别称长溪、小溪、大溪，长溪和小溪交汇成大溪。岩排溪村是一个佤乡人聚居的小山村，黄氏族人迁徙到此地之后，便造田耕土，引相传九龙之水灌溉，繁衍生息。

岩排溪村俯瞰（陈昊　摄）

岩排溪村里的大村、小村和向家村三个组，集中分布在号称"千亩古田盛汗水，万丘稻浪叠家园"的梯田中心。民居建筑别具特色，有转角楼、吊脚楼和三合院式，吊脚楼有的高三层，前廊设美人靠，室内设火床。为防匪盗偷袭，村民还修筑了护宅的土围墙，墙壁上有枪眼、瞭望窗和瞭望孔。村寨街道用石头铺就，古梯田的田坎均用石头垒砌而成，层层的梯田将村寨环抱其中，九条水渠犹如九条龙从天而降，灌溉着绿油油的稻田，田里的鲤鱼自由自在地游乐，呈现出一幅"层层梯田满山高，条条渠道围山绕"的山乡风情画面。

（二）村落来源

村民到岩排溪村定居的年代可追溯到唐代。有屠氏和龙氏最早居住于此，汤氏是后面迁来的，形成了汤氏、屠氏、龙氏三大家族，汤氏家族在最鼎盛的时候人口超过80人。据传，汤氏家族曾遭到老虎袭击，仅剩的一人搬离了此地，现汤氏家族在岩排溪村仅存有坟墓。屠氏家族人口最多，约有100人，龙氏家族人口仅30人左右，目前尚存有大块宅基地，20世纪六七十年代这里出土了一些器皿和瓦罐等文物。相传三大家族为躲避虎患，请以打虎为生的黄氏祖先前来相助。黄氏祖先本是为逃避瘟疫，于沅陵县溯西水而上来到岩排溪，见这里山清水秀，民风淳朴，便定居于此，从此造田耕土，引九龙之水灌溉，繁衍生息。后来向氏、李氏、谢氏等家族陆续迁于此地。

自唐朝至清末，岩排溪村都由当地的向氏土司管辖。清朝末年至新中国成立前，土司改为地方委派管理。民国时期，村里自发组建民团进行自治，起到保护村寨、抵御匪盗的作用。新中国成立后，岩排溪村由高峰乡管辖。岩排溪村有4个自然村及大村、小村、向家、丰溪、寻剑坪、各连溪6个小组。其中，寻剑坪的由来具有传奇色彩。相传，古代有一位将军赴战场远征时路过此地，不慎丢失了宝剑，后在此地找到了宝剑，故将寻到宝剑之地命名为寻剑坪。

（三）村落人口

岩排溪村是多民族、多姓氏聚居的村落,村民大部分为土家族人、苗族人和汉族人。目前,岩排溪村户籍人口为一千多人,主要姓氏有黄、向、张、杨、朱、全等。现常住在村内的多为50岁以上的老人,其中向家组80多岁以上的老人有十多位。由于学生人数较少,村小学停办。由于居住、学习和工作等原因,村中不少儿童和中青年迁居到高峰镇、古丈县、吉首市等地学习和生活。

（四）物产与特色产业

1. 乡村旅游

由于岩排溪村早在2012年就已获批为第一批传统村落,政府对传统村落的各项维护与建设已基本完成,岩排溪村的古建筑较为集中,维护情况较好,道路宽阔、洁净,具有发展乡村旅游的潜力。据村民介绍,岩排溪村已获得了企业的投资,将依托村落的传统建筑、独特的梯田风光、景色优美的观音山、远近闻名的稻花鱼等农副产品,发展以观光、餐饮和住宿体验为主的乡村旅游。该项工程已于2019年开启,指示路标等已铺设完成。乡村旅游项目建成后,将成为带动村民致富的又一重要力量。

2. 稻花鱼养殖

岩排溪养殖稻花鱼的规模较大,是村里最大的特色产业。岩排溪村的稻花鱼养殖基地在岩排溪古梯田之上,稻田肥沃,水质清澈。全村稻花鱼全年产量约为15000斤,年产值可达60万元。稻花鱼以田里的浮游生物、稻花、水草等为食,鱼肉富含蛋白质、氨基酸、矿物质等。稻花鱼不爱活动,因而被称为"呆鲤"。利用稻田养鱼,充分体现了武陵山区人民靠山吃山、依水吃水的智慧。自古以来岩排溪就有养殖稻花鱼的传统,村中大面积的梯田和优质的水源,使这里成为稻花鱼生长的绝佳之地。长期以来,稻花鱼都是岩排溪地道的美食。每到8月,水稻的花期会延续10来天,掉落的稻花会给稻田里的稻花鱼提供丰富的养分。打稻谷之前,便是收获稻花鱼的好时候,当地将这一劳作称为"抠鱼",甚至还有一个专门的抠鱼节。稻花鱼丰收,品尝稻花鱼自然成为村民的一大生活乐趣。稻花鱼鱼尾为红色,鱼身透着稻穗的金黄,体型肥壮,肉质细嫩,味道鲜美。当地人常说不到岩排溪,不知道什么是真正的稻花鱼。该村的稻花鱼每年都会吸引大批外地游客驱车前来,只为在这里寻觅到最新鲜的稻花鱼。据村民介绍,岩排溪的稻花鱼每斤售价可达40元,稻花鱼亩产约为30斤,一亩养殖面积收入大约是1000元。此外,村民还将稻花鱼制成干鱼和酸鱼,价格比活鱼更高。

岩排溪的村民在制作酸鱼时有独特秘方,为了使肉质更香、更有嚼劲,也为了防止苍蝇接近,晒鱼时会专门在晒鱼架的下方摆放火盆进行烟熏,等到鱼约有六成干时,再在鱼腹与鱼的表面涂抹上鱼露和面粉的混合物,然后放入坛中,入坛后用桐树叶和泥巴把坛口封上,这是延长酸鱼保质期的方法,这样做出来的酸鱼更加可口,也更具风味。将制好的稻花鱼放在坛口灌水的坛子里贮存,随吃随取,极为方便。制成的酸鱼售价可达120元一斤,

村民用稻花鱼制作酸鱼(车越川 供图)

干鱼的价格则更高,达200元一斤。稻花鱼的产量不高,但岩排溪人热情好客,常常自留大部分以便拿出来招待客人,所以用于出售的不多。

3. 蜂蜜、生猪和腊肉

村民在村西边的观音山脚下养有蜜蜂百余箱,岩排溪的海拔较高,所产的蜂蜜质量好,营养价值高,深受顾客欢迎,常年处于供不应求的状态。岩排溪的村民养殖生猪的规模较大,据统计,村中有生猪存栏超过100头的养殖户有3户,存栏超过50头而不足100头的有1户,年收入都超过20万元。还有一家腊肉厂专营腊肉熏制,现有厂房1000平方米,员工15人,年收入也超过20万元。生猪及猪肉制品成为村中的重要产业。岩排溪村村民通过养殖业,有效增加了经济收入,带动了当地经济的发展。

（五）经济社会发展状况

近年来，岩排溪村各方面发展较快，在当地党委和政府的领导下，村民艰苦奋斗，岩排溪村2016年已实现了整村脱贫。岩排溪的主要经济来源是村民外出务工的收入。近年来，留守的村民通过种植水稻、烟叶、油菜、玉米，养殖稻花鱼，制售腊肉，养殖蜜蜂等农业种养，经济收入进一步提高。岩排溪村的水稻亩产在1000斤左右，村里有两个村级林场和1300余亩梯田，物产丰富。农业物产主要为水稻、玉米、红薯、烤烟等，果类主要是梨子、李子、桃子、柚子、猕猴桃、樱桃、枇杷等。岩排溪村的耕地较多，可发展经济作物种植业，大多以集体经济的形式发展。近年来，岩排溪村的集体经济发展较好，很多荒地被利用起来。村民通过成立农村专业种植、养殖合作社，种有油茶150亩、紫薇树100亩。油茶、紫薇树和烟叶等经济作物，主要分布在村落外围西北部的梯田上，经济效益可观，年收入超过5万元。2019年度村集体经济净收入在10万元以上。2020年继续发展壮大村集体经济，种植烟叶140亩。

新中国成立以前，岩排溪村的学生较少，村里主要依靠有文化的人自己办私学。20世纪50年代，岩排溪村开展公办教育，成立了岩排溪小学，开设1~4年级的教学班，校内有学生约50人，2个老师。2000年，因缺乏师资力量，适龄儿童减少，为调整教育资源，决定停办岩排溪村小学，学生需要到高峰镇、古丈县城、吉首市等地读书。

医疗方面，岩排溪村现建有1所村卫生室，扶贫期间，高峰镇卫生院为精准扶贫户提供了家庭医生签约服务，能够提供一些基本的公共卫生服务、健康扶贫政策的宣传和落实服务、个性化健康管理服务以及基本医疗、分级诊疗、双向转诊等服务。

公共服务方面，岩排溪村现建有警务工作站、退役军人服务站、公共厕所、图书室、戏台，安装了健身器材和140盏太阳能路灯。岩排溪村的居住条件得到了进一步改善。

戏台（车越川 摄）　　　　　　太阳能路灯（车越川 摄）

岩排溪村位置偏远，以前道路老旧，交通极为不便。村子连接大路的主干道自1981年开始修建，1983年修建完成，开始通车。2000年以后通进村硬化路。2019年该村投资380万元，对原有公路进行扩大再硬化，现已完成一半。除这条能够通车的大路外，岩排溪人与外界联系还是依靠三条山间小路，一条向北经三坪、镇溪、酉水河到达永顺县，一条向西经高峰镇到古丈县，一条向南沿大溪而下，经40里到达怀化市沅陵县乌宿镇。村寨内硬底化工程已于2018年完成，现每家都通有硬化小路。

新中国成立以前，岩排溪人主要使用铁制的桐油灯照明。新中国成立以后，开始使用煤油灯。20世纪70年代，由国家设计和投资发电设备，村民出工出力，在大溪上筑坝修发电站。当时用来筑坝的水泥全由村民从附近的乌宿、镇溪等地用肩膀一步一步扛回来，经过全村一整年的艰苦奋斗，岩排溪村终于拥有了发电站，开启了通电的历史。但因为大溪水量不稳定，导致村里的用电不是很稳定。20世纪80年代，酉水河上的凤滩水电站建成，接入国家电网，从此岩排溪村人用上了稳定的电。2015年接通宽带，家家户户连上了互联网，村民的生活更加便利。

二、文化遗产

（一）物质文化遗产

1. 传统民居

岩排溪村的传统民居集中。岩排溪村获批为国家传统村落后，建设力度加大。2011年，岩排溪村古建筑群被列入第九批省级文物保护单位。传统民居全部是木质结构的吊脚楼,有转角楼、三合楼等不同样式。门窗上雕刻的图案各异,吊脚饰有金瓜、绣球等。吊脚楼有的高达三层,前廊设美人靠,室内设火床,别具一格。美人靠是有靠背的长椅,可在靠座上休息、乘凉。每逢红白喜事,美人靠就是摆宴席的理想场所。将吊脚楼的空间延伸和美人靠的平面延伸有机结合,实现了建筑的美学价值和实用价值的完美融合。村民为防匪盗,还将泥土和砂石混合,在房屋外围筑防火围墙,墙壁上有枪眼、瞭望窗和瞭望孔,能有效抵御匪盗。因村寨所处的地理环境独特,加之矿藏较丰富,故形成封闭式的建筑格局。村寨内部街巷纵横交错,多用石板铺就。另有3条利用自然生成的整块岩石组成的青紫色石板街,体现出古代岩排溪村民充分利用地形、随坡就势筑屋的智慧。全村建于清代的民居有7座,民国时期的有10余座。

(1) 向昌桃古宅

建于清代,面积140平方米,三层吊脚楼,五柱八瓜穿斗式木结构,门上副窗有雕花,做工精美,样式别致。

向昌桃古宅(车越川 供图)

(2) 向明安古宅

建于清代,面积约160平方米,双手推车式传统建筑,五柱八瓜穿斗式木结构,双侧向外延伸3米,门上副窗有雕花,吊脚饰有金瓜、绣球等。

(3) 黄道义古宅

建于清代,面积120平方米,外墙为土围子,壁有枪眼、瞭望窗,四排三空,柱头做成方形,跟壁板成一个平面,称捶印壁。

(4) 黄世充古宅

建于清代,面积80平方米,房屋外墙为土围子,上有枪眼、瞭望窗,在旧时为防匪用。房屋为穿斗式木结构,上盖小青瓦,四排三空,柱头为方形,壁板跟柱头是一个平面,称捶印壁。

(5) 黄秀红古宅

建于清代,面积约200平方米,双手推车式传统建筑,五柱八瓜穿斗式结构,双侧向外延伸3米,门上副窗刻有雕花。

(6) 李继唐四合院

建于清代,四合院吊脚楼,高三层,面积240平方米。做工精美,样式别致。

(7) 谢根发古宅

建于清代,面积约120平方米,美人靠式建筑,正屋外搭有二檐,外装栏杆。

2. 古庙宇

(1) 白虎庵

村中曾有白虎庵,建于清初,立于白虎山山顶,下辖三个庵堂,分别是交溪庵、血水庵和桃子庵。关于血水庵的由来,据说曾有两条龙在此争斗,流血不止,血水蔓延了整块土地,于是取名血水庵。据传,每到"三月三""九月九"等日子,都有很多百姓携带清油前来供奉。最鼎盛时庵内有十几个尼姑。白虎庵在"文化大革命"时期被烧毁,现尚存地基、围墙。

(2) 佛殿

据村中老人讲述,旧时村里有一座不知名的佛殿,建于清初,每年的农历九月二十八都有固定的祭奠仪式,香火旺盛,过节的习俗延续至今,成为该村的固定节日,称为过香节。据说殿堂里供奉大小佛像一两百尊,极为壮观。传说因此殿佛教气氛庄严,小孩不敢轻易路过此地。该殿于"文革"中被毁,至今尚存地基。

3. 梯田

岩排溪村的梯田从河谷到山顶,共有79级,共计1300多亩。梯田主要是用来种植水稻和烤烟,灌溉用水引自人工开凿的从山顶到河谷的9条东西走向的人工水渠,这也是当地被称为"九龙治水,鱼米之乡"的原因。水渠里的水分别来自两侧山谷的山泉、山溪,每条水渠长三四公里,全由人工挖掘,有的甚至是在悬崖峭壁上人工穿凿而成,凿山劈石的大工程体现了岩排溪人不畏艰难的精神和利用自然条件的智慧。千亩古梯田的田坎全是用石头垒砌而成,其中最大的石头可达六百斤,砌的过程中不用水泥浇灌,外墙用瓦罐盛水三点拉线的方式进行水平定位,砌起来之后由七八个壮汉用大小不等的木槌夯实,因此岩排溪村有不少远近闻名的岩匠,祖祖辈辈以此为生。千亩古梯田和古水渠是岩排溪人智慧的结晶。在岩排溪还有"一升岩粉一升钱"之说,可见工程之艰巨。

岩排溪村的古梯田非常集中,山顶至山脚的距离较大,层级多,因而形成一片壮丽的梯田风光。关于梯田的来源,村里流传着很多说法,一种认为梯田是寨内祖先为开辟田地世代垒砌而成,另一说法是元末屯军为备战准备粮草而建造,因村口的牌楼上保留了"岩排溪屯"文字。因此,岩排溪村可能在古时就与军事有一定的关联,梯田可能是当时重要的军事基地。

梯田的一侧是一排排自然形成的平滑斜石板,石板路长约70米,最宽处约10米,最窄处约2米。有此天然条件,村民平时常用作晒谷场。古民居、古梯田、古渠道构成了原始的村落布局和地方性的建筑风格。

4. 古井

村内有3口古井,井口有三角形和正方形两种样式。最大的一口古井在向家组东侧,面积4平方米,井口用石头干砌而成,储水量大约100立方米。水从岩缝中潺潺流出,井水甘甜、清凉。虽然村中家家户户早已通上了自来水,但不少村民觉得古井的水质更佳,仍到古井取水饮用。

5. 古金矿洞

据村民讲述,岩排溪村曾发现金矿,有不少人来此淘金,但由于金矿存量不大,早已被开采殆尽,如今只剩下开采金矿时留下的矿洞。矿洞口呈拱状,高不过2米,深10余米,人们称其为金矿洞。

(二) 非物质文化遗产

1. 婚俗

岩排溪村的婚俗颇具特色。婚礼一般持续三天时间,为女儿出嫁举行隆重的仪式是一件非常重要的事情。女方家为表达对女儿的不舍和对男方的考验,通常会对男方进行重重阻拦,这时,男方也会邀请很多人与自己一同去迎娶新娘,这在当地被称为接亲。接亲队伍中排在最前面的叫押礼官,他与新郎能否成功见到新娘有很大的关系,所以押礼官一定要是各方面都很厉害的人才能胜任。

首先,押礼官要带足礼物,进门先喝拦门酒,大多为村民自己酿的苞谷酒、米酒等,同时还要进行对话或对歌等礼节,如果押礼官的酒量不行或嘴皮不够利索,这一关就很难过去。通过后还要焚香烧纸、说祝福词,以表示对女方的尊重。之后,接亲的人才可以依次进入堂屋取女方准备的嫁妆,一般包括家具、被子等物件。他们在取嫁妆的同时还得承受女方家里女性亲戚的"羞辱",如被她们用由锅灰、桐油、烤干的南瓜叶、荨麻草等制成的混合物抹脸。新郎那头在闯关,新娘这儿也极为热闹。和周边地区一样,岩排溪村的姑娘出嫁时要哭嫁,唱哭嫁歌。通常是新娘与母亲、姐妹一起,边哭边唱,既有即兴创作也有流传下来的歌词,内容主要为感谢父母的养育之恩、哥嫂姐妹的关怀之情、泣诉少女时代的欢乐时光等。娘嫂也借此向新娘交代以后要怎样为人处世。目前,岩排溪村还剩两名会唱哭嫁歌的传承人。到了下午,新郎和接亲的人在新娘家吃饭,晚上在新娘家过夜,直到第二天天蒙蒙亮的时候,新郎才能真正把新娘接走。

2. 传统节日

据村民介绍,现如今岩排溪村大部分人外出务工,节庆也逐渐被简化,但还是保留了一些岩排溪特有的节庆。

(1) 半年节

每年农历六月二十八,村里家境好的村民都要杀猪、杀羊、做糍粑、做豆腐等来庆祝一年已经过去了一半,而上半年村里都很太平,没有什么灾难。这一天还是当地的抠鱼节。村里养鱼的人皆放水抓鱼,然后用竹篓、背篓、背桶等装鱼。据说旧时长者在这一天要举行隆重的祭祀活动,祈求来年风调雨顺,稻花鱼大丰收。

(2) 小年节

农历腊月二十八是岩排溪村的小年节,这一天村里设长桌宴,全村人团聚在一起吃饭庆祝春节,是村中一年一度的大聚会。开餐之前要先给行动不便的村民送饭,体现了岩排溪村人的孝悌观念,还要举行仪式,请道士祭祀,焚香、烧纸、念经、祈福、祭拜天地祖先,祈求来年五谷丰登,全村人身体健康。但随着人们生活节奏加快,不在岩排溪过年的人越来越多,小年节的聚餐活动已逐渐成为人们旧时的记忆。

3. 传统歌曲戏剧

(1) 山歌民谣

岩排溪村民风淳朴,村民在劳动生产过程中创作了相当数量的山歌,现有苗族山歌的代表性传承人2人。苗族山歌主要靠口耳相传,代代延续,歌词内容丰富,与村民的日常生活和所处

山歌民谣传承人向翠英、刘国英(车越川　供图)

的社会环境息息相关,有描写田野生活的山歌、小调,有用于风俗仪式的婚礼歌、丧歌,还有各种劳动号子,具有较高的艺术价值。村里有向翠英、刘国英两位代表性传承人,据她们讲述,现在基本没人会唱山歌了,这些非物质文化遗产濒临失传。

(2) 坐坛戏

坐坛戏因表演时几个人围坐在一起就像一个祭坛而得名,是当地特有的古老戏种,腔调以高腔为主,表演形式为7个以上的人围坐在一起,敲锣打鼓、唱歌。唱词内容多源自村民的日常生活,反映当地的社会环境,也注重弘扬孝文化。除此之外,还有歌颂英雄及婚姻、爱情等题材,内容丰富,题材繁多,具有一定的艺术价值,是婚丧嫁娶中重要的表演项目。固定的道具有锣、钹、鼓、木鱼、唢呐等。平时活动分为自娱自乐和有偿两种,祭祀时免费进行表演,农闲季节有时会在村子周围进行有偿表演。随着时代的发展,现代人的审美也发生了很大变化,如今已较少有人会

坐坛戏传承人向明安(车越川 供图)

请他们去表演。岩排溪村的向明安先生在当地是比较有名的坐坛戏传承人,从1982年开始成为队伍的带领者。据他讲述,好的时候每个月也只能接到三四次活,不好的时候则一次都没有,现在队伍里最小的成员也已四十多岁,而他几乎没有再收徒弟,坐坛戏正面临着后继乏人的风险。

(3) 哭嫁歌

土家族哭嫁歌整体结构严谨,篇幅浩繁,内容丰富。主要有哭开声、哭爹娘、哭哥嫂、哭姊妹、哭亲属五个程序,母女对哭是哭嫁歌的重要部分,贯穿于整个出嫁的过程。另外还有哭戴花、哭穿衣、哭离娘席、哭背亲、哭上轿、骂媒人等。"恋亲恩,伤别离,歌为曼声",情真意切,虽喜亦

悲,凸显了土家族婚俗的独特之处。现在虽然不兴哭嫁了,但哭嫁歌仍然作为一种民族民间歌谣被流传下来。这样的仪式表达了父母对女儿的不舍、牵挂之情以及不愿女儿出嫁又不得不让她离开的无奈之情。

三、自然资源

(一)观音山

观音山位于村子的西边,坡度较陡,植被茂盛,景色宜人。观音山常年有清澈的山泉从山坡上流下来,流入村子的古井,井水为村民世代饮用。岩排溪的村民将观音山视为"靠山",是村落即将发展的乡村旅游的重要景点,村民计划在半山腰修建观景台,在观景台上可俯瞰整个岩排溪村,梯田风光可尽收眼底。

(二)古树

据统计,岩排溪村超过一百年的古树有20棵,多为枫香树、柏树。其中最为显眼的便是屹立在村部旁的3棵枫香树,宛如观音山前的3炷香。据说这样的枫香树有6棵,除此3棵外,在观音山的对面和左右两边各有1棵,这6棵枫香树被村民视为村子的风水树。

四、村规民约

据村民介绍,岩排溪村形成的一些约定俗成的规矩,是历代先民积累的。

①田不上坎,地不下基:田以上的坎是自己的,地以下的地基都是别人的。

②上流下载:稻田涨水之后,水可以往下流,但是下面的人不能阻拦,只能让水继续往下流。

③人走老路，水流现沟：即使关系再不好，也不能干涉别人走路和阻拦别人家的水流。

④鸡犬任放，猪牛兴关（兴：应该、必须）：鸡和狗可以在村里散放，但是猪和牛之类的家畜必须关起来。

村民为把岩排溪村建设得更加美好,制定了村规民约。岩排溪村的村规民约极具特色,体现了岩排溪村人与人、人与自然的和谐相处之道。

岩排溪村村规民约

咱们村,是宝地,将你我,来养育。
建设好,新农村,本条约,要牢记。
建房子,经审批,遵章法,守规矩。
河长制,勤巡河,有问题,快处理。
娶儿媳,嫁女儿,破旧俗,立新意。
清明节,文明祭,既庄重,又省钱。
红白事,要节俭,革陋习,树新风。
邻里间,有情谊,互帮助,如兄弟。
讲文明,行礼义,宽待人,严律己。
讲卫生,好习气,环境美,有秩序。
倒垃圾,不随意,砖瓦柴,摆整齐。
猪狗羊,鸡鸭鹅,要圈养,多管理。
此条约,大家立,执行好,都受益。

（本章由车越川撰写）

第六章　老司岩村

　　老司岩村,位于古丈县西北,是一个具有深厚历史底蕴和独特民族风情的古村落。老司岩村古建筑保存较为完整,建于清代,为湘西保存较完好的土家族古代民居群落。村里的古建筑、古渡口、古商业街等见证了老司岩村曾经的辉煌。2002年,老司岩村民居被湖南省人民政府公布为省级文物保护单位;2004年,湘西州人民政府将老司岩村列为州级历史文化名镇(村);2012年12月,老司岩村被列入第一批中国传统村落名录;2013年,老司岩村被评为国家级少数民族特色村。

第六章
老司岩村

一、村落概况

（一）地理生态环境

老司岩村，位于湘西土家族苗族自治州古丈县西北。老司岩村距离古丈县城约38公里，位于古丈县红石林镇西北部。北临酉水河，南接马达坪村，西接花兰村，东接岩仁坪村。沅江支流酉水从老司岩村的东、北、西三面流过，村子三面环水。沿酉水河西去可至保靖，通过支流猛洞河可下至永顺老司城，通过芙蓉镇东去水运可至沅陵，进而抵洞庭湖，与长江相衔接，顺流而下至九省通衢之武汉，水运交通极为便利。

因处于水运交通枢纽，自清初老司岩村逐步繁荣，现村内清代、民国时期的古建古迹保存完好，尚有清古街数条，古城墙依然屹立于酉水之畔，清之古井滋润着老司岩的土地，清咸丰年间所立的伏波庙"流芳万古"碑承载着过往的悠悠时

老司岩村村落一隅（李涛 摄）

光，还有古墓碑刻、酉水畔的老码头、望族黄家的"紫荆屋"、老街两边的商铺等。

（二）村落历史

1. 村名来源

关于"老司岩"村名的由来，至今仍口口相传一个古老的传说：很久以前，这个村子不知道叫什么名字，"老司岩"是为了纪念一位从四川过来为村民

除害的梯玛,又称之为"老司"。据说老司姓史,携妻带子领徒弟一并而来,到老司岩这个地方后,发现这里地理位置优越,是水运交通的咽喉,背靠青山,面对酉水,村寨左右两边各有一个小山包,犹如官绅所坐椅子的两个扶手,太师椅的轮廓了然于形。酉水岸边的老司洞里住着一条恶龙,每逢年节村民都要杀猪宰牛供奉恶龙,否则恶龙就会在酉水中兴风作浪,吞没船只,祸害船夫。于是,这位老司就安排村民携带鼓锣,村民负责在洞外敲锣打鼓为其助战,老司则前往洞内与恶龙搏斗。老司与恶龙在洞内搏斗之际,放在洞口的老司的草鞋,随着洞内的打斗而上下飞舞,异常激烈。老司上下飞舞的草鞋,吸引了携带鼓锣助威的村民。村民因紧盯草鞋而忘记擂鼓助威,最后老司体力不支,被恶龙用尾巴甩到对面的墙壁上而亡。后来村民在老司洞内为老司设坛祭祀,定时祭扫,以感激其为村民除害,追思其战恶龙而亡的英雄事迹,慢慢地三面环酉水的村寨就被称为老司岩村。

2. 历史沿革

老司岩村之名是否真的如当地传说一般,实难考证,但村子的历史较为久远确是属实。查阅《永顺县志》,老司岩村原名"老师岩",据说有位巫师在此求雨,不知为何巫师的身体印于岩壁之上,后来求雨必应。县志记载了这件事,"老师岩:在城东南五十里,高岩悬壁,似人形。巫师求雨至此,顷刻雷电交加,风雨大作,巫忽印身于石,披发伏剑,宛然如生,至今祷雨屡验"[①]。

老司岩村所在之地,战国时属于楚国的黔中地,在距此不远的古丈县河西镇燕子窝发现战国、西汉、东汉墓葬10座,出土文物110件[②]。秦统一全国后,此地隶属于黔中郡,汉朝时辖于酉阳县,唐朝时老司岩所在地及周边隶属于溪州大乡,宋时属于下溪州。老司岩村内通往古井的石板路旁边发现数座古墓,墓圹砌石石条保存完好。据文物考古发掘,此古墓当属宋代,由此可见其村落形成之早。

---

① 黄德基:《永顺县志》,岳麓书社2012年版,第55页。
② 湘西自治州文物管理处、古丈县文物管理所:《湘西古丈河西战国、汉墓发掘简报》,《江汉考古》2007年第2期。

第六章
老司岩村

元朝时朝廷在湘西推行土司制度。元世祖至元十二年(1275年),元朝势力开始深入湘西内部,当地大姓永顺彭氏迫于时局,主动献图内附。乾隆《永顺县志》记载永顺彭思万于忽必烈至元十六年(1279年)率众归附。元朝开始在湘西设职委官,元朝先置永顺路,后改为永顺保靖南渭安抚司。至大三年(1310年),改永顺保靖南渭安抚司为永顺等处军民安抚司,老司岩村在其辖内,属于思州麦著土村。

明朝时,为了稳定湘西的统治,把安抚司升格为宣慰使司,"诏升永顺安抚司为宣慰使司"。永顺宣慰使司辖制3个土州:上溪州、施溶州、南渭州,同时设置腊惹洞、麦著黄洞、驴迟洞、施溶洞等6个长官司。至此,永顺下辖3个土州、6个长官司基本定格,直至清改土归流。老司岩村有隶属于南渭州的可能性。据《读史方舆纪要》记载,南渭州本是宋朝设置的羁縻州,元朝因袭不断,到明朝洪武三年(1370年)又重新设置,隶属于永顺①。据田敏考证,南渭州当位于今湖南永顺县西南列夕、柏杨一带②。

老司岩村位于酉水之南岸,因历史上区划界线犬牙交错,无明显分界线,难以分辨,具体归属有两种可能。其一,隶属于南渭州。列夕、柏杨位于酉水之北岸、老司城之南,老司岩村恰好在列夕、柏杨之中间地带,酉水之南岸。由老司岩逆水而上,经过猛洞河可至老司城,由老司岩村往下游可至永顺重镇王村(今芙蓉镇)。老司岩在改土归流之前,有隶属于南渭州的可能性。其二,隶属于麦著黄洞长官司。麦著黄洞长官司大体位于今古丈县茄通附近,酉水之南岸。关于麦著黄洞,宋史无所考,但元朝时为麦著土村,属思州。至明朝之际,麦著土村由土村改为峒,隶属于永顺司。明洪武五年(1372年),明诏令升峒为长官司。清顺治四年(1647年),携族众献土归顺清王朝③。老司岩村隶属于麦著黄洞长官司的可能性较大,两地同处于酉水之南岸,相

---

① (清)顾祖禹撰,贺次君、施和金点校:《读史方舆纪要》,中华书局2005年版,第3869页。

② 田敏:《元明清时期湘西土司的设置与变迁》,《中南民族大学学报》(人文社会科学版)2011年第1期。

③ 熊晓辉、向东:《湘西历史与文化》,民族出版社2008年版,第76页。

距不足20公里,当地至今仍把"茄通"作为当地区域的一种泛称。总体而言,老司岩地处酉水河道转弯处,是进入永顺老司城必经之水路枢纽,为永顺扼守酉水的前沿哨卡,长达800余年。

清雍正七年(1729年),永顺改土归流后重新调整行政区划,设置永顺府,辖4个县,其中老司岩隶属于永顺县下榔保,到清嘉庆十一年(1806年)调整为永顺县王家保。民国时期,实行省县乡制,老司岩是永顺县下榔乡辖区,后又从永顺县析出,成立古丈县。新中国成立以后,隶属于古丈县茄通乡。20世纪50年代后期,全面公社化时属于星火人民公社,到80年代又重新划归茄通乡。古丈县最近一次行政区划调整是2005年,茄通乡与河西镇合二为一,成立红石林镇,至此,老司岩村隶属于古丈县红石林镇。

3. 村落商贸兴盛史

老司岩村何以在其鼎盛之际被冠以"小南京"之美名,这得益于老司岩村独特的地理位置。其处于商贸水运必经之地,酉水流域又是桐油的重要产地,盐、布匹等商品不断输入,以及桐油、木材不断外运共同奠定了老司岩村商业兴盛的基础。

老司岩村的黄姓、潘姓、瞿姓既是村里的大姓,又是经商大户。黄家是清朝至民国时期老司岩最大的商户,黄自超老人清晰地记得黄家的商铺字号是"黄隆兴商号",主要经营桐油、木材生意,往来于酉水河各商业集镇,王村、里耶等是其主要的商业网点,最远的时候去过汉口。酉水河两岸人们需要的布匹、食盐等日常生活用品以及金属制品也是黄家贸易的大宗商品。潘家的商铺名曰"潘亘商号",在老街边上的潘家店铺至今仍保存完好。

处于酉水河运枢纽位置是老司岩在清朝、民国之际商业繁荣的关键因素之一。酉水,沅江最大的支流,流域涉及湖北、重庆、湖南、贵州4省市。酉水南北两大源头在石堤镇汇合,继续顺流南下经龙山、保靖、永顺,最后在沅陵汇入沅江。酉水贯穿武陵民族走廊,在陆路交通不发达的时代,酉水基本上是河运商贸的黄金水道。酉水古丈段,王村(今芙蓉镇)、老司岩、列夕、罗依溪等商业集镇的商人通过酉水南可以进入云贵,往北商货可往来于清江流域,湘西的桐油、木材顺江而下入沅陵,然后过顺德入洞庭湖可直抵九省通衢之汉口。老司岩的黄家,在民国时期经常有商船往来于这条水运商贸通道。

酉水自古以来就是西至巴蜀、北通湖湘的必经之地。老司岩村处于王村、芙蓉镇和永顺老司城之间,地理位置的优越性,使老司

老司岩村古商埠遗址(石子 摄)

岩村成为永顺土司扼守前哨长达800余年。明朝以来,老司岩村依托其优越的地理位置逐渐繁荣,清改土归流之后达到顶峰,人口多至数千人,异常繁华,至今村中仍流传着"王村一条街,不如老司岩一堵墙"之说。

历史上酉水流域长期处于土司统治之下,老司岩村恰恰是永顺彭氏土司的势力范围。老司岩村最初是典型的少数民族聚居村落,老司岩的酉水码头连接着中原与西南地区,区域经济特色较为明显。改土归流之前,在"汉不入峒,蛮不出境"的禁令下,老司岩交通枢纽位置带来的商贸基本上服务于永顺彭氏土司,受其控制明显,商品经济发展不景气。自雍正七年(1729年)改土归流之后,老司岩封闭的经济状态才被打破,河运枢纽位置的商品经济优势逐步彰显。

桐油是老司岩村的第一大宗商品。《永顺府志》记载:桐油,山地皆种杂粮,岗岭间则植桐树,收子为油。商贾趋之,民赖其利以完租税,毕婚嫁。老司岩村是集桐油产、销、运于一体的商贸码头。据老司岩村黄泰炎老人回忆,鼎盛之际有桐油作坊48个,榨油繁忙的季节,作坊日夜不停,捶打之声、劳作号子之声响彻山谷,回荡在酉水河的上空,老人还回忆当地民谣"一船桐油下河去,十船大米上山来"。《古丈县志》中的一篇《畜禁桐茶碑序》,言明碑刻立于清道光三年(1823年)。老司岩乃至古丈之所

以遍种桐茶,碑序指出是因为"其五谷杂粮,不足以供地方之用,唯桐茶,此地方之一大宗也"。老司岩周边多是山地,水田极少,人均不足一分田,当地谚语形容其为"九山半田半分水",可见桐茶是百姓的经济支柱。对于偷盗、砍伐桐茶树的惩罚力度极大,"有私伐桐茶之木者,无论贫富,悉罚钱三串文"。"捡茶捡桐,亦有定期,不能先后参差","若有暗行捡摘者,应罚钱二千文与守桐茶杂木之人食用"。"捡茶捡桐"是土家族的一种乡规民约,据老人回忆,每到采摘桐油籽的季节,周边村民就会聚在一起商讨山上桐油的具体采摘步骤,对山上的桐油分区域采摘,制定乡规民约,保证桐油采摘有序,不发生采摘纠纷及偷盗事件。

老司岩村是酉水河畔的一个商贸集镇,桐油是其主要转运商品。据史料记载,湘西古丈的桐油产销量惊人,"以桐油为大宗,年约四十万元",可见老司岩作为桐油产销的重要集镇便不足为奇了。猛洞河、酉水河流域主要的集镇有王村(今芙蓉镇)、列夕等。酉水河与猛洞河交汇处,往猛洞河方向3公里便是列夕古镇,位于猛洞河河边的山坡上,沿猛洞河继续逆流而上便是永顺老司城。老司岩村正好处于酉水河与猛洞河交汇处,沿酉水继续往下便是王村古镇。列夕、老司岩、王村都是永顺重要的商贸集镇。乾隆《永顺县志》记载,列夕"自王村以上进猛峒小河,往来行舟多泊焉","民居罗列,商贩聚处,桐油、香油、杂油、梓子药材等货,于此收买,亦要区也"。老司岩与列夕的商贸基本相同,两个集镇都是"以桐油诸物顺流下,以棉花诸物逆水来",老司岩的繁华得益于此。

老司岩同样是"川盐济楚"必走的水运通道。据黄自超老人回忆,黄家商号从汉口、常德运来的商货中,盐是最大宗。潘家商号也是如此。老人的回忆与史实相符,《龙山县志》卷四之"田赋"记载:"听民买食川盐,不得过十斤之数,伏查川盐销行县属,或系居民就日食所需。"盐出川之后,走清江、酉水水运是"川盐济楚"最便捷之道。黄家、潘家贩运的川盐多是从常德、沅陵逆流而上,是"酉水—猛洞河"商贸路线。

据村中老人回忆,老司岩村有许多挑夫、脚夫。由于老司岩村是重要的商贸集镇,酉水河与老司岩村古商街落差较大,"商货行河运,上岸挑夫走",

这是当地谚语对挑夫在码头搬运货物的写照。挑夫,又称背子客,到了民国时期改称短水帮抑或上水帮①。他们在老司岩村主要从事货物的上下搬运。从王村逆流而上至老司岩,老司岩正好处于水流湍急之处,礁石、暗流极多,行船极为不便,背子客多集中于此,以便多些劳作机会。一些挑夫后来在老司岩定居,或继续从事货物搬运工作,或于老司岩村的商街上经营小生意,这也是老司岩村中姓氏众多的原因之一。

(三) 村落人口

全村有6个村民小组,分别是梭卡、铺上、马落、张家湾、黄家寨、金家包。村民居住相对集中,房屋建筑呈扇形分布于山体之上,北部为黄家、张家、铺上及马落,北邻酉水河,东部为梭卡,西南部为金家,以原村委会(今老司岩已与红石林村合并)为核心,6个村民小组散布于其四周。计176户700余人,面积6186亩,耕地面积901亩,其中稻田585亩,旱地316亩。老司岩背靠青山,坐南朝北,村边山脉呈左青龙右白虎之势,村子宛如一把古老的太师椅。立于村口环顾,对岸青山绵延如黛,门前酉水碧波万顷,村后公路蜿蜒,寨中古木参天。

据村中老人介绍,老司岩现共有15姓,分别是黄、王、金、彭、潘、瞿、张、向、陈、谭、姚、董、粟等。历史上黄姓、潘姓同为当地富商大户,后潘家日渐衰落。老司岩村的村民主要为土家族、汉族,以土家族为主。黄姓原本是当地汉族大姓。当地汉族多是明末清初从江西迁来,似乎与历史上湖广填四川的人口大迁徙有关联。清朝鼎盛之际,老司岩村商业繁荣,往来商贾不断,外乡的"背子客"不断涌入。明清时期,这里十分重视教育,读书人多有一官半职,大户人家极多,小户人家也丰衣足食。村里一派繁荣景象,鼎盛时村里人口达5000之多,因其繁华而得"小南京"之美名。

---

① 中国人民政治协商会议湘西土家族苗族自治州委员会文史资料研究委员会编:《湘西文史资料(第二十二、二十三辑合刊)》,湘西土家族苗族自治州民族彩印厂印刷,1991年。

（四）物产与特色产业

老司岩村的经济产业以种植业与养殖业为主，经济作物是村民的主要收入来源，古村落文旅正在培育中。粮食作物主要是大米、玉米，经济作物主要是茶叶、红心猕猴桃、烟叶等。养殖业主要以家庭散养为主，包括养猪、养鸡鸭、养牛等。老司岩村村民在村委会的组织下，在稻田里养鱼，称稻花鱼，属于纯天然无污染的渔业养殖，经济收益颇丰。老司岩村的第一大产业是茶叶。茶叶是古丈的一大特色产业，尤以古丈毛尖最为出名。古丈的茶叶种植遍布全县，老司岩也不例外。老司岩的茶经济走出了特色，通过与山东济南市对接精准扶贫，周转村内土地使用权，引进大型茶加工企业，建设村内茶叶加工厂，茶叶多功能综合体正在施工中，集品茶、茶文化展示、茶商贸、茶餐饮等于一体。村民工作不出村，茶叶产品不愁销，助推老司岩脱贫致富效果明显。

（五）经济社会发展状况

自明朝以来，老司岩村因其优越的地理位置，以及受人文、水域等各方面因素的影响，形成了河码头至黄家寨、铺上至金家包、铺上至马落3条主要交通要道，总长约1740米，但受制于交通、区位等客观条件，经济社会发展一直较为缓慢。

2014年相关职能部门制定了老司岩村的发展规划——《古丈县红石林镇老司岩村传统村落保护发展规划（2014—2030）》，以促进老司岩村经济社会发展。针对老司岩村具备独特的历史文化价值（其历史、文化、艺术、民俗等是湘西少数民族文化的重要组成部分），整体勾画了老司岩村文物保护、村落整体风貌、村落山水空间格局、村落传统文化的建设规划。针对部分文物破损的情况，以修旧如旧的原则按照原风貌进行修缮。对于历史建筑、传统建筑，选择相对完整的地段成片地加以修复，保持原有空间形式及建筑格局,古井、古树及反映村民生活的特色庭院予以保留并清理恢复。这样,给水、排水、道路、公厕、垃圾收集及处理以及污水处理等方面的硬件大为改善。比如交通方面,老司岩村形成了"一横一纵一环"的结构,车行游览道、步行游览主路、步行游览支路一应俱全。

为了促进老司岩村文化旅游发展,规划修建了3条重点景观廊道。第一条廊道为村落入口牌楼—山地梯田—伏波庙—黄家寨东北—酉水河;第二条廊道为村落入口西侧山体—农田—土家广场—黄家寨;第三条廊道为村落北面邻酉水的山坡地段,重点打造学堂山,使其成为最佳的观景点,是保障游客能够观赏村落与山水的景观廊道。通过规划,老司岩村形成了"三街一墙连节点、一河三山映岸田"的山水格局。另外,老司岩村还重点采取了"二区一带"的规划策略,激活村内旅游资源。二区,即古村文化区、乡村休闲体验区;一带,即酉水河风景游览带。经过一番规划,老司岩村的面貌焕然一新,经济社会条件大为改善。2016年9月,《爸爸去哪儿》剧组来老司岩村实地取景拍摄,老司岩村的知名度进一步提升。

茶产业是老司岩村经济社会发展的另一个重要推动力。老司岩村地理位置优越,生态环境良好,适合发展茶产业,老司岩及其周边村寨是古丈毛尖的重要产地。2015年,老司岩村成为古丈县3000亩有机茶示范基地建设项目的建设地之一,每亩可年产有机茶叶100公斤以上,年产茶叶共30万公斤以上。老司岩及相关区域的3000亩有机茶园,可实现年产值7000万余元,带动基层就业3000余人。老司岩还采取土地流转等方式,引进龙头农企,以特色产业种植在老司岩村等6个村流转土地千余亩,实际解决3000余人的就业,带动村民在家门口致富。

二、文化遗产

(一)物质文化遗产

老司岩村历史悠久,2001年省文物局专家组到老司岩考察,经专家考证鉴定,老司岩民居是保护得最好的土家族古建筑民居,湖南省人民政府确定老司岩民居为省级文物保护单位。老司岩的古迹非常多,现有清朝至民国时期的民宅14座,古商业街3条,古庙1座,古井1口,古城墙1面,古石牌1方,老司岩酉水古码头渡口1处。

1. 伏波庙

老司岩村有一座伏波庙,位于村中被称为庙湾的地方,大体位于村子中间偏南的方向,正对着酉水河。伏波庙西边就是老司岩村内清季之油铺老街,与村小学相邻,也是原来村委会所在地,现属于黄家寨小组。伏波庙东边是马落小组。俯瞰伏波庙,其正北方对着铺上老街,夹在油铺老街和马落老街之间。

伏波庙的建筑结构是中国传统的抬梁式穿斗砖木结构,由三部分组成,分别是正殿、天井、左右厢房。厢房处于二层,一层悬空。在伏波庙正殿后墙上绘有祥云捧仙人壁画一幅。正殿中并无神像。正殿角落倒卧着"流芳万古"

老司岩村伏波庙(李涛　摄)

碑刻一方,碑面156厘米×105厘米×10厘米,铭字计26行。

伏波庙中的"流芳万古"碑载,伏波庙是清乾隆四十七年(1782年),由老司岩黄氏第四代黄儒臣率众迁建于此。至于为何在此地修建伏波庙,据村中老人[①]回忆,其原因大致有三。

其一,伏波庙后面有一个山洞,当地人称其为猪娘洞。伏波庙的正北

---

① 访谈对象:黄泰炎,81岁,老司岩村村民。访谈时间:2020年7月25日。访谈地点:黄泰炎家。"清咸丰古丈老司岩重修伏波庙碑"文字根据村中王连华的拓本整理。

第六章
老司岩村

方是一片肥美的水田,传说猪精时常带着一窝小猪出来觅食,践踏庄稼,食量又大,老百姓苦不堪言,但又无可奈何。后来在猪娘洞前修建此庙,目的是镇住一群猪精。

其二,另外一个原因也是传说。据说老司岩村的学校所在地,从地形上看像一只乌龟。从村学校到伏波庙是一路下坡,这条路看起来像一条巨蟒。两者放在一起,像是巨蟒要把乌龟赶走,传说一旦赶走乌龟对老司岩极为不利,故而修建此庙以镇压巨蟒。

其三,伏波庙距离老司岩酉水码头较近,在老司岩村铺上老街、马落老街、油铺老街的三点连线之上,又因为马援被封为伏波将军,老司岩的兴盛依赖航运,伏波庙修建在正对酉水码头的地方,希望借助伏波将军的威名降服酉水的波涛水浪,因此重修伏波庙就顺理成章了。伏波庙在黄家寨附近,这里是黄家族居之地,清乾隆年间又是由黄儒臣率众捐资修建,黄家希望伏波将军护佑黄家商业兴隆,商路通顺。此说较为可信。"流芳万古"碑文记载,黄儒臣见伏波庙破败不堪,"先祖儒臣公恐其久而废也",故迁建于此,"同力移建于江西冲之地,并塑其神像,焕其祠宇"。

据老人回忆,正殿中有神像五尊或者七尊,由于时间久远已经难以确定。可以确定的是在伏波庙正殿有马援将军神像、马夫人神像、一个日查神、一个夜查神,在神像前面有拜台。日查神一只手握着一支笔,另一只手持写本,夜查神手中持有一个箭头杆。在正殿右边的偏殿有一尊灵官菩萨,灵官是道教的护法尊神,金甲红袍,三目怒视,左手执风火轮,右手举鞭,一副镇妖降魔的威猛气派。伏波庙进门左右两边有两位守门将军,分别是秦琼、尉迟恭。伏波庙还有一口重达400余斤的大钟,后毁。伏波庙的神像现在已荡然无存,20世纪五六十年代被破坏殆尽。

根据现有伏波庙的历史遗迹及村民回忆,伏波庙内供奉的神像均是来源于中原信仰体系,以祭祀中国历史人物及道教相关的神为主,老司岩村几乎没有本地神的信仰。湘西历史上是"五溪蛮"活动的区域,民间信仰复杂,老司岩村独祭祀中原诸神,原因可能有二:其一,老司岩村最初的居住者多是米姓、张姓,后来黄姓逐步从江西迁居于此并慢慢发展壮大,成为当地的望族。米、张、黄等几个姓氏都是汉人,祭拜中原诸神是可以理解的。据黄泰炎老人回忆,老司岩历史上鲜有梯玛、道士、巫师等,需要到周边的村子请来。黄家历史上特别重视教育,在村子里设有私塾,建有文昌阁,文化氛围浓厚。特别是改土归流之后,外来商贾日渐增多,老司岩酉水码头商业繁忙,外来文化不断冲击,久而久之,老司岩人的信仰慢慢就以中原诸神为主了,这有别于其他地区。其二,清朝雍正年间,永顺土司改土归流后,文化交流频繁,政府多次颁布训令移风易俗,兴学校建学官。乾隆《永顺县志》记载改土归流后文教的变化,即"建城垣、立学校、开河道、立市镇、置邮传、修祠宇衙署等项",崇儒兴教的风气大开,汉文化教育逐步深入到湘西。这些使老司岩村的信仰汉化。

伏波庙现存刻于清咸丰八年(1858年)的"流芳万古"碑一方,碑文撰写者为黄梦笔,现摘录碑文如下。

清咸丰古丈老司岩重修伏波庙碑文
流芳万古

将军扶风人也,姓马,讳援,字文渊。东汉建武十七年(41年)以征交趾封为伏波将军,故后世追祀者遂咸称为伏波宫焉。吾乡伏波神祠,旧在本乡东南隅。土人因其灵异,设坛奉祀而已。自乾隆四十七年(1782年),先祖儒臣公恐其久而废也,率同乡金公国安、向公宗龙并书先、王公志富、王公荣贵、瞿公杰、张公之国,定纪诸大姓,同力移建于江西冲之地,并塑其神像,焕其祠宇,虽中无住持,而香火岁时不绝,诚盛举也。公殁后已八九十年,孽憨日久,而亏负颇多。至咸丰六年(1856年),执事者欲以杜后弊而光前烈也。因喙金勒石以列条规,而同请享于予,且问曰:"辰沅以上属古蛮夷地。将军西北人,而其神独灵于东南,何哉?"予祷之曰:"神之历久而常新者,岂必尽生于一域哉?黄舜以南巡而神寄于苍梧,禹以祷岳而庙祀于衡山,武侯之庙既常留于荆襄之地,昌黎之祠史续修于潮州之民。古之先圣先贤，或因其官，或因其卒，而其神遂集于此者，何可胜道？以将军立功汉世，守陇右，出塞，汉征羌戎，昭然史册，而晚年出征五溪，卒于壶头。其精神灵爽必有眷眷于此者。故五溪之人，饮食必祭，水旱疾疫，凡有求必祷焉。由此观之，则谓将军之神之独灵于五溪也，固宜。而昧昧者乃以马王希范授之，不亦谬乎？马王五季时人，封武安静江节度使，其行事不概见于史。然吾尝过会溪，访马王遗迹，见其所立铜柱，亦令人摩挲不思去云。因援笔而为之序，以候后之好古者，或考据而得其实，以正吾误，是则吾之厚幸也。夫是为序。

黄文兴上土一处

祁德升上钱七千文

首士 瞿启观 瞿启义 瞿启益 瞿启柱 瞿启禹 瞿万元 瞿万英 瞿万昭 黄文兴 金正信

黄恩南 黄嘉茂 向启圣 曹正桐 曹开金

赵文明 彭光恕 彭光信 彭大朝 彭光裕

彭廷选 彭廷魁 彭光义 彭光凝 彭廷臣

伏波庙的碑文清楚地载明伏波庙最初并不是在此地，而是从别处搬迁过来的，"旧在本乡东南隅"，组织迁建的就是当时老司岩村的大姓黄家的黄儒臣。此庙最初修建于乾隆四十七年（1782年），后来破败，在咸丰年间又重新修缮，具体时间是咸丰六年（1856年）。

老司岩村于清季修建伏波庙，最初寄希望于伏波将军护佑酉水河上往来船只航运平安，以马援的神威降服酉水的波涛，灾荒水涝之时村民祈求伏波将军保佑风调雨顺，消除疾疫。随着历史的发展，伏波庙逐步演变成了老司岩村集体事务表决、传统文化活动开展、村民纠纷处理的场所，伏波庙成为村民公平、公正决断事务的见证者。

据黄泰炎老人回忆，逢年过节、重大节日，村民会自发前往伏波庙举办活动。黄家在前往沅陵、常德跑买卖之前,都会备上牛羊猪等祭品去伏波庙焚香祈福,祈求往来平安,商业兴隆。伏波将军由降服波涛、行雨的水神变成老司岩村财运的守护神。历史上,老司岩的大姓在祭祀祖先的时候,族长往往先率领家族众人携带"三牲"前往伏波庙焚香祭拜,接着是祭祀井神、土地神,祭拜三个神之后才能回到祠堂祭拜祖先。村民如遇到难以辩解的纠纷,最后往往会说敢不敢到伏波庙里去赌咒!这似乎表明,理亏的一方必然心虚,在世代信奉的神灵面前,无人敢对伏波将军说谎。

伏波庙曾经是处理村寨公共事务的议事场所。老司岩没有村委会的时候,村寨中各姓氏的族长、办事公允之人常常聚在伏波庙中商讨事务,琐碎之事多不经过官府,而是在伏波庙议后决定。老司岩村的王连华记录了村诸姓族长在伏波庙审理偷盗案件一事。民国时期,永顺土匪毛九炎偷盗向明礼家中的桐油,向明礼察觉之后,鸣锣示警,全村出动抓住了土匪毛九炎,"五花大绑扎实绸,将他抬到伏波庙",此时主持村寨事务的是典五,但其本人亦无法决断如何处理。典五随即召集村寨中的长者在伏波庙议事,通过决议,释放了土匪毛九炎。

2. 商贸古渡口

村的正南方紧邻酉水河畔,老司岩村酉水码头渡口现依稀可辨,见证着往昔的繁华和商贾的匆忙。酉水的波涛拍打着码头上的大石条,经过数百年不断地拍打,大石条的棱角似乎圆润了许多。从老码头渡口沿着石板古路(宽不足2米,青红相间的大石条错落有致地镶嵌在一起)而上一直通往已有200余年历史的老司泉。自酉水码头而上的石板路,在老司泉处一分为二,一左一右,分别通向老司岩村。

3. 古树与古井

老司岩的古井背靠山崖,崖上有3株古树,枝繁叶茂,犹如华盖,已有200多岁。古井位于古树之下,建于清宣统二年(1910年),面积约400平方米。泉水从几块巨大的石头的缝隙中流出,由此观之,古井似涌流不息的山泉。据村中老人介绍,此井未曾断流,并且井水冬暖夏凉。

老司岩村古树（李涛 摄）

老司岩村古井（高元武 摄）

4. 古商业街

古商业街右边的石板路长700余米，路的尽头是黄家新屋，即黄家后来另寻新址建的房子。石板路的左边是高数丈的石墙，石条整齐，方正有度，厚薄统一。石墙前后绵延数百米，墙体上方的排水口至今仍向世人展示其"生命力"。左边的石板路通往老司岩村中古街，弯弯曲曲绵延800多米，老街两边的老商铺至今犹存。左右两条石板路都是清季遗留物，至今仍然是村子的主干道。街道两边是高低错落的古民宅，黑得发亮，一律为木质结构，有穿斗式四合院，也有三柱四瓜、五柱八瓜不等的。房基、台阶、天井等，一应俱全。朝门、高墙全部用青红条石铺成，门窗格扇上镂雕各种图案，厢房、偏房、堂屋齐全，堂屋中央安有神龛。

老司岩村内，清朝、民国时期的商业老街共有3条，分别是铺上老街、油铺老街、马落老街。铺上老街，是老司岩最初的商业街，店铺多集中于此，商号林立，桐油、布匹、食盐等店铺皆有。老司岩

老司岩村古街（石子 摄）

村内大姓人家的宅邸也多集中于此,黄家、潘家在此都有宅院,尤以黄家为最。油铺老街,又称瞿家街,瞿氏家族原来居住于此,主要从事桐油贸易。马落街,据村中黄自超老人回忆,当时老司岩的大户很多,读书人也有一官半职,骑马、坐轿进村的人需要在此下马、出轿,以示尊重,故得名马落。老司岩的3条街基本上都是当时老司岩商业繁荣的历史见证者。

5. 百年老宅

民居大部分依山而建,均为木质结构房屋,其中黄家老宅、黄家新宅、潘家老宅占地面积大,最多达3亩,并有条石围墙,最高达6米多。

黄家古宅保存完好。黄家古宅分为两类:一类是黄家老屋,又称黄家紫荆屋。之所以称为老屋,是因为这座宅子是村里历史最久远的。另一类是黄家新屋。这两类房子都是明末、清中后期所建,体现了当时的建造工艺及民风习俗。建筑用材均是柏木、桐木、椿木等,寓意百(柏)子同(桐)春(椿)。

黄家老屋是典型的四合院,分别是正屋、厢房、堂屋、天井、绣楼(已毁),结构完整。紫荆屋现存两座,位于老司岩村张家湾组。紫荆屋与普通房屋不同,普通房屋只有屋脊一条横梁,而紫荆屋在正屋的门上方也有一条横梁,又称"二梁"。房基、台阶、天井均用青红条石镶嵌铺就。在"二梁"上写有"百福骈臻,千祥云集"八字,书法遒劲,还雕刻着精致的图案,虽经时间洗礼和风雨侵蚀,仍清晰可辨,油漆的颜色也很鲜亮。村中另外一栋紫荆屋,据说是清乾隆年间黄儒臣为其园丁所建,紧邻

老司岩村紫荆屋(高元武 摄)

黄泰炎老先生家。在这所老宅的"二梁"正中间画有太极图,太极图左右两边正楷书写"焕然维新,美奂其室"。

紫荆屋之雅称不仅是正屋门上方多一条横梁而已,而且有其文化内

涵。"紫荆屋"的名称应来自"田真哭荆"。南朝梁吴均撰《续齐谐记》,记载了田氏三兄弟分家,唯紫荆树一株未分,商议一斩为三。次日早晨,树已枯萎。田真曰:"树木同株,闻将分斫,所以憔悴,是人不如木也。"故后人以"紫荆"比喻兄弟同气连枝。前人建此屋,其用意大概也是希望子孙团结互助,奋发耕读,兴旺家族。

黄儒臣之子黄承香所建宅第高墙夯基、八字楼门、穿堂天井、院墙环立,院门大书"人杰地灵",其窗花比老屋的精致典雅且内容丰富。由于年代久远,有的窗花或残缺,或脱落,但拂去岁月的尘埃,那附着于门窗上的惟妙惟肖的花鸟禽兽图案仍栩栩如生,闪耀着先民智慧的光芒。

这所宅第人称新屋,共有2间堂屋,各有6扇大门,1间靠山,1间临街。靠山的大门的窗花全为由古铜钱和蝙蝠组成的吉祥图案。古代社会阶层有士农工商之分,商人致力于理财,所以房屋装饰也与此有

老司岩村黄宅(石子 摄)

关。"福"文化融入社会生活的方方面面,在中国传统建筑装饰中,人们常用蝙蝠的形象来表达对幸福的追求。"蝠"与"福"同音,蝙蝠作为吉祥符号,其组成的图案都是非常美的。铜钱又称圆形方孔钱,方孔也称"眼","钱"与"前"音同,蝙蝠与铜钱相结合的木雕装饰图案自然让人想起"福在眼前"。靠近街边的大门的窗花又与此不同,别具一番风格。靠街的大门的窗花从整体上可以分为上下两个部分,下半部分雕刻的是"二龙戏水",共有6条龙。门的上半部分用吉祥汉字点缀,中间两扇各刻一个相同的组合字,似是将"福禄寿喜"4字镶嵌在一起,寓意吉祥。门窗上雕刻了莲蓬来衬托汉字,莲蓬多籽,相互拥挤,既有"多子多福"之意,也暗含了兄弟团结、家族和睦之意。

木雕不仅有装饰作用,而且有文化内涵,木雕的主题体现了主人的情怀。正门两边的4扇门的窗花,风格是中国传统的牡丹花、兰花、菊花、梅花,既凸显主人的文人雅士情趣,同时应以四季,以示高洁。①

6. 栀台

进入老司岩,我们可以看到一面用红砖砌成的6米高的院墙,这便是当地人称的"栀台"。这个栀台是专门给成为拔贡以上的读书人砌的,以前只要取得拔贡以上的功名,寨子就会为他砌栀台、立栀子、放炮仗、挂旌旗,以示表彰。老司岩村目前至少有六处栀台,分别为张、米、黄这三姓显赫人家所砌,每姓各两处。砌好栀台后,立栀子那天,炮仗放得地皮都炸起来了,非常隆重。旌旗升上去,风吹得哗啦啦地响,河对岸都看得到。

(二)非物质文化遗产②

老司岩村曾经繁盛一时,有"小南京"之称。商贾往来,客商涌动,商业繁荣促进了老司岩文化的开放包容与多元。

1. 土家族山歌

老司岩以土家族人居多。土家族人爱唱山歌,唱山、唱水、唱山花鸟兽、唱情、唱劳动等,生活所见均是山歌所唱的内容。土家族山歌总体上可以分为劳动歌和生活歌两大类。

"酉水河畔老司岩,四季如春百花开。春来梨花开满寨,如同人到画中来;夏季凉风推门开,好似大树脚下嗨(玩耍之意);秋季金果挂排排,赛过南京彩灯街……"这是村里民间艺人黄太星老人自编自唱的山歌《明清时代的老司岩》。黄太星是老司岩村戏班和舞龙队的主要成员,因吹拉弹唱样样在行,尤喜唱山歌,被乡邻称为"土家民间山歌手"。

---

① 引自王连华博客上的文章《老司岩古民居的窗花》,并整理。
② 非物质文化遗产部分的内容来自黄佳、吕航撰稿,邓高琼审《湘西传统村落老司岩》。

2. 打溜子

打溜子是土家族聚居区流传最广的一种古老的民间器乐合奏,打击乐演奏形式,历史悠久,曲牌繁多,技艺精湛,表现力丰富,是土家族独有的艺术形式。头钹、二钹、锣和小钹的组合,称四人溜子。演奏形式有走式、立式和蹲式。钹技打法有亮打、闷打、砍打、侧打、挤打、磕边打和搓揉打。锣的演奏技巧有敞锣、逼锣和闷锣。打溜子的曲牌十分丰富,共有108套,有形声、绘神和写意三类表现形式。头钹明快稳健,二钹急如星火,铜锣行腔点韵,小钹洪亮清新。打溜子多用于土家山寨的各种喜庆活动之中。一般由三至四人合奏演出,故有"三人溜子""四人溜子"之分。"五人溜子"是引进汉族的唢呐而成的,将吹打结合起来,更能增添喜庆、欢乐的气氛①。

3. 挖土锣鼓歌

土家人创造了民间歌谣与唱腔相结合的挖土锣鼓歌。挖土锣鼓歌分为歌头、请神、扬歌、送神四大部分,由两位歌师在挖土现场伴以锣鼓演唱,是带有祭祀性质的劳动歌谣。由于土家人居住的地方山高林密,常有猛兽出没,土家人就用敲锣打鼓的方式来驱赶猛兽,并发扬互相合作的精神,众人帮工上山垦荒,后来逐渐演变成挖土锣鼓歌。"早晨起来雾沉沉,雾沉沉……"歌头悠扬粗犷,抓住晨曦初露时的美丽风光,渲染出欣欣向荣的场景,使人心情舒畅。请神紧接歌头,所请之神有歌师歌娘、天地日月、五方五位等神灵,彰显土家人崇拜自然、天人和谐的古朴遗风。扬歌是挖土锣鼓歌的主体部分,有较固定的唱词,也有歌师的即兴演唱。内容包括劳动、生活、时政、爱情等方面的,有时歌者、观众互相打趣戏谑,当场褒贬,鼓励先进,鞭策后进,别有一番情趣。还有大量的民间传说歌、历史典故歌等,五花八门,大家唱得乐而忘疲,劲头倍增。送神是挖土锣鼓歌的结尾部分,通常在收工之前唱,这是土家人崇拜多神的古老遗风,祈求

---

① 古丈县城乡规划管理局、湖南省建筑设计院:《古丈县红石林镇老司岩村传统村落保护发展规划(2014—2030)》,2014年。

神灵保佑风调雨顺、五谷丰登。土家族挖土锣鼓歌历史悠久,对研究土家族古代的文学艺术、生产、生活、信仰有较高的学术价值。

三、自然资源

老司岩有一处美丽的自然景观——青石城。青石城是由许多大青石叠在一起,从外看去,形态各异,有的像金鸡独立,有的像扬帆起航,有的像浪花朵朵,有的像大佛之掌。青石城作为大自然留给老司岩的自然资源,是老司岩村民心中的一片净土。

四、村落望族

老司岩村人口700余,但是姓氏却有十多个。该村82岁的黄泰鑫老人说,老司岩以前有二十多个姓,明清鼎盛时,村里人口近5000。起初以张姓和米姓为主,后来老司岩黄姓始祖黄大荣迁入。据老司岩村金贤光介绍,按男性户主算,村里有黄、王、金、彭、潘、瞿、张、向、陈、谭、姚、董、粟、米、田15个姓。该村共有685人,其中黄姓294人,占43%,其他共391人。

老司岩村最早是向氏族人居住,据说当初向氏家族的势力极大。村中老人[①]回忆,村子里有个逃狗洞,每当过年祭祀的时候,向家就会让全村各家把狗的嘴巴捆住,不得叫,以免影响向家祭祀,等到向家祭祀结束后方准松开狗的嘴巴。向氏与米氏一样,后来人丁不旺,慢慢衰落。老司岩村瞿氏虽然目前仅余4家,但历史上却是望族,与桐油贸易息息相关。老司岩村现有一条清朝时期老街,名曰油铺街,就是当时瞿家显赫的象征。瞿家最辉煌的时候,在老司岩村有桐油作坊48个。油铺街极其繁华,据说下雨天走在街上鞋子不会湿。老司岩村最南面有个地方,现在叫

---

① 访谈对象:黄自超,80岁,老司岩村村民。访谈时间:2020年7月22日。访谈地点:黄自超家。

第六章 老司岩村

做金家包,这个地方曾经是瞿家私产。

黄氏家族最能够展示老司岩村的发展、兴衰过程。黄氏的兴衰过程大体分为清朝、民国时期、新中国成立以后三个时间段。黄氏家族的发展历程也是老司岩村人口发展变化的典型写照。清朝改土归流之后人口开始流入;民国时期,国民政府抓壮丁,土匪横行,周边的人向老司岩转移以寻求庇护;新中国成立以后,特别是改革开放以后,老司岩村的年轻劳动力不断外出,出现"空心村""留守村"。

清朝,黄氏家族开始兴盛。黄泰炎家藏《江夏堂黄氏族谱》记载,老司岩村黄氏始祖为黄大荣,于明万历年间背井离乡,沿酉水溯水而上,客居永顺司下梛保老司岩兴善坊。黄大荣,字华善,原本是"沅陵泰常黄氏落诞祖起弘公七世孙"。族谱记载,黄大荣年轻时怀有大志,经营家业极有方略,他勤于稼穑,精编斗篷,人称"斗篷客"。当地民谣"张三千米八百,黄家来了个斗篷客",这个斗篷客指的就是黄大荣。对这个民谣的解读也很难统一,有的人认为"张三千米八百"指的是当时老司岩村各姓氏人口之多寡,也有的人认为是形容各姓氏家财富贵程度。

"斗篷客"黄大荣迁居老司岩之后,除以编制斗篷为生之外,还在当时的米家做工。据传米家有一闺女,按照八字先生的测算,此女命里定会"犯八败",邻里无人敢娶,年近三十尚未出嫁。米家经过对黄大荣的长久考察,发现此人朴实能干,为人坦诚,善于经营,故有意把女儿许配与他。当米家把这一想法告知黄大荣时,黄大荣深思一番:本人身无积蓄,除命一条、篾刀一把,还有什么东西可供米家闺女"败"呢,便一口允下。成婚当日,米小姐语出惊人:"人家讲我犯八败,我今儿一拜都不拜!"因"拜"与"败"同音。此语一出,满堂喝彩,世代传为佳话。

黄氏兴盛并不是从黄大荣开始的,但传说与黄大荣"好行积善,天助以福"有密切的关系。黄家世代相传关于黄大荣行善而获善报的事迹:一日天降大雨,彻夜不停,一位老人在"斗篷客"黄大荣的屋檐下避雨,黄大荣主动邀请其进屋避雨,并以酒肉相待。雨停后,老人出门继续赶路,走而折返,告知黄大荣曰:"汝天生仁心,必得天赐后福,现为你指点一处百年阴地,待后世可于此修圹,定能子肖孙贤,兰桂腾芳。唯有一点,须得满足三个条件方可下葬:要见马骑人;要见鲤鱼上树;要有人戴铁帽。三象缺一不可,切记切记!"

"斗篷客"黄大荣去世安葬之日,天降小雨,众人皆在等待有关黄大荣的"三象"是否会应验。正当众人左顾右盼之际,只见一个为邻里修建房子的木匠扛着"木马"返家,众人见状惊呼:马骑人了!接着众人循山坡往河沟望去,一个渔夫将捕获的鱼用绳草拴住挂在树上,众人又惊呼:鲤鱼上树了!还差一"象",众人焦急等待中,一个到列夕赶场的老汉买了一口铁锅,为避小雨,将锅底朝天置于头顶,用双手支撑着走来,这不是人戴铁帽吗?众人感叹先生掐算"三象"之准确的同时,不约而同地肯定黄家后世子孙必将贤贵。

黄家开始兴盛,据《黄氏族谱》记载当从老司岩黄氏第四代黄儒臣始。"斗篷客"黄大荣娶米氏生三子:先节、先科、先甲。黄先甲留守家业,娶罗氏,生四子:金琏、金珮、金瑜、金瑶。几经发展,黄先甲一支首显强势,其四子黄金瑶,少时慎敏,长时博涉多闻,以德、孝、悌、信、义、让名扬府县,视为"服冕之家",步入"流品之列",为当地富豪。黄金瑶生子黄庭学,家里寄希望其习文习儒,将来可以为官为宦,所以字"儒臣"。

黄儒臣,气度非凡,才华横溢,其名远在其父之上。不仅善管家业,还擅长商贸,桐油、布匹、食盐、木材均是其经营范围,商路远涉湖北、四川诸省,雄居湘西,富甲酉水,成为名门望族。清雍正七年(1729年)正值改土归流,黄儒臣在老司岩修建集山、水、园于一体的宅院落成,当地名之"紫荆屋",砌墙数百米。永顺府新开府要员慕其名赠"宏业大开"匾额相贺,并赐珠玑条环,旌表门间,列戟以示其尊。时人有"五戟黄氏"之说,号称酉水著名义门,家族最为显赫,势呈地望。《黄氏族谱》记载,黄儒臣被赐为"封君大人",其妻米氏,亦封"八品夫人",荣及乡里。故在很长一个时期内,湘西北众黄姓均说自己出自老司岩黄氏。黄儒臣所修建的紫荆屋至今尚存,屋内生机依然,现已被列为省级文物保护单位。

老司岩黄氏特别重视教育,"有田不耕仓廪虚,有书不读子孙愚;仓廪虚兮岁月乏,子孙愚兮礼仪疏",成为其家族历代遵守的训规。黄儒臣的后人大多苦读,其第三子黄承寿的墓碑上刻录着其家族子侄在郡县读书的概况。黄承寿的儿子黄思恕是同治年间的郡庠生,"男,思恕,郡庠生"。黄承寿的侄辈也多受郡县学教育,"侄:陶,贡生;思涵,邑庠生;悦,岁贡生;植,太学生"。黄家之所以不断发展壮大,除了在清朝时经营桐油、盐等商业外,黄家重视教育是其后世不断兴盛的重要原因之一。

民国时期,黄氏家族继续发展,外来人口也不断向老司岩聚集。清末至民国时期,政局动荡,民不聊生,匪患丛生。黄儒臣的第五世孙黄祥迪,又称黄景熙,当时人称"熙大爷",广结豪杰,不分贫富,救困扶贫,民国时期在王村、老司岩、列夕一带极有势力,无论是永顺县政府还是湘西众土匪无不对其以礼相待。民国时期是老司岩村人口又一次增长的时期,周边民众为了躲避官府抓丁、逃避赋税徭役,抑或防止土匪骚扰,多往老司岩转移,或挂名于黄景熙部下。抗日战争时期,黄景熙曾任苏浙皖湘黔航运运输站王村站站长,专门护送船只上至龙山里耶、四川秀山,下至湖北武汉,湖南长沙、常德、沅陵。

黄景熙之子黄伯谋,字子新。1948年曾任湖南省主席程潜整编暂四师政治部主任,后任永顺县下榔乡乡长、列夕镇镇长、龙山县警察局督察长等职。1950年任古丈县西南乡维持会主任,协助解放军维持社会治安。

黄范生也是黄家有作为之人,字嘉谋,自小在私塾苦读孔孟之学,博览群书,涉猎极为广泛,思想先进。他曾撰写《范生三讲》一书,在书中详细阐述了湘西发展的要旨:其一,要发展农村养殖业,养蜜蜂和牛羊,繁荣乡村经济;其二,要遍山种植,种植桐油、板栗、五倍子。曾捐资购买板栗树苗沿酉水河岸种植,板栗树至今尚存;其三,发展手工业,开铁矿、办纱厂。黄范生曾主持开办一座大溪铁矿厂,亲往武汉购买纱厂机器设备运往古丈。酉水沿河群山中自古出产桐油,黄范生在沅陵督造大商船,计划装满桐油运往南洋,时值淞沪会战,难以成行。1909—1910年湖湘两省连续发生水灾,又称"己酉灾荒"。黄范生积善好施,筹集资金前往洞庭湖购买数船粮食,运至会西坪,因酉水浪急礁多难以继续往上运,后由老司岩村民自主前往搬运,帮助饥民度过灾荒。

老司岩村黄氏自黄大荣始至今已有400余年,其间人丁兴旺。新中国成立以后,黄氏族人通过接受高等教育、务工、经商、为官地方等多种途径不断向外发展,特别是改革开放以后,随着市场经济的发展,黄氏族众的流动性进一步加强,其间族人多向古丈、保靖、永顺、吉首等地发展,至今仍为湘西北黄氏大族之一,但老司岩村的老年人日益增多,空心化、老龄化现象愈发明显。

(本章由高元武撰写)

第七章　龙鼻村

龙鼻村隶属古丈县默戎镇，村里流传着这样一首苗歌："齐天坡脚有一寨。龙鼻河绕如玉带，青山绿水结奇缘，坐在家中金自来。"蜿蜒的龙鼻河、美丽的荷塘、河两岸的垂柳、风雨桥、跃龙滩赶秋场等美不胜收。随着时代的发展，龙鼻村进一步开发自身资源，打造了集自然观光、生态休闲、人文体验于一体的风景旅游区，成为真正的"坐在家中金自来"的少数民族特色村寨。2012年12月，龙鼻村被列入第一批中国传统村落名录；2014年被国家民委命名为中国少数民族特色村寨。

一、村落概况

（一）地理生态环境

龙鼻村地处吉首、保靖、古丈三市县交界处，有铁路、高速公路贯穿南北，隶属于古丈县默戎镇，素有古丈县"南大门"之称。龙鼻村周围群山环抱，地势起伏较大，气候温和，雨量充沛，无霜期长，夏少酷暑，冬少严寒，适合各种动植物生长繁衍，森林覆盖率90%以上，植物种类丰富。村庄周围的植被保护较好，满山的林木郁郁葱葱。

众多小溪汇聚成龙鼻河，使其成为龙鼻村的主干河流。龙鼻河由北向南蜿蜒，水质优良，沿河环境优美。整个村寨绕河而建，村落依山就势，原生态的楼群错落有致，是一个特色鲜明的宜居村寨。龙鼻村的祖先从选择这里作为繁衍生息场所的那一天起，世世代代都遵循着村庄建设与周边环境相协调的原则。村寨位于两条小溪的交汇处，坐落在一片溪水冲积成的河滩上，地势较为平缓。民居沿溪而建，通风效果好。房屋再顺山势逐渐递进，层次分明。由于地形局限，房屋布局紧凑，但较为规整，每户民居的房前屋后均有小路与主要道路相连，形成迷宫般的巷道网格。房屋的堂屋宽敞，便于

龙鼻村村落格局（湘西墨戎苗寨乡村游有限责任公司　供图）

练武和打苗鼓。村寨的周围有"苗疆边墙"营盘遗址。靠近溪水的一条主要道路较为宽阔，当地人称其为"老街"，历史上龙鼻村的集市及重要节日活动均在此开展。

（二）村落历史

墨戎苗寨古村落的历史可追溯至明朝万历年间。古丈属永顺宣慰司，设有四旗，墨戎为英旗。明万历四十三年（1615年），明王朝为防苗变，始修"苗疆边墙"（现称中国南方长城），南起凤凰与铜仁亭子关交界，北到古丈的喜鹊营（即墨戎苗寨）。

龙鼻村隶属默戎镇。据传，不知何年何月，一条神龙裹云挟雨，从武陵山脉上空飞过，途经此地，被此地灵秀的山水吸引，化成一座形似龙的山，甚至连龙头处的脸面、鼻子、嘴巴都依稀可辨。龙头正对的河对岸有一个以苗族人为主的村落，苗族先民感于龙的神奇，把村落取名为墨戎，苗语为有龙的地方。龙鼻河岸上有个山洞，洞口的钟乳石像龙的鼻子和嘴巴。后来在改土归流的过程中，政府根据当地地形，将其改名为"龙鼻嘴"。

据当地人说，在远古时代，蚩尤带着苗族先民一路迁徙，分为三部分向各地分散。龙鼻村的苗族便属于其中的湘西苗族。龙鼻村先民一路跋山涉水，从湘西州泸溪县的白沙辗转到花垣县，最后才迁徙到古丈县。据传龙鼻村的先民是苗族石姓的三兄弟中的老三，这三兄弟之间因土地而起纷争，老三被欺负，分到的土地没有一点水源，导致庄稼被旱死。老三一气之下举家离去，来到龙鼻村，发现这里山清水秀，水源充足，因此定居下来，开枝散叶，逐渐形成了现在的龙鼻村。

（三）村落人口

龙鼻村总面积24000亩，其中水田959亩，林地16900亩，水域200亩。龙鼻村是默戎镇人口最多的苗族聚居村，现有瓦岗寨、猫儿亭、大寨、喜鹊坨、排几娄、白岩冲、新寨和桐木寨、下潭溪、中潭溪、张家寨、卖若等13个自然寨，17个村民小组，768户计3195人，其中苗族人口占全村人口的90%，是一个典型的以苗族为主的少数民族聚居村寨。龙鼻村民族民间文化底蕴深厚，民俗风情独特，民间文化艺术绚丽多彩。其民居、服饰别具一格,苗族四方鼓舞、巫傩文化等得到较好传承发扬,尤其是苗族四方鼓舞享誉海内外,苗族鼓舞被列入国家级非物质文化遗产名录。此外,村寨内还有很多如苗族鼓舞、苗歌等的传承人。

(四)物产与特色产业

1. 主要物产

龙鼻村山多地广、土地肥沃、水源充足、四季分明、气候宜人,盛产优质水稻、苞谷、小米、家葛等农作物,优质茶叶、水果、菜油和蔬菜种植已成为村里的绿色产品支柱产业。丰富的牧草资源和充沛的水资源为当地发展畜牧养殖和水产养殖提供了得天独厚的自然条件。村内有苗王鱼、苗家酸鱼、旱鸭火锅、桃花虫、酸辣椒、河虾、马蜂蛹等独特的菜肴,誉满三湘。

龙鼻村盛产茶叶,如具有解酒醒神、滋肝补肾等功效的杜仲雄花茶,具有改善睡眠、清热解毒等功效的莓茶,还有健脾养胃、润肠通便的山香籽茶等。但龙鼻村主产古丈毛尖茶,是湖南两大名茶之一。墨戎苗寨是古丈毛尖的重要产区之一。

2. 特色产业

龙鼻村的主导产业是乡村旅游业和茶叶产业。从2013年开始,龙鼻村以绿色发展为引导,实现差异化、品牌化发展,引进优秀旅游管理团队,挖掘龙鼻村的手工银饰锻制技艺、苗绣、苗族鼓舞、苗族古歌等非物质文化遗产,为非遗创新发展注入活力的同时实现其商业价值。目前,村内有苗族手工银饰锻制技艺、苗族鼓舞、苗族民歌、苗族刺绣、古丈毛尖茶手工炒制技艺5个非遗项目传承基地,有赶秋节、苗族婚嫁、傩技、苗族歌舞、苗家长龙宴等苗族民俗文化展演,旅游业成为村寨的特色产业。当地积极摸索并深度挖掘和保护以民族文化为核心的旅游产业发展之路。2013年4月8日龙鼻村成立了湘西墨戎苗寨乡村游有限责任公司,组建苗族"四方鼓舞""苗族山歌"等民间艺术表演队。该公司通过参访保存完好的古朴苗寨、欣赏苗族民俗表演以及品尝独具风味的苗家长龙宴等方式招揽游客。2013年"墨戎苗寨民俗风情风景区"试营业以来,深受游客青睐。

茶叶产业是龙鼻村的另一主导产业,村内目前开发茶园2000多亩,达到有机标准800亩,建有1座标准化的茶叶加工厂,年产茶叶60余吨。开设营销网点20多个,并开设茶

特色茶叶(凤达茜 摄)

叶博物馆,充分利用古丈毛尖的品牌优势帮助当地农户走上致富的道路。

(五)经济社会发展状况

2011年11月,龙鼻村村支"两委"为了带领全村脱贫致富,依托龙鼻村丰富的民族民间文化资源、便捷的交通,与凤凰苗岭文化旅游开发公司合伙注册成立了古丈县墨戎文化旅游开发有限责任公司,进行旅游开发。2012年4月8日,正式对外开放营业。客人从长沙、张家界、凤凰古城等地涌入苗寨。2017年龙鼻村墨戎苗寨年接待游客72万人次,完成创收8800万元,通过旅游实现集体经济收入160万元。2017年末,龙鼻村人均年收入达1.2万元,整村退出了贫困村序列。2017年12月,墨戎苗寨被评定为"国家AAA级风景区"。"大家伙儿的腰包鼓了,但离'坐在家里金自来'还远着哩;村里的产业布局好了,但离乡村振兴的要求还有差距。"经过各方的不懈努力,2020年,龙鼻村墨戎苗寨年接待国内外游客超过130万人,旅游综合收入1.9亿元,年创利税1000多万元。在村支"两委"的带领下,龙鼻村的人终于实现了"坐在家中金自来"的愿望。

龙鼻村在社会服务、基础设施建设等方面也实现了飞跃性发展。龙

鼻村墨戎景区提供就业岗位800余个,涉及国内9个省,25个市、州、县的户籍人口,本地农户占65.1%。墨戎苗寨旅游公司还出台了涵盖民居保护、建房补助、村民福利、养老、助学、公益设施建设、就业创业等九大惠民措施。从2013年开始,龙鼻村村支"两委"协同墨戎苗寨旅游公司重点进行美丽乡村建设、生态文明建设,在河道疏浚、民居改造等方面获得了丰硕成果,使龙鼻村成了"真山、真水、原生态"的旅游目的地。

墨戎景区大门(凤达茜　摄)

二、文化遗产

(一)物质文化遗产

1. 特色民居

龙鼻村已有上千年的历史,是一个典型的苗族聚居村。村内建筑依山就势,街巷狭长通幽,院落规整有序,原生态楼群错落有致,主体建筑保存较为完好,民族特色鲜明。这里保存了杨家古宅、古道等古建筑,以及民国时期具有民族特色的民居、吊脚楼等,还有20世纪80年代后修建的具有苗族特色的木质民居,也有近几年村民结合现代建筑风格新建的砖混结构建筑。村落前面开阔,背后靠山,依山脉向后延伸,被称为聚福地。

"今日天晴来上梁,主东修的好华堂。华堂修在龙口上,大家齐心来上梁。上一步一品当朝,上二步双凤朝阳。上三步三元及第,上四步四季发财。上五步五谷丰登,上六步六合同春。上七步七星高照,上八步八仙漂海。上九步九子登科,十步上得全,荣华富贵万万年。"这是当地村民建房时常唱的一首歌,反映了当地居民建房时的美好愿望。

龙鼻村的房屋以穿斗式"一"字房屋为主,特点就是把所有的柱子串联起来,形成一个房屋的构架,檩条直接搁置在柱头上面,沿着檩条的方向再用斗枋把柱子串联在一起,形成一个房屋整体的框架。建房时就地取材,整栋房屋全是木质结构,外层刷一层桐油以防腐防虫。延续历史上的一根横梁的建筑方式,整体建筑简约而不失别致。吊脚楼多为穿斗式结构木房,通常为上下两层或三层。楼层外四面设有走廊,置木质栏杆,栏杆雕有"万"字格、"喜"字格、"亚"字格等式样,悬挂(即吊瓜)为八角形,底端造

龙鼻村原生态楼群(凤达茜　摄)

型别致,雕有绣球、金瓜、圆鼓等图案,古色古香,栩栩如生。楼内用木板分隔出火床、卧室等功能不同的房间。房屋设有窗户,窗扇上雕有"双凤朝阳""喜鹊闹梅""狮子滚绣球"等图案。

2. 古井

龙鼻村至今保存着名为"嘞巴塘"的古井,此井建在村寨的最高处,井水冬暖夏凉,味道微甜,可直接饮用。在没有自来水的年代,当地人靠这口井解决生活用水问题,井水哺育着成百上千的龙鼻村村民。"嘞巴塘"是苗语,翻译成汉语即"白龙泉",这也体现出苗族人对龙的信仰。目前,村

寨为了更好地保护这口历史悠久的古井,为其修建了极具特色的亭子,亭子两旁刻有"池涌清泉龙吐水,山流玉液凤溢涎"对联。

3. 劳动工具

(1) 石磨

石磨是一种用石头制成,可以用来加工米、麦、豆、茶叶等的省力劳动工具。龙鼻村盛产茶叶,用于加工茶叶的石磨依然保存完好。石磨通常由两块石头做成,一块用作放置茶叶的槽,另一块用来碾压茶叶,中间有小孔,将木棍从中间穿过,沿着磨槽一来一回,将茶叶碾成茶饼,是完成茶叶制作的一道重要工序。

(2) 犁耙

犁耙是一种耕地的农具,由一根横梁、两根竖梁以及底端厚重的刃构成。其顶端通常系在一组牵引它的牲畜或机动车上,也有用人力来驱动的,用来弄碎土块并犁出槽沟,为播种做好准备。龙鼻村在发展旅游业之前,村民主要的生活来源为种植业,因此犁耙这种用来耕地的工具必不可少。

(3) 风箱

风箱由一个木箱、一个可推拉的木制把手和活动木箱构成。最常见的风箱是由木箱、长方形活动木箱构成,用来鼓风,使炉火旺盛。用手拉开活动木箱,空气通过进气口而入橐;压缩木箱,箱内的空气通过排气口进入输风管,最后再进入炉灶中,用于烧火做饭。以前,家家户户的灶房里都有用砖砌成的锅灶,旁边放着一个风箱。锅里添好水以后,点燃柴放进锅灶口里面,右手拉风箱,左手添柴火,将饭菜快速煮熟。

(4) 蓑衣

蓑衣是一种用蓑草编织而成的像衣服一样的雨具。人们发现棕以后,便用棕制作蓑衣。蓑衣一般制成上衣与下裙两部分,与斗笠配合使用,用来挡雨。这种雨具穿在身上劳动起来比较方便。它不仅可以遮风挡雨,也可遮羞。旧时人们干活、行路都离不开它。

(5) 纺车

纺车是通过人工机械传动,利用旋转抽丝延长的工艺,用纤维材料如毛、棉、麻、丝等生产线或纱的设备。纺车通常有一个用手或脚驱动的轮子和一个纱锭。手摇纺车的组件是锭子、绳轮和手柄。常见的手摇纺车是锭子在左,绳轮和手柄在右,中间用绳弦传动,称为卧式纺车。因卧式纺车更适合一家一户使用,故一直沿用至今。当地居民自己种植棉花来纺织、做衣服。旧社会时,纺车是纺线的主要工具,在苗族人的生活中扮演着十分重要的角色。

4. "苗疆"长城遗址

在龙鼻村墨戎苗寨地势较高位置,现存有"苗疆"长城遗址,这是与凤凰古城、乾州古城等共同建构的南长城军事防御体系的一部分,体现了湘西苗族的"边墙"文化。南长城南起与铜仁交界的亭子关,北到古丈的喜鹊营、旦武营,全长190公里左右。该段南长城始建于明嘉靖三十三年(1554年),竣工于明天启三年(1623年),全线建立了各种城堡、屯堡、汛堡、营盘、碉堡、炮台、哨卡、关门、关厢等军事设施,形成了一道牢不可破的严密的军事防御体系,被称为"苗疆万里墙",又称中国南长城、南方长城,简称南长城,是中国历史上工程浩大的古建筑之一。

墨戎苗寨的"苗疆"长城遗址,是南方长城最北端的喜鹊营与旦武营的连接部分,是实实在在的历史文化实体遗存,是研究明清两代对少数民族聚居区治理的鲜活的史料。

(二)非物质文化遗产

1. 民间文学

龙鼻村流传着许多民间传说,形成了该村独有的民间文学,其中最有名的就是枫香树与蝴蝶妈妈的传说。传说在很久很久以前,姜央与其他兄弟一起从蝴蝶妈妈的12个蛋里孵出来后,在成长的过程中,个个都想当大哥。姜央精明能干,经过一番较量以后,姜央凭借出色的本领被其他兄弟公推为大哥。经精于计谋的姜央指点和安排,世间万物各走各的路:"雷公在天上,雷公管雨水;水龙在大海,水龙管鱼虾;虎坐高山上,坐山称霸王;姜央得地方,姜央喜洋洋;开田又开土,做活忙又忙。"

不知过了多久,有一年发生瘟疫,死了很多人。又有一年大旱,农作物颗粒无收。姜央认为这是因为没有祭祖,祖宗生气降下的灾害。姜央决定去祭祀,祭他的蝴蝶妈妈,祈祷祖宗降福子孙。祭祖之后,蝴蝶妈妈高兴极了,果然瘟疫绝迹,普降雨露,年年丰收,岁岁平安。姜央于是定下规约,以后每十三年祭祖一次。

传说蝴蝶妈妈是从枫香木中生出来的,所以蝴蝶妈妈死后,其灵魂回到枫香树老家,既然始祖的老家在枫香树里,那么用枫香木做的木鼓就成了始祖安息的地方,祭祖便成了祭鼓。苗族是个古老的民族,在祭鼓这个隆重的祭祀节日中,必须呼唤几个老祖宗的名字,即"苟耶""苟罗""苟尤"。十三年祭祀词一般这样念:"十二年满,十三年到,鼓藏圣节,降临人间,农历十月,今天最吉,宰好大猪,酿好坛酒,烧香化纸,样样备齐,邀请始祖,邀请列祖,邀请列宗,苟耶老人、苟罗老人、苟尤老人,全部祖宗,天地之灵,山水之灵,都要到来,呼不到的,请相帮呼,叫不到的,请帮叫,一起共享,所供祭品。吃了祭酒,各位神灵都要来护佑,老人长寿,小孩成长,人人安乐,个个健康,风调雨顺,年年丰收,子孙发达,永嗣其昌。"

2. 苗歌

苗族人喜欢用歌声来传递情感,龙鼻村的苗族人也不例外。龙鼻村的苗歌有高腔、平腔、波蛮腔三种唱法。高腔唱法历史悠久,一般是苗族人在高山峡谷劳作时你叫我答,你唱我听,还可以用来谈情说爱,拉近男女双方的距离,使他们成双成对。平腔是一种诉情歌,声调温柔,比较大众化。一般是年轻男女约会的时候唱,内容多是倾诉自己的感情,畅谈心事。还可以在结亲嫁女时唱,叫喜堂歌,又叫奉承歌。波蛮腔一般是在吃饭的时候唱。

龙鼻村的苗歌,歌词内容十分丰富,既有讲述苗族迁徙历史的,也有歌颂共产党的。如苗族摔碗酒:这酒冲照斗,比苟周几求,福点矮这酒,出弄几没走,福点矮这酒,财神龙出苟,福点矮这酒,到他快福头。(汉译:一碗酒在手,山都抖一抖,喝了摔碗酒,家里啥都有,喝了摔碗酒,财神跟我走,喝了摔碗酒,平平安安走)又如:汝就呆雄降沙忙,求苟排茶自出无。松除松格及化夯,八排召个龙已补。千歌万颂共产党,松沙毕求同娄巫。(汉译:太平盛世放歌唱,农民人生喜洋洋。歌声琅琅传四方,人民翻身得解放。千歌万颂共产党,幸福生活万年长)

3. 苗族鼓舞

龙鼻村的苗族鼓舞有女子单人鼓舞、男子单人鼓舞、女子双人鼓舞、男子双人鼓舞、群体鼓舞、猴儿鼓舞等。

龙鼻村的鼓舞以四方鼓舞为代表。四方鼓舞是庆贺生产劳动类鼓舞,它变化规律、特点鲜明。跳四方鼓舞时,为营造更活跃的气氛,除敲边伴奏外,还加入了舞蹈、苗歌、木叶等元素。四方鼓舞的鼓点主要由三、四、五、六、七和九槌组成,以鼓点为中心,表演者双手交替击鼓,两脚轮换跳跃,全身不停地扭摆,动作舒展大方。鼓舞主要由起鼓吆喝、喜鼓、穿衣打扮、洗脸梳头、照镜子等23个动作组成,鼓声震撼,舞姿优美,鼓舞激荡,充分展现了苗族人庆丰收、迎宾客的场景,具有很强的观赏性和娱乐性。墨戎四方鼓舞的国家级传承人向红霞女士细心观察墨戎一带苗族人的生产生活,在传统苗鼓的基础上结合采茶、揉茶、炒茶等工序编创了一套四方鼓舞。在这套鼓舞中,鼓者舞袖相连,左旋右转,步法灵活多变,把苗族人的生活场景自然而然地融入了鼓舞的表演之中。鼓声时而柔慢,时而激越,柔时充满了生活气息,激越时充满战场的喧嚣,让人激动不已。

4. 传统服饰

龙鼻村的传统苗族服饰至今保存完好,它传承了浓郁的民族文化传统和特色,体现了当地苗族人独特的审美。从总体来看,苗绣、蜡染、打花带是当地苗族服饰的主要特色。从服饰纹样的造型特征看,大体可分为拟形图案与抽象几何纹样两种风格。拟形图案所描绘对象的特征让人一目了然,以概括、简练、夸张、变形的手法表现,经手工刺绣,体现出既古朴又绚丽多彩的效果。纹样以点、线、面等几何元素为主,将自然形象进行抽象、概括、变形,形成有规律的几何花边纹样,再经手工编织、十字挑绣,显得单纯素雅、朴实自然。从服饰纹样的主题来看,大致可分为日月星辰和动植物等,主要取自大自然;体现当地人对蝴蝶妈妈信仰的蝴蝶花纹;龙凤等神灵性动物题材类,这类图案透露出苗族人崇拜自然和万物有灵的思维特征。

5. 银饰锻制技艺

苗族人习惯将财物锻制成银饰,或保存或佩戴,用于驱邪避灾、消毒等。龙鼻村的银饰锻制技艺较高,银饰系统全面,佩戴形式丰富多样,可分为头饰、颈饰、肩饰、胸饰、腰饰、脚饰、手饰等不同部位的饰品,具体的有银冠、项圈、披肩、项链、牙签、髻簪、耳环、手镯、戒指等。每一部位的组件有多种形式。讲究的人家还用银质的水杯喝水,用银碗筷给小孩吃饭,用银制品来刮痧等,以达到消毒、保健、养生的目的。当地银匠聚集在景区内,根据苗族人的生活、生产活动,精心设计,经过模具造型、锤炼、打压、拉丝、焊接、洗刷等多道工序而制成银饰品。苗族银饰锻制技艺已经被列入国家级非物质文化遗产名录,其成品具有很高的美学价值和收藏价值。

6. 传统医药

数千年来,苗族人在长期与疾病作斗争的过程中积累了丰富的医疗经验,总结出了许多医药理论,故有"千年苗医,万年苗药"之说。在长期的医疗实践中,医药逐渐形成了两纲、五经、三十六证、七十二疾理论模式,在对痛证的治疗方面,苗医更创造出数十种疗效突出、别具特色的治疗方法。苗医用弩药针疗法、隔药纸火疗法、火拔筒、刮痧法、刮铜钱、外敷法、熏蒸法、沐浴疗法、滚蛋疗法、发泡疗法、放血疗法等方法治疗各种顽固性疼痛疾病,对风湿痛、腰椎病、颈椎病、漏肩风、肘劳、头痛、痛经、三叉神经痛、得带状疱疹后神经痛、牙痛、胃痛等病症具有较好的治疗效果。龙鼻村的苗族医药资源十分丰富,如可生肌长骨的过山龙、祛痰散风的草红花、消肿止痛的重楼等,草药品种繁多。当地开设了一个苗族医药博物馆,有数名苗族医生在里面坐诊。他们也因医术高明、为人正直获得了患者的称赞。

7. 民间风俗节庆

(1) 苗族傩技

龙鼻村的傩技种类繁多,苗族人大多用于祈求平安、祛邪辟凶、消灾解难,在精神得以寄托的同时,也很好地传承了民族文化遗产。这种绝技源远流长,独具特色。其绝技绝活既惊、奇、险,又神秘,让人匪夷所思,至今仍保留着"踩铧口""捞油锅""上刀梯""喷火"等绝技绝活。

(2) 节日节庆

赶秋节,是苗族人在秋收前或立秋前举行的以娱乐、互市、男女青年交往与庆祝丰收即将到来等为内容的大型民间传统节日活动。至今,龙鼻村的赶秋节仍然是一个盛大的节日。在赶秋节当天,苗族姑娘、小伙穿盛装,结伴成群,欢聚在龙鼻村的跃龙滩上,举行吹笙、弹响篾、跳脚架、斗牛、摔跤等传统活动,而周围村庄的民众也停下了手中的农活,穿上节日的盛装,成群结队,从四面八方的村寨来到赶秋的集上,欢聚在秋坡上,观看吹笙、演戏、武术、舞狮子、耍龙灯、上刀梯等娱乐节目,并且参与打秋千、打球等娱乐活动。赶秋节上村民拿上自己想卖出去的东西来到集市上进行商品贸易,互通有无。青年则多利用这次一年一遇的机会寻找对象、谈情说爱。

(3) 拦门酒

拦门酒是苗族村寨古老的习俗,一些地方直呼"识友酒"。相传苗族人的祖先生活在平原或者湖滨,生活幸福。后历尽烽烟,被迫迁徙至深山老林。这些经历造就了苗族人豪爽奔放、爱憎分明的个性,但凡有人来访,入门前主人会以酒一碗敬之,饮者为友,就会受到苗族人的热情款待。时代变迁,如今的拦门酒已成了苗族人欢迎贵客的一种礼节。

在龙鼻村墨戎苗寨寨门口有这样一句话:"喝了拦门酒,进门就是好朋友。不喝拦门酒,吊脚楼下别想走。"要进墨戎苗寨,第一关就是喝拦门酒。阿妹们拉上拦门布在寨门口排成一排,并唱起苗歌,歌词内容为:"贵客你从何处来,千里做客到苗寨。对歌一首寨门开,香甜米酒表情怀。迎宾鼓舞为你摆,苗家礼多莫见怪。"进寨的人和歌并喝下拦门酒便可进入墨戎苗寨。

(4) 长龙宴

长龙宴是苗族人摆酒设宴的最高形式与隆重礼仪,已有几千年的历史。这种宴饮活动通常在接亲嫁女、孩子满月以及该村寨其他重大喜庆节日举行。长龙宴左边是主人座位,右边是客人座位。主客相对,主人劝饮并对酒高歌,如若客人对不上主人的歌,主人是不会轻易给客人筷子的。吃长龙宴的过程充满了苗家所特有的喜庆和欢乐。现在龙鼻村仍然盛行长龙宴,并将其作为发展旅游,吸引游客的一项特色活动。

8.《石氏族谱》

族谱是一种记载各个姓氏家族子孙世系传承的书,具有区分家族成员血缘关系亲疏远近的作用。龙鼻村居民以石姓为主,石姓族人自春秋时已有记载,现存有一本未出版的族谱,这为当地的石姓寻根溯源提供了书面材料。据说石姓起源于春秋初期的卫国。他们历尽艰难,从高山地区来到平原地区,从黄河流域来到西南地区。由于受到歧视,石姓先祖歧公南下到泸溪,又被迫到高山森林,现今湘西的石姓人口很多。

为了厘清家族历史,石姓后人石源虎开始了写《石氏族谱》的计划。他先后到吉首文化局,古丈、保靖吕洞山收集资料,均不如愿。后另一后人石元均自掏经费进行访查,找到泸溪石氏家族首士石远富,获赠一套家谱。后石源虎经过长时间收集整理,最终翻印成册。

《石氏族谱》记载了石姓的起源、历史人物、家族史等重要内容。其中石氏家训占很大一部分,这体现了石氏是一个有着严格约束的家族。家训内容有:"一曰忠孝敬:凡人之有身,心本于祖宗父母。为子孙者,应有孝敬公婆父母养老送终之责。立祠堂设神位,修坟墓,以时祭扫,积于诚敬。勿忘父母养育之恩,忌递不道之羞辱,孝教既立则百自此而生矣。二曰笃恩义:凡为党当友其弟,弟当敬其,奉诸父当如己父,爱诸子当如己子。勿以贷利间骨肉,勿以妇言伤和气,勿以反唇侧目而求亲厚于人,与是理也……九曰不禁转房:一礼重大,婚娶心以正。一门之内,尊曰兄嫂命曰弟妇,如不幸兄弟早赴者,氏愿守节则其全之,否则听其另嫁,勿得阻拦。子随母外嫁者,不得与其姓氏,勿得有违纪,至于女欢处者亦然。十曰互帮助:凡是族内之大小红白喜事,要帮忙,发请帖,互转告,有请必到。加强团结,抵御强暴,人不犯我,我不犯人。一方有事八方支援,不搞宗派,不仗势欺人,大事化小,小事化了,和睦相处。"在结尾处编者加上了石姓公议:"凡是我石氏家族内,不论素疏远近,皆同宗兄弟也,处事相同,走亲访友,或上门访一律热情款待,有难必帮,不可持之不闻不问,愧对我祖宗也。凡属我族知名人士,应搜集整理我族历史资料,了解祖宗发扬光大,重修族谱,兴建宗祠,立碑传扬。以上资料我已重修整成册,望各位石氏兄弟姐妹们,相互支持,亟待出版,发至各族村寨,名垂千秋,代代相传。"

三、自然资源

龙鼻村重峦叠嶂,江河纵横,气候温和,雨水充沛,植被繁茂,动植物资源和矿物资源丰富。龙鼻村人均占有土地面积较大,但耕地较少,小块且较为分散；林业用地最多，有经济林、疏林地、木林地、防护林、竹林等。土壤以黄壤为主，土壤资源开发利用的潜力大。

龙鼻村的植被类型多样，种类丰富，分布错综复杂。典型的植被为常绿阔叶林，海拔较高处为常绿落叶混交林，高山顶脊为灌丛草地。部分地区还有针叶林、针阔叶混交林等。主要树木有马尾松、樟木等。中草药资源有百合、血藤、山菌等。动物资源有野猪、毛兔、野鸡等。矿产资源主要是煤矿。

（本章由凤达茜撰写）

第八章　翁草村

　　远山翠林、木屋黑瓦、竹篱青草、石阶马帮,翁草村因古朴自然而成为旅客向往的诗与远方。木板房在群山腹地中依山傍水、顺势而建,层叠错落,但又不失格局,呈现出一幅人与自然和谐共处的村寨山水图。翁草村的苗族文化底蕴深厚、资源丰富,基本维持原生态风情,被赋予"湖南省群众文化艺术之乡""中国苗族苗鼓之乡"等美誉。随着融媒体时代的到来,翁草村成为中央电视台农业农村频道《我的美丽乡村》栏目(第三集)、电影《爱在湘西》的拍摄地,以及由湖南卫视和浙江合心传媒联合推出的生活服务纪实节目《向往的生活》第三季"湘西篇"的拍摄地,村寨声名远播。2016年12月,翁草村被列入第四批中国传统村落名录;2018年翁草村古建筑群被湘西土家族苗族自治州人民政府评为州级文物保护单位。

一、村落概况

（一）地理生态环境

翁草村地处湖南省湘西土家族苗族自治州古丈县默戎镇的东北部，距县城17公里，距默戎镇政府14公里，距G352国道4公里，距省道S229公路8公里。村寨位于群山环绕的小盆地上，地形地貌以喀斯特岩溶峡谷、隘谷和嶂谷地貌为主要特征，地质属磷岩砂土。翁草村平均海拔600米，森林覆盖率超过90%，年平均气温19.9℃，雨季明显且时间较为固定，环境适合植物生长，林深草茂。翁草村村域面积约8085亩，现有村庄占地面积约125亩，林地约6818亩，承包经营责任山3320亩，耕地513.11亩，其中旱地92.26亩，水田420.85亩。

翁草村远眺（王四莲 摄）

民居最大的特点就是依山傍水，顺应自然，处处洋溢着人与大自然和谐相处的生机。清澈的翁草溪五道弯将翁草村分割成西南和东北两块大面积的居住地，独具特色的苗族民居沿溪而建，随山脚布置，顺山势逐渐拔高，建筑高低错落，布局自然紧凑。每家每户的房前屋后都有小道弯弯曲曲向主要道路延伸相连，整个村庄的道路网格系统犹如迷宫一般。翁草溪是古阳河的上游,溪水清澈透凉,由村尾向村头蜿蜒,并逐渐变宽,流向远方。

(二)村落来源

翁草村内有许多以苗语命名的地名,寨名"翁草"即是最典型的地名之一。据访谈可知①,清代以前翁草村用苗语发音"翁槽",但地名正式确定应是在20世纪50年代,解放军进入村子询问当地的百姓村名,村民不会说普通话,便用苗语回答"翁槽",由于发音相近,便一直以"翁草"为地名。苗语"翁"是"填""盖"的意思,"槽"指的是"沟",本意是指村寨门前的高坎瀑布,这个瀑布倾泻而下的水花像极了银珠滚动,因而便以瀑布命名。"瀑布"一说是当地村民普遍熟悉的寨名来源。此外,还有"盆地"的说法,认为"翁草"原名为"五槽",意指当地地形地貌为椭圆形盆地,四周被五座大山环绕,群山向盆地内凹,状似一个小槽,由此得名"五槽"。

村落大约在宋末元初之际形成,距今700多年。关于源流,村内流传的口头版本诸多。其中一种说法是龙姓主要是从保靖县种心乡龙塘村迁过来的,石姓主要是从相距较近的马颈坳迁过来的,临近的两个很小的村子,寨名分别为"洞奴"和"洞纳"。约200年以前,发生了一场大旱,粮食不够吃,村民们便纷纷出来逃生,到达翁草以后,发现这里的土地很宽广,可以种植玉米等谷物,于是定居于此。较为普遍的说法是翁草村苗族先民是从江西、湖北不断迁徙过来的。苗族祖先蚩尤"迁三苗于三危",而三苗原来分布在"左洞庭、右彭蠡"一带,当初有东、西以及中部三条迁徙路线。今湖南苗族人在观念上多认为其属中部迁徙路线的一个支系。

---

① 访谈对象:龙XC,男,苗族,75岁,翁草村村民(翁草村原村委会主任,已退休多年)。访谈时间:2020年7月18日。访谈地点:农家乐外面的篱笆墙边。访谈对象:谢Z,男,汉族,21岁,默戎镇驻翁草村驻村干部。整个调研过程为2020年7月17日至18日在谢Z的带领和陪同下,深度了解当地的人文风情、地理地貌等。

据介绍①,翁草村内大部分姓氏都没有族谱,村内主要有龙姓、石姓、施姓三个姓氏,因而往上溯源通常是亲戚关系。以前的姓氏是隆姓对龙姓、石姓对施姓,后来在使用中越来越混乱,所以现在只有龙、石、施三姓。

(三)村落人口

翁草村是一个典型的苗族聚居山村。明清时期,这一地区由于交通阻隔而成为一处秘境。村民从外地迁徙而来,定居后便代代相传,适应自然并逐渐改造自然,在历史长河中演变成一个典型的多为苗族人口的村寨。全村有1个大自然寨,6个村民小组,共214户840余人,其中常住人口600余人。

(四)物产与特色产业

翁草村是一个典型的传统农业村落,传统的粮食作物主要有水稻、玉米等。据统计,水稻占比约45%,玉米占比约35%,油茶占比约20%。此外,每年上半年还种植少量的白豆角、辣椒、黄瓜、苋菜,下半年则产出更多的黄豆、红皮白肉萝卜、红薯等。当地村民有食酸的习惯,他们把自家栽种的剩余的蔬菜用少量的粮食发酵,做成苞谷酸、萝卜酸、酸鱼等。此外,还会用当地的野葱等做腌菜,一方面便于储存,另一方面也可以使自己一年四季都有食材。翁草村的房屋较为密集,村民利用房前屋后的空地饲养鸡、鸭、鹅等家禽,并在木板屋的两旁或者自家空地上搭建牛栏猪圈。以前,为了便于栽种水稻等农作物,村民们都会在自家养牛,最多的时候全村共有两百多头牛,后来许多家庭都不养牛了,牛栏也基本荒废,现在村子估计只剩五六头牛。

受地形地势制约,早期翁草村交通闭塞,人均耕地面积少,年保收面

---

① 访谈对象:欧SR,男,翁草村扶贫主任。访谈时间:2020年7月17日下午。访谈地点:村务办公楼办公室。

第八章 翁草村

积粮食总产量较低,曾是湘西地区深度贫困村。近年来,随着脱贫攻坚战取得全面胜利,翁草村的民生得以改善,村民纷纷奔向小康生活。

近年来,翁草村成立了产业生产互助小组。两个"互助五兴"积分兑换超市分布在翁草溪两侧,村委会对每家每户日常生活中产生的可回收垃圾和有毒有害物质进行统计,对检验合格的加积分,不合格的相应扣分,村民可以通过积分兑换生活用品,这样不仅有利于保护环境、改变村容村貌,而且也在一定程度上为村民提供了便利的生活条件。此外,许多外出务工人员纷纷返乡致力于家乡的建设,他们根据村情,带领农户发展新型的农村产业。村民石杨虎带领村民种植中药材,前几年村内已种植"黑老虎"32亩,灵芝近32亩。目前,翁草村瞄准市场,成功试种花灵芝、大红灵芝,中药材产业前景无限。

畜牧养殖主要维持村民的基本生活,除此之外,翁草村主推茶叶、乡村旅游两大特色规模产业。"白叶一号"是浙江省名优绿茶安吉白茶的茶树品种,是国家珍稀茶树品种之一,外形挺直略扁,白毫显露,仿佛金镶碧鞘,内裹银箭,茶汁清香持久,夹杂着一缕豆浆香气,回甘生津,是浙江省安吉县溪龙乡黄杜村发家致富的重要依托。2018年7月,翁草村党支部书记石盛龙代表翁草、夯娄、新窝三个村在北京签署东西部协作扶贫项目——安吉白茶"白叶一号"捐赠项目协议,古丈县受捐的"白叶一号"集中种植在翁草村,基地流转土地750亩,种植面积660亩,并于2018年12月底栽种完毕。"白叶一号"是一个罕见的白化变异茶树品种,十分娇贵,植株生长缓慢,属低温敏感型,阈值约为23℃,对生长环境要求极高。而翁草村的气候环境适合种植白茶,土壤中掺杂着板岩,致使土壤中富含硒元素,对白茶生长有一定的积极作用。"白叶一号"的生长周期大致为:清明前萌发出玉白色的新芽,谷雨后逐渐成长为白绿相间的叶片,夏至后芽叶呈绿色,直至来年清明前后长出白色的嫩芽。白茶正是由这种玉白色的新芽制作而成,因采摘周期短而更显珍贵。"白叶一号"一般在清明前后茶芽白化期内采摘、加工制作而成,加工方法融合了古丈县普遍的毛尖加工法,生产出的白茶成为翁草村的一大特色。

白茶落户翁草,一片叶子成就了一个产业,富裕了一方百姓,为村落提供了新的发展机遇,基础设施和公共服务设施不断完善,人居环境持续改善,人均收入不断增加,村民过上了安居乐业的生活。此外,翁草村对基地进行扩建扩种,种植了少量的"黄金一号""黄金二号"绿茶,还在白茶基地对面的山坡上栽种了200亩冬桃。在2018年后,翁草村由一个典型的贫困村一跃成为产业强村,"感恩基地""茶叶培训示范基地""茶旅结合基地"均如火如荼地稳步建设。翁草村按照"茶旅结合"标准化发展思路设计、开辟茶园,并打造成为当地重要的旅游景点。站在位于"格戎"山顶正在修建的停车场上往下看,成片茶园依山就势,蔚为壮观。

茶园远眺(王四莲 摄)

(五)经济社会发展状况

自2019年起,在融媒体的推广下,"深闺"苗寨被世人所熟知,翁草村的旅游业蓬勃发展,村落呈现一片欣欣向荣的景象。据介绍,现已改造民宿5栋,可提供30个床位,为村民提供40多个就业岗位。2019年,全年接待游客5000余人。目前村内新建房屋20多栋,新造民宿约10

栋，村民们对未来的生活充满希望。民宿作为翁草村的一大新兴产业，村内有效整合当地生态资源、文化资源、旅游资源，主张为游客提供一种极富特色的民族风情生活，将翁草村打造

民宿"蘑菇屋"（王四莲　摄）

成湖南西部地区最完善的生态民宿体验地，让游客体验自然风光与人文风情，远离尘嚣，回归本真的生活。

二、文化遗产

（一）物质文化遗产

1. 传统民居

翁草村的建筑以砖木结构和石木结构为主，台基较低，多由砖石垒砌。早期村内的建筑主要有主屋和与之并列的附属屋，如灶屋、牛栏、猪圈、厕所等。主屋外形以平屋为主，一般面阔三间，中间的为堂屋，是村民在家中劳作、休息以及接待客人的场所，面积较大，方便居民闲暇时练武和打苗鼓。堂屋正中间往往摆放着神龛，神龛有统一的形式，分为三列，正中为"天地君亲师"位，左侧为"九天司命太乙父君"，右侧一般是家族谱系内的祖先。堂屋右侧是卧房，左边一般为厨房，中部设有火塘，火塘上方的梁上悬挂着熏架。村内还有大量的民居是由主屋和吊脚楼两部分组成的，主屋与吊脚楼成直角。房屋在基础架构上均为"横四竖五"的结构，即从主屋正面看，有四根较大的梁柱支撑，从其侧面看则为五根

梁柱，最中间的柱子直达屋脊的连接处。这些民居从其外观看似乎仅为一层，实则由两层构成，从室内的外置梯子上去可以到二层，楼上往往用来放置杂物和不用的家具等。梯子有可活动和固定之分，可活动的梯子平时村民将其放置在堂屋内。当地的木屋均涂有桐油，以防腐、防蛀，刚涂上去的时候整个建筑油亮金黄，十分美观，三四年以后，房屋逐渐转变为黑色，显现出古朴厚重的韵味。一般村民们会在房屋最大的横梁上放置钱、笔墨等。屋顶由青瓦叠铺而成，有的民居用瓦片在正中间位置堆出秀美的脊饰，有的是"花顶"，形状像花；有的是"铜钱顶"，像一枚铜钱，寓意财源滚滚。与此类似的，民居最大的横梁上也会放钱、笔墨等，是房屋主人对理想生活的寄托。

随着时代的发展，民居日益复杂化和精致化。翁草村内涌现出一批穿斗式排扇结构的吊脚楼，仍沿用木质架构，分为上、下两层门窗，配有精美的雕刻装饰。楼层外往往设有走廊，外置雕有"万"字格、"喜"字格、"亚"字格等式样的木质栏杆，吊瓜多为八角形，刻纹花样繁多，有像绣球的、有像花朵的、有像四方鼓的、有的雕刻了一些祝福性的四字短语，为建筑增添了灵动。新修的建筑其门窗上往往精雕了植物、动物的图案，不仅让建筑更为美观，更重要的是体现了屋主人对美好生活的向往。

古丈县住建部提供的2014年传统村落调查登记表（翁草村）显示，翁草村全部传统建筑占村庄建筑总面积的97%，民居集中连片，保存完好。清代民居建筑占地2000平方米，民国时期的民居占地57500平方米。前几年，全村尚留存着200余栋民国时期的民居，后来大多数经过翻新或重建，历史较为悠久的建筑大幅减少，目前全村尚存民国前后的建筑三四栋。

2. 土地坛

翁草村内土地崇拜、傩神信仰、树崇拜等原始信仰相对浓厚。村民看重风水，起屋选址、婚丧嫁娶等都要请教当地的"地理先生"，即风水先生。这也从一个侧面反映了当地人对土地的热爱与敬畏。沿着石板小径一直向翁草村古树的方向走,跨过几层石阶,便能清晰地看到一座较小的土地坛。这座土地坛的起源已不得而知,但每年大年初一全村人都前往土地坛祭祀,如今在翁草村村民的意识中,土地坛是求平安如意的重要寄托场所。土地坛原为一个造型简朴的祭祀场所,2016年,石仕龙老人将其重建成现在的格局。

3. 古墓葬

翁草村有三座清末民初的造型一致的精雕古墓,大致位于翁草村寨中间的一块空台地上。从三座古墓的外观和碑刻水平等方面能看出这是当地过去的豪门望族的墓葬。墓主人为一男二女,遵照"男左女右"(以墓碑方位朝向为正面)的排列方式,三座墓在同一水平台地上,但其墓碑并非在同一水平线,能明显看出左侧最高,中间相对高,而最右侧的墓则最低。三座坟墓的坟茔均为圆形,由一块块长方形的用工具磨成有弧度的碑石垒砌而成。墓碑的造型犹如苗族民居的"朝门",有檐角和瓦片装饰,整个墓碑碑刻呈内凹形,刻石在内,整块墓碑有精致的浮雕。

左边的墓刻石最上角左右两侧均有一条龙头鲤鱼尾的动物纹饰,其上方是一朵藤状花朵及祥云相结合的雕饰。与之相对的下方碑石上最中间有一个两耳大鼎,鼎的左右两边分别是两位掌灯人。左右两块碑石上刻有一副繁体楷书对联"龙踞虎卧千秋盛,水秀山明万代兴",横批"万古佳城",左右对联刻石内均有一个切面,上面绘有两条巨龙。碑石刻字从左到右为生辰及去世时的年岁,左侧为谱系、墓主人,右侧为谱系、去世的具体时间。主碑刻石最中间位置其最上方的左右两边分别刻有"乾山""巽向",指的是坟墓的方位朝向为坐西北朝东南。分别为"东来者原命生于嘉庆乙亥年二月初八日辰时建生享受阳光六十";左侧谱系分三行"孝侄龙清显/清旺/清兴/清恩""龙清华/清茂""孝女□□";正中间刻字"皇亲侍赠显考故公龙开锦老大人之墓",字体大而粗;右侧谱系分两行"孝婿石明云/石圣义";最后一列为"西去者大限殁于光绪丁丑年十二月十六日申时"。碑石年代久远,除个别无法辨认外,绝大多数字迹均十分清晰。

中墓与左墓在构造上最为相似，其上方有"乾山巽向"方位朝向、鲤鱼身龙头雕饰，对联内侧有长龙雕饰，其下方有鼎和人物雕饰，不同之处在于人物在动作上有了些许变化，与之相对的上方刻饰则是两只似狗似鼠的动物口衔珠串相对朝向同一朵祥云。中墓的横批与左墓相同，均为"万古佳城"，对联为"牛眠马鬣□水千秋秀，鹤膝蜂腰俎豆万古新"。正文部分为"原命生于丁丑年九月二十三日寅时建生得□""孝侄龙清显/清旺/清兴/清华/清茂/清恩　孝女□□""皇亲侍赠显妣故龙母石氏老孺人之墓""孝婿石盛义/石国明云""外孙石太□""西去者大限殁于光绪廿四年十一月□时□终□"。

最后一座坟墓的坟茔由不规则的石块垒砌而成，石块长年累月受到风雨侵蚀，因而出现错位，导致整座坟墓发生了倾斜。相较于前两座坟墓的墓碑，这座墓的墓碑较为简单，没有过多的浮雕刻饰，对联字迹已难以分辨。此外，正向的横批匾额直接成了方位朝向"乾山巽向"，从碑文中可知碑由其儿孙所立。碑石文字分别为"原命生于辛亥年二月廿四日巳时建生□""孝侄孙龙朝琪　曾孙自盛/□/□　祖善""皇亲侍赠故显祖妣龙石氏老孺人之墓""孝女龙有妹　孝婿石国昶　外孙石太山/保/廷/仕""大限殁于民国十二年（1923年）四月初三日亥时告□"。

村中关于古墓有两种说法，一种说法是村内已没有墓主人的后代，另一种说法是尚有墓主人的后代生活在翁草村。但村民都知道墓主人是当地的龙姓总太公龙开锦，另外两个墓是龙姓的总太婆，也就是龙开锦的大夫人和小夫人。龙开锦是翁草村内田地最多、非常富裕的人，当时村内近75%的土地是他名下的田产。

从墓葬的格局、碑文以及雕饰等可知，三座古墓均坐西北朝东南，村内最早的两大姓氏石姓和龙姓普遍存在联姻现象。碑文从左到右，表明当时该地区以左为尊，而墓主人也是男左女右，且男性墓主人的名字为全名，而女性墓主人只能从碑文中了解到其姓氏，说明当时社会上存在男尊女卑的落后思想。据墓碑中墓主人的生卒年推算可知，龙开锦生于嘉庆乙亥年，即1815年，卒于光绪丁丑年，即1877年，历嘉庆、道光、咸丰、同治、光绪五朝。石姓大夫人生于丁丑年，推算具体应为嘉庆丁丑年，即

1817年,卒于光绪二十四年,即1898年;小夫人生于辛亥年,推算具体应为咸丰辛亥年,即1851年,卒于民国十二年,即1923年。

4. 古桥

翁草村小学的大门外,恰好是翁草溪第三道河湾处,上方横亘着一座精美的古桥,底部由石板水泥浇筑而成,上面是兼具雕刻与彩绘的木质结构四角亭,青瓦鳞次栉比,桥上过往行人不绝。古桥到底有多久的历史,村民已不得而知。古桥西南侧立有一块功德碑,由当地村委支部在2015年9月中秋刻碑立石,碑刻"功德碑桥序",详细叙述了桥的翻修过程、命名的缘由及对修桥做出突出贡献的人。古桥数次损毁。从碑文了解到,村民龙明清是一名退休教师,1994年冬天主动出资,并请龙安佑设计修复。当时条件艰苦,村内物资匮乏,公路尚未修通,许多材料如钢筋、水泥、沙石等都是从十多里外的毛坪村用人力、畜力运至翁草村,历经数月,才将水泥桥建成,命名为"万年桥",希望桥梁能长久、坚固。2015年秋,村委支部出资,再次对桥进行加建,由石锦文设计并参与建造。在石桥上新建了四角亭,命名为"百岁亭",使桥成为精美的风雨桥。如今万年桥已成为翁草村一道亮丽的风景线,中午时分,很多老人在亭内歇息、聊天,桥下流水潺潺,亭内微风习习,悠闲又凉快。

5. 古井

翁草村内现存3口古井,其中有两口相连,大致分布在村的西南和东北的中间位置。一口位于翁草溪的右侧,由石板堆砌而成,几块石板厚重稳固,大多取材于附近大山的板岩,外观似梯形,位置较为显眼。另两口相连的古井为半圆形,主要由砂石、水泥浇筑而成,上方架设有水泥板。古井位于翁草溪左侧的青石台阶附近,其上面是村民的小菜园,南瓜藤在井口蔓延,杂草与苔藓点缀其间,在炎炎夏日给人清爽的感觉。古井以前是村民生活用水的主要来源,前几年自来水入村以后,古井的功能逐渐减弱,如今仅偶尔有农妇用井水洗衣服等。古井成为村民的一个记忆,也成为村落发展演变的一个痕迹。

6. 代表性传统生活器物

(1) 舂

舂是湘西地区一种传统的工具,由石臼和木质舂组成。石臼是在庭院内的地基上凿一个凹槽。木质舂前粗后细,较粗的一端钉有木钉,较细的一端被削成平板,供人们踩踏,整个结构依靠较细一端的两块支撑板支撑。使用过程中利用杠杆原理,人站上去或用脚踩以抬起舂头,然后放力使舂头落下,反复砸凹槽内的食物,最终将其捣碎。翁草村的舂一般用来舂稻谷、糍粑、辣椒面等。

(2) 风车

风车主要借助手摇风力将叶子、灰等清除出去,使稻谷变干净,便于收藏。

(3) 背篓

翁草村位于大山深处,竹林密布,村内的小道狭窄且大多时候都需要顺石阶上下,为了方便出行,当地的妇女将背篓作为搬运工具。背篓小巧玲珑、篾丝较细,造型别致多样,有洗衣背篓、柴背篓、扎背篓等。旧时,妇女都要去古井旁边或者翁草溪边清洗衣物,背篓既便于收纳,又能减轻负担。扎背篓主要用于收苞谷、稻米等,底部方形,口呈喇叭形,能装很多东西。柴背篓主要是上山砍柴时用来装柴或者用来装牲畜的草料,体积较大,竹篾较粗。此外,当地还有一种特殊的用来背小孩的背篓,腰细口大。妇女如果生了小孩,就会由娘家给外孙送一个儿背篓,作为"祝米酒"的随礼,儿背篓在所有背篓中造型最为精致。

(4) 木织布机

过去,老粗布的纺织全是妇女手工完成。传统的木织布机主要由一个木床式的框架组装而成,结构较为复杂,操作也存在较大难度,操作过程中机身要倾斜一定的角度,一端是布满经线的机头,妇女端坐在机尾的布柱后,双脚在踏板上一上一下交替,双手轮换操纵着机杼和梭。机头两端装有6个翅的转轮,机头靠后的位置竖立着一个高高的吊架,通过其上的横木棒向下引绳提拉两个缯。缯在织机中的作用非常显著,是与机头等宽、高约20厘米的长方形线刷,下方通过引绳连接两个脚踏板,轮流踩下踏板,缯形成高低的落差,均匀穿过细缯眼的经线便被分为两层。然后用提前装好棉线的梭,将棉线从梭的小孔中掏出,与织机的线相连,从两层经线中间穿过,使经纬线交错,在踩踏和连线的过程中通过机杼挤压形成布匹。整个织布的过程需要经过作缯、闯杼、吊机、栓布、织布等十几道工序。老布的制作过程也十分复杂,要经过轧花、弹花、纺线、络线、染布、经线、刷线等多个流程。许多老人家里还存有木织布机,其对自己亲手织的布匹极为珍视。

(二)非物质文化遗产

1. 苗拳

在苗族聚居区,武术有几百年的历史。拳术套路主要有八合拳、开四门、闭四门等。苗家八合拳是盛行于古丈县苗族聚居区的一门传统苗家武术。当地的苗族人认为苗拳传自九龙洞村抗捐抗税英雄龙廷九。他自小学习苗拳,并拜师学艺,精通武艺,掌握了许多绝技。民国初期,他在苗拳的基础上融入了峨眉派、武当派的优点,独创出一门拳术——新式苗家八合拳。民国时期,居住在九龙洞村附近的苗族人长期遭受欺压,为了抗捐罢税,龙廷九率领58寨寨民发动起义,给予国民政府沉重的打击。虽然龙廷九被残忍杀害,但是其创制的八合拳却代代相传,成为当时生活在高山深谷的苗家人一种基本的自卫技能。在演练或实际运用中讲究八合,因而得名八合拳,具体又分为内四合和外四合。眼与心合,眼到心到;心与意合,心到意到;意与气合,意到气到;气与力合,气到力发,为内四合。眼与手合,眼到手到;手与足合,手出足出;膝与肘合,膝出肘随;肩与胯合,肩动胯送,为外四合。只有内四合与外四合紧密结合,才能真正克敌制胜。八合拳又有礼示、粘功、花架子和策手四种套路,其中,主要功夫是策手。礼示是演练八合拳时对师父和观众表示礼节、展示武德以及功底深浅的一种基础门类;粘功是八合拳的基本功和基础要领;花架子是公开操习时的套路。总体来看,苗拳步法稳健、招式多样、势力强劲。苗拳的武器主要有棍、刀、叉子、火铳,也有不需要武器,直接徒手舞拳的。新中国成立以后出于安全考虑,一些工具被没收。苗家八合拳最初创作的宗旨是提高搏斗技能,实现自卫并能反击。如今,苗拳已成为一种非物质文化遗产,是民族传统文化的传播载体与媒介,是民俗风情的展现形式,具有很高的民族文化研究价值。同时,苗拳也是一项健体延寿的运动,许多老人在闲暇时练拳,以达到锻炼身体、增强体格的目的。值得注意的是,一般会苗拳的人都会舞狮,并积极参加一些节日活动。

苗拳三门棍(凤达茜 摄)

如今,翁草村会打苗拳的几乎都是老人,村中的竹篾匠石盛谋生于1930年,如今90多岁了,身体矫健,会打苗拳,是村内打苗拳比较厉害的老人。据访谈可知,现在石盛谋主要还是编竹篾、背篓等,闲暇时偶尔练练筋骨。关于苗拳,老人自述:"早期是自学,后来跟随武术师父学习,当时师父一共收了五六个徒弟,但现在弟兄们都已过世了。我当时最擅长的是三门棍和八合拳。现在由于年事已高,打八合拳需要费很大的体力,因此基本都没有再练习八合拳了,但平时会在家练习三门棍,锻炼一下身体。"

2. 木匠

在默戎镇内,要数翁草村的木匠最多。翁草村的很多木匠都去其他村子建造房屋,出了很多知名的木匠。村内的木匠大多都有师承,因而村内还有一种较具特色的师父崇拜,既是对各类技艺前辈的尊重,也是以师承为纽带团结村民。还有一部分木匠是通过自学成才的,通过在建造房屋的过程中帮忙,自己不断动手操作而成为木匠。调查得知,一些村民的房屋是自

木匠的工具——墨斗(王四莲 摄)

己经过数月搭建而成的,他们在修建的过程中不断修改、不断思考,精进了自身的技艺。村内的木匠们既可以让翁草村的民居更加美观,又能将苗族的木匠工艺世代传承,培养一批批优秀的木匠师傅。

木匠的主要工具有直尺、墨斗、推刨、铅笔等,器材不多,但几乎每一样都是常备常用的工具。木匠们对墨斗最为珍视,很多木匠师傅的墨斗十分美观,墨斗线头用一些稀罕的物件装饰。一些木匠师傅还会在墨盒处雕刻精美的纹饰,以动物图案居多。木匠们最厉害之处在于其建造的房屋全为榫卯结构,无须钉子一类的器材。翁草村的木匠们沿用古法,都会自制竹钉子,这种竹钉子取材于附近大山深处的2~4年生的竹子,然后将生竹子吊在火塘上熏一段时间,这一特殊的步骤可以使竹钉子坚固耐用。

3. 苗医

以前,往往是靠民间草医用草药治病救人,在山大林密的村寨,习草医者较多,山中的药材极为丰富。翁草村中流传着很多关于"赤脚医生"的故事,"赤脚医生"身背药包,走乡串寨,一边行医,一边采药,一边售药。

据访谈①,翁草村有名的苗医龙贤流一直收藏着父辈对苗药总结的经验:"藤木通根能治风,对叶对生能除红,寒苦辛凉消炎热,辣甜顺气酸毒攻,叶上有毛能消肿,叶里有浆拨脓攻。"意思是通根的空心植物,无论是藤类植物还是草本植物,凡根茎相通都能够治疗风湿一类的疾病;叶子相对的或是嫩芽相对的植物能够止血;用舌头舔植株的味道,寒苦辛凉的植物能够消炎解热;味道辣、甜、酸的能顺气解毒;叶片上长毛的能够消肿;掐叶片以后有汁液流出的对出脓有一定的效用。苗药都是从山上采摘的,总体上量很少,也无法大批量采摘,而且加工也很麻烦,因而苗药的市场并不大。苗药一般都是需要的时候临时到山上采挖,据说比较厉害的苗医可以在夜间不打灯的情况下用手识别。有些村民会上山采药材回来,种在自家房前屋后的菜园内,也有的村民帮别人采药,但仅是在闲暇时采。村民在家种的苗药主要有黄精、七叶一枝花等。在路边较为常见的草药还有紫花地丁、蛇莓等。

当地的老人对苗药都有所了解,自己偶尔会在家里捣药。他们对常见的如跌打损伤、感冒、皮肤病等都能治疗。苗药与人们的日常生活密切相关,许多苗药被大多数人熟知,所以村内有很多老人都可能是苗医,苗医的经验能够代代相传,整体上保存完善。

4. 苗歌

人们的日常娱乐离不开苗歌,翁草村的村民平时以唱苗歌来疏解压力、表达感情。当地俗语"歌在嘴中,活在手上",即说明了苗族人边干活、边唱歌轻松愉悦的习惯,起屋上梁要唱、犁田插秧要唱、赶集节庆更要唱……在节庆活动中,苗歌对唱更是随处可见、热闹非凡。苗歌的节奏自由复杂、调式较多、曲式结构完整、形式多样。有真声唱法、真假声结合唱法、半真半假声唱法、轻声唱法等丰富的演唱方法。大致分为接亲调(也称"拦门歌")、送亲调、哭嫁调、古歌调、情歌调、儿歌调等不同种类的苗

---

① 访谈对象:龙贤流,45岁,翁草村卫生所的医生。访谈时间:2020年7月18日上午。访谈地点:翁草村卫生所、龙贤流家中及翁草村村民的菜园中。

歌,既有描绘苗族悠久历史、信仰的古歌,也有反映多姿多彩的生产生活、民族风情的歌曲,还有表达爱恋之情的情歌,旋律具有鲜明的民族风格。

5. 苗族鼓舞

清光绪《古丈坪厅志》中对苗族鼓舞有多处记载,苗俗"每于正月之吉,召聚亲族,击鼓跳鼓以迎神,名之曰跳鼓"。苗族鼓舞起源较早,据专家考证,其大致源于汉代以前,随着社会的发展,逐渐从祭祀舞蹈转化为能够表达诸多情感的舞蹈,主要表达了苗族人欢乐愉悦的感情,经常出现在节日庆典、婚嫁之事或者男女交流的场合中。对苗族鼓舞的传承和研究,有助于加深对苗族的历史进程和生产生活演变的认识。

翁草村的苗族鼓舞有女子单人鼓舞、男子单人鼓舞、女子双人鼓舞、男子双人鼓舞、群体鼓舞和猴儿鼓舞等,是以音乐为鼓点,集音乐表演、戏剧表演、武术表演等于一体的富于变化又默契规范的一种舞蹈,追求人鼓合一的境界。女子鼓舞轻盈柔软、体态优美,富于表现力;男子鼓舞则动作粗犷刚健、豪放利落。

猴儿鼓舞又称花鼓。最早是苗族人用以驱鬼赶邪、消灾、祈福的一种舞蹈。清光绪《古丈坪厅志》载:"正月亲友聚会,则打猴儿鼓,摆腰调年,男女歌和。"相传很久很久以前,森林里有一群猴子,将兽皮随意搭在一个干树桩上,过了一段时间,兽皮干了,被一只小猴碰撞,发出了好听的声音,于是群猴汇集敲打,跳跃嬉戏。这一情景被苗族猎人发现,觉得十分有趣,便模仿猴子的动作创作了猴儿鼓舞。击鼓敲锣,男性表演者模拟穿裆、抓挠、扯胡子等动作,女性表演者则模拟人梳头、戴花、穿衣、纺织、挖土、栽秧等与生活或劳作相关的动作。鼓舞动作活灵活现,欢快,令人震撼。猴儿鼓舞是翁草村一年一度赶秋节、重阳节等重大节日的必备表演节目,村民打猴儿鼓来活跃节日气氛。

6. 民族服饰

苗族人喜爱土布、白平布和细花格布,新中国成立以前,大都自纺自织自用,现在有不少心灵手巧的苗族妇女利用空余时间织布,并将其做成衣服,用自己纺织的布做成的衣服更加牢固,但工期较长。男性的服饰以对襟为主,襟袖细长,裤筒短而宽大,一般多件叠穿,夏天则将衣扣开合,凸显出层次。相对而言,妇女的服饰较为精美,上衣大而长,往往过腰,无领,胸前及袖口均绣有花鸟图案的花边,裤筒仍以短且宽为主,裤脚上也同样饰以花边,花色较为鲜艳。偶尔也搭配有围裙,滚边花纹,头帕大多为青布长帕,缠叠成螺蛳塔状,部分头套也会绣花,年长者不露发辫,未婚姑娘则可以稍露发辫。头帕不仅可以挡灰尘,更重要的是能将头发紧紧包在里面,在劳作的时候头发不至于掉下来影响干活。衣服有冬、夏两季的,以前衣服的颜色仅为蓝色和黑色,都是用天然的染料染色。现在服饰颜色日益多样化,主要有红色、蓝色、灰色和黑色,颜色不分年龄段。苗族妇女的首饰种类繁多,尤以银饰制作精美,许多女性都佩戴别致的银项链、银手镯、银耳环等饰物。此外,苗族人喜爱绉纱丝帕,往往随身携带。据访谈①,小孩会佩戴绣花的八仙帽和十八罗汉帽,十分精致。苗族妇女会用经过改造和磨制而成的牛骨头打花带,所打的花带用来做衣服或围裙上的滚边装饰。

7. 民间传说

关于村寨名称的由来,至今流传着很多传说。相传,翁草村遭外敌入侵,其祖先佑朝、佑吉兄弟两人为保护村民及护卫村寨,隐蔽在寨口的草丛中,手执大刀长矛,随时准备抗击敌人。敌方的探子到了寨口附近,将其看成老翁隐蔽在草丛中守寨,认为翁草的男女老幼身强体壮,皆能应战,且周边路窄坎高,地势易守难攻,便回去禀报头人。头人当即下令:"翁草不可进,改往他寨行。"因此,当地便有"翁草"一说。关于地名的来历,也有人认为由"翁槽"演变为"翁草"。传说该村选址最早是一个水沟,后来其先人以土填沟后定居于此,成为今群山环绕的翁草村,这与苗语"翁""槽"的含义更为相近。

---

① 访谈对象:石SL,苗族,50岁,翁草村村民。访谈时间:2020年7月18日上午。访谈地点:农户庭院。

8. 民俗节庆

(1) 节庆盛会

在当地,春节、清明歌会、重阳节、吃新节、赶秋节等都是较大的节日,每逢这些节日,村民都要举行盛大的庆典活动。在节日庆典的时候,苗族人往往要前往特定的地点举行活动、参加比赛。翁草村最热闹、最重要的节日要数赶秋节、重阳节。

清明歌会。清明歌会是湘西一年一度的苗族传统歌会,歌会期间,来自吉首市、凤凰县、保靖县、古丈县等地的数千名苗族人精心打扮,穿着盛装,汇聚在吉首市丹青镇清明河畔的歌场,以歌传情,缅怀先贤,寄托期望。

赶秋节。赶秋节是苗族的传统节日,每年的立秋日举行盛会。传说古时候有一个俊秀聪明的苗族小伙子,叫巴贵达惹,很多村寨的姑娘都喜欢他,他与她们对歌后都不满意。后来,他上山打猎,看见一只老鹰的嘴里叼着一只花鞋,他一箭将其射下,看到花鞋精巧漂亮,便对鞋子的主人心生爱恋,心心念念想找到这个姑娘。他回家后想出一个办法,将一人坐的秋千改制成可供8人坐的秋千,吸引远近的姑娘来荡秋千,借此从人群中找出心爱的姑娘。最终,他如愿以偿,在秋千场上找到了花鞋的主人——七娘,由此便形成了赶秋节。自此以后,每年人们都会聚集到一起荡秋千。在赶秋节这天,会有一男一女两人穿上古老的民族服装,扮成"秋公""秋婆"。他们分别握着一个饱满的玉米棒和一把金黄的稻穗,来到秋千架下,向人们报告一年的收成,庆祝丰收,人们以热情的欢呼声附和。然后,许多青年争先恐后地涌上一个十多米高、呈纺车形状的大秋千,秋千有相互错开的8架车辐,每架坐一人,底下会有人用力推动秋千,使其快速旋转起来,并逐渐加力,让秋千加速旋转。最后,底下的人会忽然将秋千的横木架在秋千上,使其停止运转,坐在上面的人必须赶快跳下来,如果成为最后一个停留在秋千上的人,就要高声唱歌,但是有些青年故意停留在上面,以歌声传情,向心仪的人表白。赶秋节是翁草村很重要的节日,届时还会有能歌能武的人表演舞狮子、玩龙灯、上刀梯等,人们从四面八方涌向集会地点观看演出。舞狮子是翁草村在很多盛大节日庆典的时候都会表演的一种节目形式,在苗族聚居区十分流行。舞狮子配合武术表演,能打苗拳的人往往会加入舞狮队伍的行列,除一人舞宝珠,二人舞狮外,在旁边的众人都可跟着舞棍、棒、刀、叉、挡耙等。

重阳节。重阳节也是翁草村村民十分重视的节日,在重阳节这一天,嫁出去的女儿一般会回娘家过节。村民会用对春打糍粑,而许多年轻人都会祭拜摆在堂屋里的神位和牌位。

过小年。过小年在苗语中称为"挂归",在当地是纪念本民族迁徙的重要节日。腊月二十八这一天,苗家人早早就把晚饭煮好了,天黑吃晚饭的时候,一家人围坐在一起,但都不说话,不能生火塘,也不能开灯,全家人都只能用肢体语言交流,一直坐到第二天天亮。

(2)婚嫁习俗

翁草村的婚嫁习俗的基本流程大致为求婚—订婚—过礼—结婚—回门5个阶段。首先是求婚。一般由男方家准备酒肉,联系好媒人让其帮忙去女方家央求,最少要去女方家三次,当地有"三门六进"的说法。往返的次数越多越好。首次去不能过于直接,主要是从闲谈中了解儿女婚事,名曰"讨口风"。隔数日再次前往,正式提及婚事,如果女方有意许婚,家族协商同意后,吃"放口酒",正式订婚。女方同意之后,男方家请地理先生选择吉日去女方家送礼,并由媒人在订婚前一个月通知女方,女方请家族的人来吃酒。送的礼物主要有酒、肉、粑粑、糖、棉絮、柜子等,名曰"送亲酒"。男方的亲族必须家家派人参加。过礼当天,女方家中极为热闹。过礼之后,双方即可选定良辰吉日举行结婚仪式。结婚当天,娶亲队伍到了女方家后会有"拦门礼",双方互问互答,娶亲的人会向女方家的人献上红包,称为"开门礼",之后女方才将大门打开迎接客人入内。在女方家中吃饭,饭毕,女方才会按原定的吉时出嫁。有哭嫁的习俗,新娘坐上花轿后,由两个儿女双全的妇女拿着火把、打着红伞走在新娘前,名曰"送新娘"。新娘到男方家门前时,有"接新娘"的习俗,新娘从一堆烧得很旺的茅草上跨过,然后不拜天地直接进洞房,当地没有闹洞房的风俗。村民们一般会送爆竹、钱等。请客菜品没有固定的搭配。后来,翁草村的婚嫁习俗逐渐淡化,基本没有哭嫁、坐花轿的环节。地理先生看的出嫁吉时一般在凌晨或者清早,因此,出嫁往往都要摸黑进行。客散了以后,新娘和新郎一同回娘家住几天,称"回门"。

(3) 生育习俗

产妇生产后,婆家会派一个人抓一只鸡前往其娘家报信,生男孩则带公鸡,生女孩则带母鸡。信带到以后,由娘家安排一只性别与之相反的鸡带回。然后亲戚朋友会拿一瓷盆的米和一二十个鸡蛋去道喜。翁草村没有满月酒,一般会邀请有文化的人为小孩子取名字。

(4) 丧葬习俗

村内如果有人去世,几乎全村人都会自发地去死者家中帮忙。经济条件好的家庭,死者家属会请一名道士念经、绕棺。一些很有钱的家庭会念经七七四十九天,一般七天为一堂经,总共有七场。然后请一个地理先生择吉日、吉地。后来丧葬期间请道士念经、绕棺的习俗逐渐消失。

三、自然资源

(一) 古树

土地坛的周围有3棵大树,土地坛上方的树为枫香树,是翁草村村民公认的护村树,每逢节日,村民会自发地祭拜古树。据了解,翁草村的古树较多,大约有15棵树龄较大的大树。

翁草村古树(王四莲 摄)

(二)翁草溪

翁草溪是古阳河的上游,溪水清澈,缓缓南流。清澈的翁草溪五道弯将翁草村分割成西南和东北两块大面积的居住地。当前村内主要建设特色水生态小溪,将翁草小流域的治理作为重要的工程项目,修建了3座生态景观坎和10座生态堰,以及1.2千米的亲水游步道。重点治理沿溪各家各户的生活垃圾、废弃材料以及牲畜饲养等造成的环境污染问题。修建污水处理管网,避免将生活污水直接排放到翁草溪中,打造一个良好的人居环境,并致力于将翁草村打造成知名传统村落和旅游景点。

(三)药材资源

翁草村的山上有许多药材,诸如黄精、七叶一枝花、土三七、田三七、叠马鞭、小血藤、天麻鞭、散血草、马蹄草、三百棒、天青地白等。此外,青石板古道边长有铁角蕨。对于黄精、七叶一枝花等常用的药材,当地的村民通常去山上将其挖下来种在自家菜园里。

附录1 翁草村历史环境要素及其数量统计表

历史环境要素	数量
古石板路	4
古井	3
古树	15
古河道	1
古庙宇	1

(资料来源:古丈县住建局翁草村传统村落调查登记表)

附录2 苗医人物小传

龙启义(1949—2013),翁草村有名的"赤脚医生",有三兄弟,他是家里的老三,以前日子很艰苦,父母兄弟都死了,他就成了孤儿,吃百家饭长大。上过小学,懂事以后便在村里跟着老一辈草药师学习苗医。20世纪50年代以前,村里的苗医很受欢迎,他们都是用草药治病的,分为内服和外服两种。后来村里人就送他去学医,并参与了县里的培训。后来县里希望他去县医院工作,但是出于对村民的感谢以及对翁草村的热爱,他选择留在当地继续为村民服务。当时的生活条件不好,村里人都是向他要处方,他也是免费给。村里人要到处方后去县里买药,药买回来以后再请他帮忙打针。所以,医生只是副业,他主要是靠种地来维持基本的生活。在那个年代,他精通草医,并修了西医的基本知识,见过世面,成为村里德高望重的人。20世纪90年代当过人大代表。晚年得了重病,在州医院治疗,村民都自发去看他。

(本章由王四莲撰写)

第九章　曹家村

　　曹家村是古丈县坪坝镇下辖的建制村,与河蓬乡葛藤寨村交界,村部距乡政府驻地12公里,交通便利,风景优美,气候宜人。曹家村是一个典型的苗族聚居村落,最有特色的传统节日是赶秋节。曹家村有独特的建筑、历史文化底蕴,是湘西土家族苗族自治州的一颗明珠。曹家村气候湿润,油茶、烟叶种植及养蜂业独具特色。2019年6月,曹家村被列入第五批中国传统村落名录;2019年12月,被国家民委公布为第三批中国少数民族特色村寨。

第九章 曹家村

一、村落概况

(一) 地理生态环境

曹家村位于距离古丈县城西南20公里的湘西土家族苗族自治州古丈县坪坝镇,原名曹家坪,由原椰木、曹家两村合并而成,村部距离镇政府驻地12公里。曹家村东临对冲村,西至张家村,南与窝瓢村相交,北接叭喇村,属寒武系喀斯特山谷地貌,地势呈西北向东南倾斜状,村内多崇山峻岭,平均海拔600米。植被以成片的油茶林、灌木林为主,年均气温为15.8℃~16.9℃,年均降水量为1300~1500毫米。村域面积18.7平方公里,村庄面积1500亩,耕地面积1963亩。曹家杨柳冲水库及山塘灌溉沟渠均已修通至曹家村,保障了村民的农业灌溉用水。

曹家村远眺(王潇 摄)

(二) 村落历史

据史料记载,曹家村形成于明清时期,是旦武营军营的大后方。曹家村原由曹家人居住，后来随着苗族等民族的迁徙和营汛屯仓的建立，逐渐形成了一个规模较大的村落。

曹家村现今没有一家姓曹，之所以有这一村名，是因为最初形成村落时有大量的曹姓人在此居住。之后有姓张的苗家人进入此地居住，双方之间发生了一些矛盾，张姓团结一致对外，最终曹姓人全部搬离此地，曹家村便无曹姓，但村名一直保留至今。

据村里老人回忆，现在村里的张姓最早是从江西迁徙过来的，当时有三兄弟跋涉至此，经过商量，这三兄弟决定分开，各自发展。为了日后好相认，这三兄弟将火塘的三只脚折断，一人保存一只。其中一人留在曹家村，另一人辗转到现在的龙山县，还有一人不知去向。据说，前任曹家村村委会主任的姐姐嫁到默戎镇后，一天，她外出游玩时发现龙山县桃花坪有一个张姓村寨，与老家的语言、生活习俗等都极为相似，经过几天的相处，认为双方来自同一个家族，他们就是传说中这三兄弟中两个的后代。这也体现了古丈县与龙山县联系紧密。

清代，曹家村为汛署、屯仓所在地。民国时期，曹家村是全镇的政治、经济、文化中心，在此设曹家坪乡公所。1949年以后，曹家村是曹家乡人民政府所在地，含曹家、对冲、旦武三村十八寨，人口多达5000余人。后撤区并乡，曹家乡划归坪坝乡管辖，曹家坪改为村。1958年为曹家坪生产大队。1984年分为曹家村和榔木村。2005年区划调整后，曹家村、榔木村合并为曹家村。

（三）村落人口

曹家村下辖8个自然寨，10个村民小组，共368户1625人，面积18.7平方公里，耕地面积1963亩，其中稻田面积1302亩，旱地面积661亩。曹家村是一个典型的以苗族人为主的村落，苗族人口占95%，有独特的民族语言、生活方式和民族风情。苗语保存完好，老少都会讲一口流利的苗语。村中的姓氏有张、杨、石、龙、梁等，以张姓为主，其他姓氏都是通过结婚的方式流入。由于村落地处深山,与外界交流较少,以张姓为主的家族一代代繁衍至今,导致该村的人家族观念浓厚。

(四)物产与特色产业

曹家村的主要物产为水稻、玉米、油茶、茶叶、烟叶,农业种植和农产品加工是该村主要的生计方式。

1. 油茶种植

曹家村背后是万亩油茶基地,盛产原生态的金色茶油,是古丈县主要的茶油生产基地之一。目前,村委会将这些油茶全部分到各户,由村民自行管理。油茶林中建有一座中型水库,名杨柳冲水库,为村民农田灌溉之用。目前村里正在修建油茶加工厂,预计不久的将来可以投入使用。油茶已成为曹家村的一个特色生态产业,油茶果经过压榨,挤出色清味香、营养丰富的茶油。此外,茶油也可作为工业润滑油、防锈油使用在车辆上。油茶果的果皮是提制栲胶的原料,油茶果经过压榨后形成的茶饼既是农药,又是肥料,可提高农田的肥力和防治稻田虫害。近年来,茶油的价格已达到五六十元1斤,而且供不应求。卖茶油的收入在一定程度上缓解了村民的经济压力,政府希望在村里发展以油茶为主的一整套产业网。

万亩油茶(王潇 摄)

2. 烟叶种植及烤烟制作

烟叶种植也是曹家村主要的经济来源之一。随着烟叶种植面积的增加，政府投资在村里修建了烤烟作坊，并根据每个村民小组的烟叶数量分配烤房，已逐渐实现了电子化管理。

3. 蜜蜂养殖

蜂蜜也是曹家村的主要物产之一，村中九组的几户养蜂人成立了古丈县时富土蜂蜜养殖专业合作社。他们一边种植板栗，一边养蜂，采取纯天然的养殖方法。为了保持蜜蜂的天然习性，蜂箱都是用木桩打造的，这也成为曹家村养蜂的一大特色。由于曹家村的板栗和蜂蜜品质好，很多外地人都慕名而来购买。收成好的年份，村民一年可以收入十多万元，也是一笔可观的收入。

特色养蜂器皿（王潇 摄）

（五）经济社会发展状况

自从国家实施对口扶贫政策以来，曹家村主要由湘西土家族苗族自治州财政局进行对口帮扶。2018年，曹家村整村退出贫困村序列。在州财政局的帮扶及村民的配合下，曹家村的公共设施趋于完善，村容村貌也焕然一新。古丈县至泸溪县的公路穿村而过，交通十分便利，坪坝镇全镇的输电线路也从该村穿过，电视、网络等均已开通。为了消除村中木质房屋的安全隐患,州财政局出资对房屋内的电路进行改造。村委会还计划在每家每户的门前配备消防用水缸,以备不时之需。太阳能路灯均匀地安装在村里的每条道路上。村口修有招呼站,方便村民外出。此外,村里有6个小卖部,为村民的日常生活提供了很大方便。村里曾设有坪坝乡卫生院第二门诊,现在村委会大楼中设有1个村卫生室。村委会门前的广场上安装了一套健身器材,平日里总是人来人往,距此较近的大人和小孩会在这里进行娱乐活动。器材对面就是村里修建的舞台,一般在春节等较大节日时,村里会在此处举办活动,很是热闹。

对于曹家村的环境卫生,村委会投入了大量的人力、物力和财力。村里投资了80万元用于房前屋后的道路硬化,青石板路全部被平坦的水泥路替代。修路之余,还整治了曹家村的排水沟,在道路两旁配备有垃圾桶,

曹家村第一届"美丽农家"卫生评比表彰大会(王潇 摄)

还设立了垃圾处理处。村委会设置了清洁工岗位,采取区域分工到个人的办法来保证村里公共区域的卫生整洁。为了更好地开展环境整治工作,村里还开展了一系列活动来激发群众的参与热情,如"美丽农家"卫生评比活动。

据了解,村里有1所小学,目前还在开办中,整个学校,师生总共5人。由于现今村民对孩子教育的重视以及人们生活水平的提高,大多数人家都将小孩送去镇里或县里的学校上学。

二、文化遗产

(一) 物质文化遗产

古代,曹家村是"苗疆边墙"上的驻军和屯粮要地。因交通便利,来这里经商、当官、当兵的人逐渐增多,加上设置了汛署衙门,很多人在这里定居,呈现出一片繁荣景象。时隔多年,往昔繁华已去,但各处遗迹仿佛诉说着这里的历史。

1. 古井

村子半山腰的平坦处有一口古井,已有几百年的历史,井口上写着

曹家村古井(石子 摄)

"长寿水"三个字,表达了曹家村村民对健康长寿的追求。由于年代很久了,近期古井经历了一次修缮,如今已看不到其原来的样貌,但井水依旧透澈清凉,可供村民饮用。在古井旁边还修建有一个凉亭,供村民乘凉、休闲娱乐,人多时,大家还会对歌、跳舞。

2. 古屯粮遗址

曹家村地势险要,易守难攻,在清朝时是"苗疆边墙"(南方长城)上的一个军事和屯仓重地。该遗址在曹家村第六组内。其北接旦武营,南依土蛮坡营盘。《古丈坪厅志》记载:清光绪三十三年(1907年),政府在此地驻外委1名、兵20名,负责把守粮仓,粮仓专门用来给当时旦武营的驻军及其家属500余人供粮。粮仓占地面积约1000平方米,粮食年库存量超

过150吨。《古丈坪厅志》中还有2幅曹家坪汛署图和曹家坪屯仓图。这是为保护粮仓而专门修建的一道工艺,至今仍能看到其精美的工艺。如今这两

曹家村古屯粮遗址(王潇　摄)

处遗址在村中的道路旁,政府计划将其保护起来,作为村落的文化进行宣传。

3. 三元观

在距离曹家村村委会20分钟车程的二组旁边,有一座面积较小的庙宇,当地人管它叫"三元观"或"三元庙"。三元一般指天官、水官和地官,与道教有关,又融合了一些佛教因素。据守庙人张自良介绍,以前三元观的香火很旺,宫门修建也极为讲究,两侧刻有"三元古观,百粤名山"的石镌楹联,主殿中三元大帝头戴平天冠,手持玉圭,坐于大殿中央。上元节是天官大帝的生辰,这一天观里的香火极为旺盛,来此祭拜的人很多。许多人为了进庙烧头炷香,半夜就在庙外排队。等的时间久了,便有人不到天亮便在庙前庙后烧起香来,闹得观中道士对人们说:"三元神明还没起床呢!"后来庙宇被破坏,整个宫墙及神像全部被破坏殆尽,新中国成立以后在原址上又复建了一座。我们所看到的三元观是同时期复建的一座较小的三元观庙宇,现今来此朝拜的主要是周边的民众。在观里,我们看到在神像下面摆放着一排手工制作的新鞋。据村里老人讲,这主要是为了祈求三官保佑家人身体健康。

4. 特色建筑

曹家村曾是古丈县的重要粮仓,因而在当地设有专门的衙门。衙门设立后,由于交通便利,这里商业繁荣。而其地理位置,前有子孙山,后背靠山,建筑依山势而建,与周边环境融合较好,农田、树林、村小巷及传

统建筑交相呼应。建筑的朝向基本一致,很好地体现了中国传统村落的选址观。建筑"借天不借地,天平地不平",整个村落形似群山托举,居高临下,周边油茶地遍布,形成了"高山台地托古村,山水深壑有茶乡"的格局。

曹家村的建筑风格迥异,类别多样,有封火墙、吊脚楼、转角楼、天井房、籽蹬屋等。村寨的木楼楼顶由青瓦覆盖,用桐油刷漆,鳞次栉比地分布在溪水两旁。全村共有房屋326栋,传统建筑面积占村庄建筑总面积的98.8%。

曹家村现有160栋建筑,除去7栋砖房,其余全部是木质结构的建筑。其中明代建筑3栋,清代建筑6栋,民居面积有1500平方米,民国建筑较多,有46栋,民居面积达6000平方米。单体建筑的形制依地势富于变化,平面有"一"字形、"L"形,楼层有1~2层,住宅正屋一般为一明两暗三开间,以龛子(厢房)作为横屋,形成干栏与井院相结合的建筑形式。从最简单的三开间吊一头的"一"字屋、"一正一横"的"钥匙头",到较复杂的"三合水""四合水",都是建筑常见的布局。一般正房中间为堂屋,后部设祖坛。

封火墙又称风火墙、防火墙,是传统民居聚落的一种以防火为目的的墙体建筑。在封火墙出现之前,人们注意到火通常是自下而上地顺

曹家村马头封火墙(王潇 摄)

着房柱向上蔓延,因此风火墙的最初形态是在可燃的木质墙壁、构件上涂抹灰泥,以此来提高木质建筑的防火性能。后来才出现了把柱子砌于砖墙之内的立贴式(即穿斗式)山墙,即封火墙。在传统村落中,以家庭为单位,以围墙相连建造封火墙,能够十分有效地防范火患。

在这些传统建筑中,最吸引人的是其门窗上雕刻的花纹,花鸟虫鱼、飞禽走兽,栩栩如生。如花窗,其外形美观,构造复杂,窗格充分利用棂条相互榫接拼联成各种精美的图案。这些图案类型丰富,除常见的平纹、斜纹或"井"字形图案外,还有动物纹样、吉祥语和年轮图案等,点缀一些木雕画花心、结子等小饰件,增添不少趣味。棂阁与棂阁之间有花草、飞禽图案等精巧的镂空花饰相连,精巧、活泼,富有生机和灵气。

由于曹家村入选传统村落名录的时间不长,因此目前对村里的建筑还没有做详细的保护规划。

曹家村传统民居雕花门饰(王潇 摄)

(二)非物质文化遗产

1. 苗家八合拳

湘西的苗族人在长期的生产生活中,创造出了一系列独具民族特色的体育活动,如武术、打秋千、八合拳等,其中苗家八合拳是曹家村的特色体育项目。它是一项由10～30人参加的活动,目前已有100多年的历史。

关于八合拳的传说很多。一说，相传明清时期，朝廷军队、苗弁、苗兵以及流官在苗族聚居区长期征战、驻守，在长期的交往交流中，各种文化逐渐交融，逐步形成了独具地方特色的习俗、信仰和文化，苗家八合拳就是其中之一。清末民初，古丈县龙鼻嘴（默戎镇）九龙洞村的抗捐抗税英雄龙廷久，在祖传苗拳的基础上，吸收峨眉、武当等派的拳技精髓，独创出一门易于传授的拳术。此后，跟随他学习拳法的人日增，人们称之为苗家八合拳。民国时期，村里涌现出一些八合拳拳术了得之人，他们以此守护了一方百姓的平安。其中比较有名的是张德贵和张民家，据传他们武术高强，可以与马、狗赛跑。除此之外，他们经常使用拳法打退土匪恶霸，也因此声名大噪，有很多人慕名而来拜师求艺。

八合拳传承人张其礼（王潇　摄）

至今，八合拳仍在古丈县的默戎镇、曹家村广为流传，并传播到邻近的吉首市、泸溪县等。2012年八合拳被列入湖南省省级非物质文化遗产名录。成为省级非遗项目后，曹家村确定了八合拳的传承人。据了解，曹家村八合拳的传承状况良好，但需要依靠村落才得以存续。在县政府的努力下，八合拳已经实现了传统文化进校园，在学校的体育课中，八合拳已成为一个必修项目。这使传统与现代接轨，也为其今后的发展拓宽了道路。

2. 赶秋节

赶秋节即苗族的"七月八"情人节,是属于年轻人的节日,也体现了苗族人的婚姻观。每逢农历立秋这一天,附近的苗族人盛装结伴,涌向曹家村外的赶秋场,唱苗歌,打苗鼓,舞龙舞狮,庆祝丰收,热闹非凡。特别是青年男女从四面八方纷纷向赶秋场汇聚,以歌觅友,寻找心仪的伴侣,互赠信物,从而喜结连理。大家在村里的一块土地上一边播撒种子,一边聊天嬉闹,在劳作的过程中实现相互的初步了解。在之后的游戏环节中,大家互相选择自己心仪的对象结成一对,自此开启为期一年的恋爱。在接下来的日子里,以男女朋友的身份相处,相互了解,等到明年今日,再决定双方关系是否进一步发展。如果双方都比较满意,有进一步交往或结婚的想法,则会在这块土地上再次共同播撒种子,将他们的爱情延续下去。如果双方在交往中觉得不太合适,则等到明年今日,男女朋友关系自动解除。在这一年里,双方仅是男女朋友关系,主要通过恋爱来增进彼此的了解。

最初,赶秋节是为了村里男女的婚姻而设立的,后来随着村民与外界的接触增多以及生活水平的提高,为了丰富节日的多样性,又新增了很多表演节目,如苗歌对唱、舞狮等。以往在赶秋节这一天,十里八方的人们都会聚集于此,规模可达两三万人,热闹极了。改革开放以后,村里的年轻人都陆续外出打工,由于人口外流,这一节日活动难以继续开展。现今,赶秋节以河蓬乡的最为隆重,过节时大家都相聚在穿洞。2014年,赶秋节被公布为国家级非物质文化遗产。据曹家村党支部书记说,计划在今后逐渐恢复赶秋节,将其打造成一个特色的旅游文化项目。

3. 苗族鼓舞

苗鼓有两面鼓和四面鼓之分,不同种类的鼓舞其表演也略有不同。鼓舞的节奏非常复杂,常见的有2/4、3/4、4/4三种。节奏的快慢缓急由情绪决定。表演者双手握槌击鼓起舞,还有的赤手握拳击鼓。鼓舞的伴奏则以敲边或击锣之声为主,一般是右边两下,左边一下,敲边的节奏随鼓点变化。男子鼓舞的动作一般以模仿为主,如模仿猴子的滑稽动作,还有"公鸡啄米"

"收割打谷""大鹏展翅""急水翻波"等,动作孔武有力,充分展现了男子的威猛雄壮。女子鼓舞一般表演梳头、戴花、纺纱、织布等生产劳动和日常生活方面的动作,如"美女梳头""巧媳织锦""结麻纺纱"等,舞姿优美,鼓声清脆,给人以美的享受。

苗族鼓舞的种类很多,古丈县一带流行的有团圆鼓舞、跳年鼓舞、筒子鼓舞、女子单人鼓舞、男子单人鼓舞、多人鼓舞、单人猴儿鼓舞、多人猴儿鼓舞等。猴儿鼓舞是苗族鼓舞中较原始的一种舞蹈形式。传说古时候在苗族聚居区有一座古庙,猴子进庙偷吃供品,无意中碰响了更鼓,很害怕,但是慢慢地,它喜欢上了鼓,没事就碰一下,后来可以边打鼓边跳起舞来。有一次,猴子打鼓的声音恰巧被一个小伙子听到了,他偷看了猴儿打鼓的全过程,回家后,便学猴儿打鼓,于是便产生了猴儿鼓舞。

团圆鼓舞是一种集体歌舞,参与人数不限,大家随歌跳舞,极为欢快。主要动作有大摆、小摆、细摆三种。男性多跳大摆,女性多跳小摆。团圆鼓舞特色鲜明,节奏明快,动作以腰和肩的摆动为主,快时加上手的摆动。跳舞时一般穿苗族服饰,现在表演者主要为女性。

每逢苗家年节、赶秋节或家庭喜庆活动,都要进行苗鼓表演。曹家村还成立了苗鼓表演队,经常举办活动,以此活跃村民的文化生活。

4. 打溜子

打溜子俗称"打家伙",是曹家村苗族人喜闻乐见的打击乐演奏形式。主要乐器是头钹、二钹、锣和小钹,俗称"四人溜子"。也有三人溜子,用唢呐演奏,演奏形式有走式、立式和蹲式。钹的打法有亮打、闷打、砍打、侧打、挤打、磕边打和搓揉打。锣的演奏技巧有敲锣、逼锣和闷锣。土家族打溜子的曲牌十分丰富,共有108套,有形声、绘神和写意三类表现形式。头钹明快稳健,二钹急如星火,铜锣行腔点韵,小钹洪亮清新。打溜子多用于婚嫁和其他各种喜庆活动之中。

5. 苗绣

苗绣是指苗族民间传承的刺绣技艺,是苗族妇女勤劳智慧的结晶。精美绝伦的刺绣和璀璨夺目的银饰让人赞叹不已。苗族的刺绣工艺技法精湛，有双针锁绣、绉绣、辫绣、破纱绣、丝絮贴绣、锡绣等。刺绣的图案在形制和造型方面，大量运用各种变形和夸张的手法，表现苗族创世神话和传说，从而形成苗绣独有的艺术风格和刺绣特色。苗家妇女擅长纺织和刺绣，清《古丈坪厅志》中有苗家妇女"能刺绣"之句。苗家女孩四五岁时就跟着母亲、姐姐和嫂嫂学绣花。到了七八岁时，她们的绣品就可以镶在自己或别人的衣裙上了。苗族姑娘好刺绣，传说与苗族人南迁的历史密切相关。传说有位叫兰娟的女首领为了记住迁徙的经历，想出了用彩线记事的办法，过黄河时就在刺绣上绣条黄线，过长江时绣条蓝线，翻山越岭时也绣个符号做标记，到最后抵达可以落脚的地方时，从衣领到

苗绣传承人胡凤清
（古丈县住房和城乡建设局　供图）

裤脚已全部绣满。后来，苗家姑娘出嫁时都要穿上一身自己亲手绣制的盛装，为的是怀念故土，纪念英勇聪慧的前辈，同时也为了承继前辈流传下来的这份美丽。苗绣以五色彩线织成，图案以几何纹样为主，并以花草图案配之。图案形制多为方形、菱形、螺形、"十"字形、"之"字形等。当地苗族妇女刺绣时不打底稿，也不必先描画草图，全凭自己的悟性、娴熟的技艺和较强的记忆力，数着底布上的经纬线挑绣，形成一个丰满的绣品。

绣苗绣离不开针线，关于针线有一项令人叹服的技艺，那就是用舌尖穿针引线。曹家村的龙英花，80岁，从小失明，但不仅能生活自理，还有一手绝活，即可以用舌尖穿针引线。这项绝活主要是将钢针含在口中，用舌尖将线穿进针眼，进行缝补，实在令人叹服。

6.打花带

打花带是苗族手工艺特色，关于其起源，已无确定年代可考，但其故事

打花带传承人胡春香(中)
(古丈县住房和城乡建设局　供图)

在民间流传有很多版本。相传几千年前,生活在深山峡谷中的苗家人常常遭到蛇的伤害。后来有一个聪明的苗家姑娘想到一个办法,即用五彩的线织成一条窄长的带子,远远望去和蛇很像,蛇便以为是自己的同伴,于是就不再伤人。她将这个方法告诉大家,于是大家纷纷仿效,使用这个方法后,果然没有再受蛇的伤害。从此,一传十,十传百,一代代传了下来,变成当地的一个习俗。

打花带是湘西民间传统工艺的瑰宝,是一个小巧精致的手工工艺,也是苗族纺织工艺中最复杂的一种,是苗族妇女智慧的体现。一个简单的双"X"形木绷架,一把磨得锃亮的铜刀或牛骨刀,就能把丝线编织成生动的图案。打花带的材料有棉线和丝线两种,花带的图案和花纹完全是由事先安排好的固定了的经线和随时变化的纬线一次织成,没有底样,与绣花、挑花迥然不同,更具民族特色。曹家村的苗族妇女是打花带的能手,姑娘在五六岁时就开始坐在花带木绷架前手持牛骨或铜链学习编织了。花带主要用于自身的装饰,如围裙带、花裙带、背带、腰带等。花带一般长2米左右,宽一寸左右,用经纬线织成,经线为21蓬或29蓬,再用纬线随意编织。织带越宽,花纹图案越复杂,有简单的菱形花和犬齿花,也有复杂的"双龙抢宝"、六耳格等。它们都色彩艳丽,花样有花果、蝴蝶、蝙蝠、文字等,纹样纷繁,色泽典雅,可谓艺术珍品。打花带没有图样,工艺复杂,难度很大,但苗族妇女仍能掌握。手巧的姑娘一天能织成一条长花带,是旅游市场的精品。花带不仅是苗族妇女智慧的结晶,也是赠给情人的信物,寄托着男女之间美好的感情。

7. 传统医药

被称为"大泽"（学名为泽兰）的苗药,在春秋战国时期的文献中经常出现,被称为"菖蒲"的苗药,是春秋战国时期常用的药物,但苗药被人们重视还是近代以后的事。

在曹家村,苗医已有100多年的发展历史。在长期的生活中,苗族人对药草的品种、属性更加清楚,加上前人的经验,使苗医发展逐渐成熟。目前,曹家村有确定的苗医传承人。张安金是曹家村的苗医传承人,他祖上三代都是苗医。他常用推拿、吸筒、口呼、敷药、饮药等方式给病人治病。他擅长治疗跌打损伤,曾经为村里一位大腿粉碎性骨折的女性治疗,使其恢复健康。张安金的医术不仅令周围的人敬佩,也吸引了很多人跟随他学医。张林盛便是其中之一,20世纪80年代高中毕业后,他就跟张安金学习苗医,现今已从医30多年,曹家村的卫生室就是由他负责。张林盛学习了苗医后,不仅能够熟练运用苗医知识为病人看诊,还积极进行思考和总结。他在学习苗医多年后针对在行医过程中遇到的问题,结合平时对中西医的了解,提出了苗医革新的主张。

曹家村非物质文化遗产名录

序号	项目名称	项目类别	保护级别
1	苗族鼓舞	传统舞蹈	国家级
2	打溜子	传统音乐	国家级
3	赶秋	民俗	国家级
4	苗绣	传统技艺	国家级
5	苗家八合拳	传统体育	省级
6	打花带	传统技艺	省级
7	苗族医药	传统技艺	省级

8. 习俗

曹家村人讲礼仪、重情谊,无论是婚丧嫁娶,还是人情往来,都非常注重礼节。

(1) 结婚习俗

在婚姻方面,曹家村人讲究门当户对,媒妁之言。结婚必须经过媒人介绍(或自由恋爱)、吃开口酒、看屋、测八字、吃定亲酒、下聘礼、举行结婚仪式等一系列复杂程序,才算完成。

吃开口酒,即男方托媒人或其他亲戚朋友到女方家认亲。看屋,即吃完开口酒后,女方由媒人或除其父母以外的其他主要长辈,如伯母、婶娘陪同,到男方家看屋。将媒人向女方介绍的情况进行实地调查了解,看是否与媒人讲的相符。在了解男方和男方的家庭情况后,还要了解男方家的居住地环境、位置等,看是否好"讨吃"。要是看到的与媒人介绍的基本一致,这门亲事就可以初步定下来,然后把女方的态度向男方反馈。有的人看屋后,发现了解的情况与媒人介绍的不相符或相差太远,女方回到自己家后,没有及时向男方"过信",这门亲事也就到此为止。看屋后,若男方得到女方认同,便及时请测字先生推算男女双方的生辰八字,看是否相克或相冲。一般情况是属羊的不与属鼠的相配,属狗的不与属鸡的相配。有这样的谚语:"从来白马怕青牛,羊鼠相逢一旦休;蛇见猛虎如刀断,金鸡见犬泪双流;龙见兔子云端去,猪遇黄猴不到头。"当然也要看出生的时辰是否相克。测八字时,男方主动派人到女方家了解女方的生辰八字,要是基本相配,这门亲事基本就定下来了,择日再吃定亲酒。

吃定亲酒一般择吉日吉时,男方准备半边猪肉、4担大米、4段上等的布料,20~40斤白酒(数字只双不单,有成双成对之意),将这些物品送到女方家,并派最有权威的家族长辈到女方家正式定亲,结为亲家,日后称呼也随之改变。女方将男方送来的礼一部分送给家族直系长辈,一部分用于吃定亲酒。并把直系长辈全部请来与男方家来的长辈见面,吃定亲酒。吃定亲酒时,女方长辈向男方提出一些要求,如何时结婚、结婚后要善待女方等,然后双方协商结婚事宜。

经过吃开口酒、看屋、测八字、吃定亲酒后,便可考虑结婚了。结婚非常讲究,因为这对男女双方来说是终身大事。酉水一带的结婚习俗大体相同,都离不开送礼、迎亲、送亲、过门、入洞房这些程序。既注重每一个程序的形式、内容和过程,又注重双方家庭地位。结婚过程是,首先由男方派说话算数的长辈两人到女方家商定结婚日期,送礼种类、数量,以及派多少人迎亲等事宜。一般情况下,有多少嫁妆,就派多少人来迎亲,嫁妆越多,迎亲的队伍越大,越吉利,仍以双数为上。迎亲的日子一般选择阴历的双数日子。

男女双方家庭在选定的日子前各自准备,男方家最紧要的事情,一是准备送给女方家的结婚礼品(彩礼),包括衣服、布料、猪肉、大米、上等米酒以及礼金(现金),要求带"八"数。二是收拾婚房,将做婚房的房子里里外外打扫干净,有的重新刷漆,并确保房子周围无杂草和垃圾。在大门上贴上结婚对联,在窗户上贴上窗纸,张灯结彩,一派喜庆景象。三是准备请柬,给周围乡亲和亲朋好友下帖子,并委派专人送上门。对于特别重要的亲戚,除送帖子外,还要由男方家的主人亲自上门告知,以示对对方的尊重。四是确定迎亲队伍人选。迎亲队伍一般有押礼官(有的地方称娶亲大哥)一人、提马灯一人、搬帐子一人、背被子若干人、抬家具若干人。押礼官的选择是非常讲究的,一是要求儿女双全,二是能说会道,有威望。迎亲队伍多由未婚青年男女和陪亲女方长辈组成,男女各半,人越多越气派,排场越大越好。五是准备婚庆宴席。酉水沿岸非常讲究宴席的规模和档次,来者都是客,不能得罪和怠慢。宴席准备中又分几拨:厨子4~6人,采买4~6人,打杂8~10人,导席8~10人,光这拨人就得三四桌来打发。一般家庭的宴席上是五荤五素,共十道菜,有条件的家庭是八荤八素,共十六道菜。荤菜有鸡、鸭、鱼、猪脚、红烧肉、扣肉、牛肉、粉丝肉丸等。喜宴千万不能吃羊肉、狗肉,这是一条规矩,也是最大的禁忌。婚宴要提前准备,所以采买和厨子要提前三天进屋。多数家庭是自己杀猪、杀鸡、杀鸭,没有和不足时才外购。酒水一般是当地上等的米酒,有条件的人家多用瓶装的好酒。

女方家需要准备的比男方家更复杂,分前三天、后三天。前三天必须做一系列准备工作,如"起鼓""哭嫁""过门"。女方父母为了女儿出嫁,用很长时间来准备嫁妆,如衣柜一对,条桌四张,椅子八把,床一架,条件好的家庭还会打制五滴水牙床,全部是实木雕刻打制的,十分精致。仅一张五滴水牙床就得花上一二百个工日,上面雕有"五福临门""梅兰竹菊""福禄寿喜""多子多福""松鹤延年"等各种图案。酉水一带的雕刻主要是穿雕,刻工精湛,图案栩栩如生。条件好的家庭连桌、凳、梳妆台也用实木雕刻而成。除家具外,还要打发8床、12床、16床被子。被面用上等绸缎面料,里被由男方准备,一般为纯棉白布。随着时代变化,有的打发电器和其他高档生活用品。凡家庭必须用的全部打发,以免女儿在婆家吃亏或者让人看不起。经济条件稍差的家庭打发不了全套,打发一部分,但也得讲究质量。

"起鼓",也就是人们常说的架势、嫁女开始。从这一天起,重要的亲朋都来帮忙,有的准备酒席,有的为新娘准备新衣、新被、新鞋和新帽,从里到外全部一新,就是出门用的花伞也要慎重挑选,不得出半点差错。娘家专门为女儿挑选4~6名平时与女儿关系非常好的姊妹,陪女儿做出嫁前的准备,相互传授过门要注意的规矩,以及化妆、穿戴、怎么孝敬公婆、怎么与家人相处等技巧。嫂嫂或其他已婚女人还专门教给将过门的新娘一些女人要注意的生理知识和其他知识。从"起鼓"这天起,女儿知道就要离开生她养她的父母了,格外舍不得。越是这样想就越感到在家时对不住父母亲,越想做家务,以最后报答父母的养育之恩。越是这时父母越不想让女儿做事,快要成为别人家的人了,舍不得让女儿受苦受累,女儿到婆家后有做不完的事情,让女儿休息几天,做父母的心里才好受些。此时,还有哭嫁的环节,陪女儿哭嫁的除了母亲,还有伯母、婶娘、姊妹。

迎亲是嫁娶过程中的重要环节。迎亲场面控制得好坏全靠押礼官。押礼官在整个迎亲过程中充当主持和领导的角色,所以有迎亲队伍好找,最难寻的是押礼官之说。押礼官必须是男性,年龄在40岁左右,相貌出众,有文化,能说会道,应变能力强,以把人平安迎回来为最终目的。

押礼官必须沉着应对各种突如其来的"干扰"和"拦门"。喝拦门酒是酉水一带的习俗,迎亲队伍中必须有几个或十几个能喝酒的人,包括押礼官在内,需要边喝酒边与新娘家设拦牵头人说"四言八句"。押

曹家村拦门酒墙绘(李涛 摄)

礼官既要能说会道,应变能力强,又要有一定的酒量,不然的话,新娘没见到,自己喝醉了,反而会误事情。

迎亲一般是晚到早出。迎亲队伍无论人数多少都不安排住宿,而是与新娘家的人通宵达旦地玩。"找莫毕"一般发生在娶亲环节。"莫毕"是土家语,意为"虎仔""猫仔",在迎亲队伍中是迎亲的主管,也是新郎的代表。黄昏时,一群陪嫁姑娘满手涂上锅底灰,乘"莫毕"不注意,往他脸上抹。有时姑娘们共同围住"莫毕",使之躲闪不开,有的姑娘不一定往"莫毕"脸上抹锅底灰,迎亲队伍中的任何一个小伙子,都可能被抹成黑脸,被抹的小伙子只能躲闪或用手抹下脸上的黑灰乘机往姑娘脸上抹,但不能主动进攻。这种找"莫毕"的习俗体现了男女自由相恋的婚恋观,往往在这类活动中,青年男女暗结意中人,为日后的婚姻打下基础,虽然饱受一晚"折磨",但不到天亮,即鸡叫"三更"就开始发亲。就是一人一件,大件几人一件,把打发的嫁妆抬回新郎家。用八抬大轿抬新娘,上轿前由新娘的母亲代表全家打发上轿礼,然后

由新娘的亲兄长背新娘上轿。新郎官与提马灯、搬帐子的人先进屋，以便铺床、挂帐子。紧随着的是背正被子、挑担家具或其他搬嫁妆的人。新娘出门时燃放鞭炮，一路吹吹打打，好不热闹。根据路程远近，天不亮或天刚亮时必须将新娘抬进屋。新娘上轿前和下轿时都必须用红花伞遮面，不能让外人看见。下轿时男方要给新娘打发下轿礼、新娘对新郎父母的改口礼等。新人的被子分正被子和副被子，正被子必须在新娘进房前铺好，由两名已婚并生育有男孩的妇女负责理铺，她们铺完新床后，还给新人礼金，表示早生贵子。婚宴时，新郎、新娘双双到每一桌来宾前敬酒敬烟，感谢亲朋光临。新娘捧着新做的布鞋和红色鸡蛋逐一送上，但不是个个来宾都有，主要是给男方重要的长辈。长辈接纳新鞋时还得送上小礼。婚宴结束后，才将新郎、新娘送入洞房。

（2）传统丧葬习俗

曹家村的传统丧葬习俗也很讲究。凡年满60岁以上的老人去世，最短也需要停放三天（即"三早"）时间，少于"三早"的，别人会骂其子女不孝。酉水一带湖北、湖南、重庆的临河地区多数也按此规矩办理丧事。凡家里有60岁以上的老人去世，这户人家必须在大门上方贴上"当大事"三个大字，就是告知周围村寨七亲八眷及邻里乡亲家里有老人过世了，要当大事来对待。得知不幸消息后，亲朋好友都会自发前来帮忙。首先确定一名有威望的长者主事，主持全盘大小事务，并且村寨中所有的事都要为此事让路，以此事为大。

主事要做的事太多，首先是在堂屋准备停放"老屋"（棺材）。把堂屋正前方的大门（农村木屋的大门一般是4块）全部拆下来，拓宽通道。堂屋中间从神龛往外摆上长1米、宽15厘米、高50厘米的两条长凳子。然后请人将已准备好的"老屋"摆放在长凳子上。"老屋"两头要突出一尺左右，打开"老屋"的盖子清扫内堂，看是否有灰尘和其他杂物，同时看内堂的漆是否脱落。"老屋"一般分为十一盒和十三盒。十一盒"老屋"是用11根较大的杉木做成，底板有3根木头，两墙各有2根木头，盖子有3根木头,两头挡墙将1根长木头分成4段用。十三盒"老屋"用稍小的杉木做成,底3根,盖3根,两边墙各3根,两头挡墙将1根木头分6段用。内空一般长不小于4.8尺,不超过5.1尺,宽不小于1.25尺,不超过1.35尺,高不小于1.25尺,不超过1.4尺。有名气的老木匠在做"老屋"时,知道该"老屋"是不是这屋主人用,但就是不讲,如果讲了主人会有些不好的想法。其次是给死者洗澡、穿寿衣。寿衣从里到外全部是新衣裤,一般是10年1套,即60岁穿6套,70岁穿7套,以此类推,且全部为单衣,不准穿夹衣,更不准穿棉衣。必须按一岁一根的要求用黑棉线捆裤腰。袜子一般只穿一双棉袜,布鞋是特制的老人布鞋,按男黑女红的标准来做。全部穿戴完毕后,还要把一小块银子或金子放进死者嘴里,一般用妇女首饰的一小段即可,叫做"含口银"。传说死者嘴含银子,阎王爷才收,在阴间才能被别人看得起。

"老屋"内把皮纸(草纸)折成三角形,一张压一张地摆放在棺底,形成鱼鳞状,死者有多少岁就折多少张纸。枕头下面摆放7块青瓦。准备完毕,就把死者遗体慢慢放进"老屋",再盖上寿被。脸用纯棉小方巾盖上,将死者穿过、用过的衣服及常用物品放进"老屋",扎紧死者四周内棺间隙。死者穿的新衣裤必须用燃香烧一个小孔,做上记号。人们认为严格按照这些要求来做,才能保证这些新衣裤死者能穿到自己身上,否则可能会被阴间其他恶鬼抢了去。把死者遗体放进棺材后,将棺盖半闭半开,斜放在棺木之上。等死者的所有亲人到齐后见最后一面,再择时闭棺。道士闭棺时口念一套经文,然后用8颗方钉将棺盖钉牢。死者所有的子女和晚辈都必须披麻戴孝,用草绳捆腰,以示哀悼。男人的须发再长也不能剪,待孝期过后才能理发,女人不准穿颜色鲜艳的衣服吊孝。

灵堂的布置也有讲究。停放3天的简单些,停放5天为"小事务",停放7天以上为"大事务"。"小事务"以上,灵堂门前的图文佛语、经幡条幅的布置是很有讲究的,全部由道士和帮忙的行家里手手工制作,其程序和规矩多,内容十分丰富。道士念经、做法事,基本按照这户人家的条件来确定道场的时间、内容及场面的大小。基本程序为"开路""传灯解结""天女散花""绕棺""唱孝歌""出殡"等。不论几天几夜,灵堂内灯火、香火不灭。出殡的前一天晚上叫"大葬夜",其家人通宵不睡。下葬后,帮忙的人和亲朋好友才能吃肉喝酒。白事一般都杀猪、宰羊,以猪血、羊血祭奠亡人。

安葬死者时也有许多讲究,要认真选择墓地,当地人认为如选择风水宝地,日后家族可出人才,会发展得越来越好。一般情况下,墓地比活人居住地的位置要高。民间素有坟对包、屋对垭之说,即选择坐南朝北,或坐北朝南的位置。墓的前方要空旷、视野好,后面要顺山脊龙脉作"靠山"。道士对何时出殡、何时下葬都有时辰要求,不得提前或超时,违反了会犯"重伤",这些都是长期流传下来的习俗,一直沿用至今。出殡时由长孝子搬灵牌,由次孝子双手捧死者的遗像,其他孝子贤孙跟着送葬队伍慢慢前行。抬棺人一般为16人,前8人后8人,边抬棺木边闹烟酒,如有意整孝男孝女,不管怎样嬉闹都不能影响下葬时间,这是原则。抬棺前已知道何时"下井"(即下葬),帮忙的人一般视情况而定。要是儿女平时不大孝敬老人,人们就偏在这时整一整不孝儿女,要是儿女平时非常孝敬老人,关心老人,人们也就要闹一阵了事。

安葬后,孝男孝女要按原路返回,且边走边喊亡人的尊称,一路喊回去,一直到进屋。进屋后,全体儿孙在堂屋等着道士"安神",道士把死者的遗像和灵牌放在神龛上,烧香烧纸完毕,整个悼念活动才算完成。从安葬这天算起,要连续三天到坟上烧夜火,以给亡人做伴,人们认为亡人初来乍到,怕其孤独。新坟三年,家人必须祭社,替代挂亲,三年期满后,清明时祭奠即可。

当地习惯红事不杀羊,白事不杀牛。随着社会变化,有些习俗也有所变化。其中一些婚丧嫁娶的习俗也逐渐精简,并掺杂进一些现代化的东西。

三、自然资源

曹家村四周林木蓊郁,特别是百年古木榉木群立于村头和峡谷,实为护寨风景林。除此之外,曹家村中散落着不少百年古树,树种多样,数量可观,有豆梨、朴树、榆树、南酸枣树、黄连木、枫香树等。其中树龄最长、最令人惊叹的是一棵树龄350年的双生黄连木,其一半木头已经被小动物啃食和风雨侵蚀,但依然坚挺。据村里人介绍,早些时候这棵树是两棵独立生长的树,后来经历雷电暴雨后,它们互相搀扶,逐渐融为一体,村民将其视为坚贞爱情的象征。2016年12月14日,古丈县人民政府对曹家村的古树进行了集中性保护,古树都被挂牌给予保护。

曹家村古树群(石子 摄)

四、历史事件

旦武营在历史上属于中国南方长城的一端,是战略要地。而曹家村就是旦武营的后粮仓。这里崇山峻岭,第一次进入的人经常找不到正确的方向。据说,民国时期有土匪从外地过来想打劫,刚过旦武营时,好似看到了涌动的前来抵抗的人群,于是放弃攻打,灰溜溜地逃走了。此事发生后,当地人都认为此处地理位置优越,是一个安全的居住地。

五、村规民约

村规民约在苗族历史上发挥了重要作用,对村寨治理和村际村民关系的和谐发挥了积极作用。即使是在今天,若有村民违反村规民约,依然会受到相应的处罚。曹家村的村规民约内容新颖,使用了三字经的形式,读起来朗朗上口、通俗易懂,简洁明了地对村民的日常行为做出了相应的规范。其内容如下。

咱们村　是宝地　将你我　来养育
建设好　新农村　本条约　要牢记
建房子　经审批　遵章法　守规矩
河长制　勤巡河　有问题　快处理
娶儿媳　嫁女儿　破旧俗　立新意
清明节　文明祭　既庄重　又省钱
邻里间　有情谊　互帮助　如兄弟
讲文明　行礼义　宽待人　严律己
讲卫生　好习气　环境美　有秩序
倒垃圾　不随意　砖瓦柴　摆整齐
猪狗羊　鸡鸭鹅　要圈养　多管理
此条约　大家立　执行好　都受益

第九章
曹家村

曹家村村规民约（李涛　摄）

曹家村的村规民约和其所处的地理位置、风俗习惯有着紧密联系。由于村中的民居依山而建，山脚下有一条河流过，这条河对于村民的生活有着极其重要的作用，因此曹家村设立了巡河制度，才有村规民约中的"河长制，勤巡河。有问题，快处理"。另外，村中一直沿用有苗族特色的婚丧嫁娶习俗，但是随着时代的发展，有些习俗已经不能适应时代的要求，因此在新的村规民约中规定："娶儿媳，嫁女儿，破旧俗，立新意。清明节，文明祭，既庄重，又省钱。红白事，要节俭，革陋习，树新风。"总之，曹家村的村规民约简洁明了，句句落到实处，对村民有着切实的约束作用，对村子未来的发展也起着一定的导向作用。

附录　苗药始祖:药王爷爷的传说

湘西苗族医药源远流长。据传,苗族医药的始祖是传说中的药王爷爷。传说药王爷爷是一个有翅膀能飞翔的神人。他周身透明,状如玻璃。他不辞艰辛为人们"岔税岔噶"(寻找药方)。因为他周身晶莹剔透,所以每尝一味药,可见其气(药汁)在体内蹿行的情况。其气行到哪里并起作用,就是治哪个部位的药物。不幸的是,药王爷爷下山时尝了一股草药,顿时口中发麻发辣,全身麻木,大脑失去了控制全身器官的作用。醒后,他回忆当时的情况说"大别浪耿"(脑壳像烂了一样),就把这味药记为"别耿"(头烂)。同行的人说:"哎呀,药王爷爷,你喝了水,全身都乌啦。"他一看,果然,全身不再透明,又把这味药叫"草乌"。从此,他尝药时就无法看见药气在体内蹿行的路线和发生的变化了,全凭舌、鼻、眼来区别。药王展翅能飞遍天下,变龙能潜入大海,无所不至。至今,在湘黔交界的地方,仍有"一个药王,身在四方;三千苗方,八百单方"的传说。《山海经》曰:南方"有人有翼,名曰苗民"。苗族的药王爷爷就是一个有翼的苗家人,或者叫作苗家人智慧的化身,理想的产物。①

(本章由王潇撰写)

---

①《湘西苗族》编写组:《湘西苗族》,湖南:吉首,团结报印刷厂,1982年。

第十章　窝米寨

窝米寨距离古丈县城15公里,东面和南面临吉首市,西面接大寨村,北面与窝瓢村接壤。四面环山,万源河贯穿其间,另有一条小溪绕寨而过。村寨内房屋鳞次栉比,布置紧凑,寨子中间的古街道与小街巷形成"井"字形布局。村域面积15平方公里。窝米寨具有完整的村落空间格局、典型的传统建筑、丰富的非物质文化遗产、浓厚的传统民俗风情。2019年6月,窝米寨被列入第五批中国传统村落名录。

一、村落概况

(一) 地理生态环境

窝米寨隶属湘西土家族苗族自治州古丈县坪坝镇溪口村,是一个自然村寨。自然风光秀美,村前有一条清澈的小河,村旁是秀美的大山。窝米寨位于山上,地势险要,村中的道路几乎全部是由青石板铺成的,有一级一级的台阶。窝米寨紧挨大山,很容易受到滑坡、泥石流等自然灾害的影响。近年来,自然灾害发生得更加频繁,窝米寨的村民也被集体迁至山下的安全住宅区。窝米寨四季分明、气候温和、雨季明显。年平均气温16℃,35℃的高温日数年平均15天左右,气温低于零下5℃的严冬日数年平均0.7天。全年日平均气温10℃以上的作物生长期为240.8天,积温4997℃。常年降水量为1475.9毫米,雨水比较均匀,对作物生长有利。

窝米寨一隅(坪坝镇政府 供图)

(二) 村落来源

据说窝米寨最早形成于元代以前,目前仅能在寨子中遗存的古街巷、古庙、古宅等传统建筑中寻找历史元素。清光绪三十二年(1906年)《古丈坪厅志》记载"窝米,城南三十里,苗地,两峰并峙,高耸入云。土人相传山顶昔建有古庙,年久朽坏,仅存砖瓦遗迹",亦载"窝米七月七喜鹊桥会,内外功全保,各寨立有土王庙"。另外,实地调查得知,当地流传着关于窝米寨来源的传说。

相传清末的时候,有向氏八兄弟从江西迁徙到沅陵,之后他们在沅陵建立了莲花池。莲花池建成之后,向氏八兄弟便按照年龄大小分为八房八族。后来为躲避战乱,向氏八兄弟迁徙到坪坝乡溪口村,溪口村拥有较好的居住环境,他们决定在此定居。到民国时期,溪口村向氏族人发展太快,导致生活资源匮乏,于是他们逐渐向附近扩散,窝米寨就是由向氏五房和六房的后人繁衍而来。目前窝米寨村民主要就是向氏族人,至于村中的张姓族人,也有相关的说法。向氏五房和六房的后人在窝米寨定居后,生产工具仍需到外面购买,由于当时交通不便,他们便邀请拥有较高打铁技艺的张氏到窝米寨生活。他们的诚恳和热情打动了张氏,张氏于是随之迁徙到窝米寨,至今窝米寨中仍有掌握打铁技艺的张氏后人。至于"窝米寨"名称的来源,目前尚未找到相关的史料记载,民间有传说"保靖吕洞山与窝米相争阿婆山,互相交战,吕洞山将窝米之帽砍落于此,此地故名窝米"。另外,根据村民解释,"窝"是取苗语"拉"的谐音,"窝米"就代表了村民们丰衣足食的愿望。

(三) 村落人口

窝米寨村民以土家族和苗族为主,也有少部分汉族。目前,窝米寨有200多户,户籍人口570人,常住人口502人,以向姓、张姓为主。寨子中80%的年轻人外出务工,主要集中在湖南的吉首、长沙以及浙江等地,春节期间返回家中。

(四) 物产与特色产业

窝米寨生态环境优良,产业发展方向为生态农业和产业化建设,以农业为主。主要农作物有水稻、玉米、小米等,主要经济作物有烟叶、茶叶、木材等,同时也有部分养殖业。

(五)经济社会发展状况

1.教育

窝米寨有一所幼儿园,大概有6个学生。有一所小学,开设至二年级,其中一年级和二年级分别有2个学生,村里其余的小孩都到镇上上学了。

窝米寨小学(石霞锋 摄)

2.医疗

窝米寨卫生室位于老村部,仅能满足村民基本的医疗需求。

3.能源设施

村民以烧柴为主,少部分使用煤炭或者液化气。

4.农田水利设施

农田基本靠引溪流、池塘的水、山泉水灌溉,可满足农业生产灌溉需求。

5.公共服务设施

国家实施精准扶贫政策以来,窝米寨的各项公共服务设施有很大完善。其一,窝米寨已经实现石板路和水泥路全覆盖,但目前尚无停车场,车辆主要在路边停放;其二,村村通自来水在窝米寨已经实现,但雨水和生活污水的排放尚未进行统一规划;其三,太阳能路灯安装覆盖窝米寨全寨;村内用电设施基本完善,电力来源为龙鼻电站;其四,窝米寨建有移动信号塔,寨子内手机信号较好,但网络设施的完善度不高,仅有几户人家接通了无线电信网络;其五,老村部处安装了乒乓球桌、健身设施等,以及修建了篮球场;其六,窝米寨共有3个垃圾收集池,其中位于村口的垃圾收集池以焚烧垃圾为主,对全寨的垃圾进行焚烧处理,无专门的保洁员。

(六)村落空间格局

窝米寨寨前小溪(石子 摄)

湘西苗族人在长期的生产生活中,形成了与当地自然环境相适应的农耕生计方式,并基于此构建了聚居式的村落布局形式。以前,窝米寨村民主要依靠手工劳动的传统农耕方式谋生,生产力水平落后,对土地等自然环境资源依赖性强。因此,窝米寨的村落格局具有三个特征:一是山多田少,使得村落空间结构以人让地为布局原则。据窝米寨的村民介绍,目前村中每人可分到5分至7分田,其余都是山林或者山地。为了保证在合理的耕作半径内有足够的田地来种植粮食,窝米寨的房屋以不占用耕地为基本原则,均匀地分布在山地的等高线上。房屋密度大,村民多毗邻而居,主屋外有厕所、圈舍和堆棚等。庭院面积大小视地形而定。村中有10余条巷道,主路宽1.2米左右,宅间道路多在1米以内,狭窄处两人通过时需要侧身通行。二是窝米寨以血缘、亲缘为纽带的聚居模式明显。聚居模式有利于村民抵御土匪掠夺。解放前夕,湘西匪患严重,窝米寨村民利用寨子险要的地势,建筑围墙抵御土匪。三是窝米寨的村落布局彰显出村民的生态环境保护意识。农耕时代落后的生产力使得村民对大自然高度依赖,在长期适应和利用大自然的过程中,形成了与生态环境相适应的生存法则。

(七) 村落民风

窝米寨淳朴的民风主要体现在三个方面,即秉承孝亲思想、推崇村民议事会制度、制定村规民约。

1. 秉承孝亲思想

湘西的苗族人一直秉承安身立命、孝敬父母、光耀门庭、惠及乡邻以及服务社会等方面的孝亲思想,窝米寨的苗族人也不例外。向某某是窝米寨的一个苗族小姑娘。她的母亲患有间歇性精神分裂症,全靠父亲一人负担这个沉重的家庭。年幼的向某某和同龄孩子并没有太大差别,但她身上却有着同龄人没有的懂事和坚强。为了帮助父亲减轻负担,她默默地贡献自己的一分力量。她努力做好每一件家务,特别是承担起照顾妈妈的责任。妈妈病情发作时,她会想尽办法安抚妈妈;妈妈病情稳定时,她会陪妈妈看电视,跟妈妈说自己在学校的开心事,买小礼物给妈妈……虽然生活在这样的环境中,但她的学习成绩一直在班上名列前茅。她就像一朵顽强盛开的莲花,母爱的缺失并没有阻碍她的温暖成长。面对生活的困难,她并没有退缩,而是用自己瘦弱的肩膀撑起家庭的希望,用孝心为患病的母亲撑起一片天空,她用行动诠释了"最美孝心少年"的含义。

2. 推崇村民议事会制度

村民议事会是村级自治事务的常设议事决策机构,根据村民会议、村民代表会议授权,行使村级自治事务决策权、议事权,讨论决定村级日常事务。

窝米寨的村民议事会主要由村支"两委"成员、"两代表一委员"、村民代表以及村辖区内其他经济、社会组织的负责人、法定代表人组成。村党支部书记是村民议事会的召集人,其拥有表决权。村民议事会成员的选举、罢免和补选在村党组织领导下进行,其结果应向全体成员公告。任何组织、个人不得制定村民议事会制度,不得强迫他人选举、罢免村民议事会成员。村民小组中五分之一以上有选举权的村民联名可以提出罢免本村村民小组选举产生的村民议事会成员,应当有罢免理由,并需要书面提出,被提出罢免的村民议事会成员有权申辩。罢免动议由村党组织受理,村党组织应对罢免理由进行调查核实,并及时召开村民小组会议,通报调查结果。村民议事会成员经常无故缺席村民议事会会议或不认真履行责任的,由村民议事会提议,经其所在村民小组会议通过,终止其议事会成员资格,并补选村民议事会成员。议事会成员在任职期间亡故、户口迁出且不在本村从业,已经失去其原有代表性或本人自愿辞去议事会成员资格的,由村民议事会提议,其议事会成员资格自然终止,并补选村民议事会成员。违反法律法规,受到党纪、行政处分或法律制裁的,违反有关政策或阻碍政策执行造成不良影响的取消其议事会成员资格。

村民议事会在授权范围内可以撤销和变更村民委员会不适当的行为,村民议事会负责讨论村级组织和村民提交的议题、本村公共事务和涉及本村集体公益事业的事项、村委会的工作报告、村财务收支报告、村各项重大工作的实施方案和涉及村民利益的其他事项。村民议事会成员具有提出村民议事会、村民小组议事会职责范围内的议题;就议题充分发表意见,进行表决;就涉及本村(组)利益的事项,向上级政府提出政策咨询,并要求答复;对村民委员会、村民小组长的工作进行监督,并提出咨询等权利。村民议事会成员需要遵守宪法和法律法规;按时参加会议,遵守议事规则;保持与村民的密切联系,全面、真实反映村民意见;带头执行并教育、引导村民执行村民会议和村民议事会决定,跟踪了解决议执行情况;

尊重其他议事会成员发表意见的权利；自觉接受村民监督；属于自治组织义务岗位，不享受固定报酬和待遇等，为村民服务。

3. 制定村规民约

咱们村是宝地，将你我来养育。建设好新农村，本条约要牢记。
建房子经审批，遵章法守规矩。河长制勤巡河，有问题快处理。
娶儿媳嫁女儿，破旧俗立新意。清明节文明祭，既庄重又省钱。
红白事要节俭，革陋习树新风。邻里间有情谊，互帮助如兄弟。
讲文明行礼仪，宽待人严律己。讲卫生好习气，环境美有秩序。
倒垃圾不随意，砖瓦柴摆整齐。猪狗羊鸡鸭鹅，要圈养多管理。
此条约大家立，执行好都受益。

从窝米寨制定的村规民约中可看出，在全面推进基层治理法治化，构建乡村自治、法治和德治相结合的乡村治理体系过程中，村规民约以其独特的作用方式彰显出其在乡村治理中的重要价值。

二、文化遗产

（一）物质文化遗产

1. 传统建筑

窝米寨民居是古丈县典型的苗族民居，寨子中以苗族木结构建筑为主，有少量的砖木结构建筑。现存约97栋木结构建筑，其中明代建筑1栋、清代建筑2栋、民国时期的建筑23栋。这些建筑一般由主屋和吊脚楼两部分组成，吊脚楼多与主屋成直角，呈"L"或"U"形布置。主屋边上还有附属屋，如灶屋、牛栏、猪栏、厕所等，它们与主屋并列，沿山体等高线独立设置。房屋前面开辟庭院作为晒谷坪，是晾晒谷物和进行室外活动的场所。因此，窝米寨的传统民居在条件允许的情况下经

第十章
窝米寨

常做成场院的形式,有的房屋还修建了低矮的围墙,前面设置一个小型门楼,称为"朝门",院内是晒谷坪。根据当地的讲究,朝门与主屋朝向不同。

窝米寨的传统民居主要为木制穿斗式结构,与其他少数民族的穿斗式木结构不同的是,窝米寨的传统建筑在穿斗式木构架的基础上再加斜梁。所谓斜梁,就是在柱子和瓜柱的顶上,沿着屋架的方向,顺屋顶坡度放置一根圆木,从屋脊一直延伸到檐口,这根圆木就是斜梁。和一般穿斗式构架不同的是,檩子放在斜梁之上,而不是放在柱子或瓜柱之上。如此,斜梁之上的檩子和斜梁之下的柱子、瓜柱就不必一一对应,整个屋架就有了较大的自由度。这是苗族传统建筑在结构形式上最突出的特点。

窝米寨的传统民居建筑中正房一般面阔三间,正中一间向内退进,在入口处形成凹口,称为"虎口"或"吞口"。大门在"吞口"正中,两侧各有一扇侧门。窝米寨的苗族人对住房的方位比较讲究,跨门进堂屋,正中埋有"龙宝",后面用木板隔出房间,为主人房间,其他为客房或收藏东西的房间。中间即为堂屋,堂屋左右会用一间来设置神龛,是祭祀祖先的地方。这个方位是长辈和老人的座位,年轻人不允许坐此位置。窝米寨的苗族人将堂屋和火塘设在屋子的中心位置。苗族人对火塘有着特殊的感情,《凤凰厅志》记载当时苗家人被迫迁徙深山老林,无房居住,只好栖身岩穴,或者搭棚为屋,避风躲雨,因为穷得没有铺盖,所以借助火塘烧火御寒。因此,各地苗族人的民居不论什么形式,都设有火塘,象征兴旺发达。窝米寨苗族人的火塘上还悬挂着腊肉,火塘中则放置由生铁铸

窝米寨传统民居(石子 摄)

造的三脚架,用来做饭或者烧水。火塘的安置要与房屋的中柱屋脊相对,祭祀的时候也要向火塘处烧香纸。

窝米寨苗族人传统民居建筑的修建一般需要经过选宅地、请屋神、施工、架屋梁、亲朋道贺、安龙谢土、营造大门7个环节。其一,选宅地。五行相克是窝米寨苗族人主要的选宅依据。民间谚语说"鱼住滩,人住湾",窝米寨背靠大山,山上竹木葱茏,山脚下有小河,河边有水碾,河上有小桥,充分展现了窝米寨人对自然的适应性。其二,请屋神。窝米寨苗族人在建造房屋前必须请有名的木匠师傅砍树备料,平整地基,做好前期的准备工作(现在倡导树立和践行"绿水青山就是金山银山"的理念,修建木制房屋砍树前需要向政府相关部门提出申请,得到允许才可进行砍伐)。木匠师傅受到邀请后,会选择吉日率众徒弟去主家山上伐木备料。其间需要备香纸、一块熟刀头肉、一壶水酒,用来敬山神,祈求山神保佑伐木顺利进行。伐木结束后,徒弟将木料抬进屋场,木匠师傅举行发墨仪式:主家拉墨线,木匠师傅在柱上拉直,用力一弹,墨线笔直均匀,则表示吉利,否则要重新发墨。其三,施工。按照木匠师傅的墨纹,将木料锯成节,并用斧头、凿子、刨子等将木料凿眼打榫,造房屋横梁。其四,架屋梁。新房立好之后要上大梁,上梁被视为一件很隆重的大事。首先,梁木的选择非常讲究,一般选用杉木、椿木、梓木等,因为这些树木的再生性很强,寓意兴旺发达。其次,梁木的砍伐需要选择两个儿女双全的人才合适,砍伐时要掌握倒向,只能倒向上坡,防止倒向下坡。再次,梁木砍伐后要系上红绸带,抬回工场放到木马上,不能放在地面上,直接由木匠师傅加工。窝米寨苗族人建房的梁木由娘舅赠送。上梁这天,娘舅家将梁木砍好,稍加修饰打磨,用红布包裹,请人抬到主家,主家则需要备鞭炮,到寨门前迎接梁木。窝米寨的苗族人上梁时还要唱上梁歌,同时主家会备上几筐用糯米做的彩色粑粑和各色糖果,从梁上撒下来。其五,亲朋道贺。新房建好后,各路亲朋好友纷纷前来祝贺,体现了苗族人热情好客的性格。其六,安龙谢土。窝米寨的苗族人在新房建好之后,会请当地比较有名望的老人来主持安龙谢土仪式。这个仪式包括请龙来、安龙位、敬龙神等程序。在新房中安神龛也是一件非常严肃且隆重的事情。神龛要高于大门框架,当地流传着"神龛高于堂屋门,子孙发在自家门。神龛低于屋门口,荣华富贵往外走"的说法。其七,营造大门。新房建好之后,苗族人请风水先生卜取吉日,并由舅爷和木匠师傅来进行系列规定程序,以示大门安装完成。

2. 古寨墙

寨子中间有沿着一条100多米长的古街巷分布的多处古寨墙,它们既是道路边的堡垒,也是传统建筑的坚实基础。古寨墙用石块垒成,历经多年风雨,如今寨墙上长满青苔,为窝米寨增添了一些古朴气息。

3. 古井

窝米寨现有3处古井,其年代久远,有着厚重的历史感,是窝米寨重要的历史建筑。目前只有一处仍在使用,其井水清澈见底,清爽甘甜。

窝米寨古寨墙和古石板路(石霞锋 摄)

4. 古街巷

寨子中有多条纵横交错的青石板街巷。

5. 古碾米坊

寨子东侧不远处有一处碾米坊遗址。

6. 土地庙

寨子中有3座土地庙,其中两座较小的土地庙修建在一起,为张氏和向氏五房后代所用,较大的土地庙修建在古树群不远处,为向氏所用。

(二) 非物质文化遗产

1. 苗族鼓舞

苗族鼓舞所用的鼓有两面鼓和四面鼓之分,由鼓框、鼓皮、鼓钉、鼓槌等构成。每逢农历"四月八"、春节前后、赶秋节、椎牛、庆丰收、婚嫁、迎宾等时,苗族人都会表演鼓舞。表演者双手握槌击鼓起舞,伴以敲边或击锣之声。男子模仿猴子滑稽的动作,女子则表演梳头、戴花、纺纱、织布等生产劳动和日常生活方面的动作,舞姿优美,鼓声清脆,给人以美的享受和向上的力量。

窝米寨人也喜欢跳苗族团圆鼓舞,其表演形式与丫角村基本相同。20世纪80年代,全国开展民族民间舞蹈集成编纂工作,经专家进一步发掘整理,团圆鼓舞选载于《湖南民族民间舞蹈集成·自治州卷》。每到农历腊月二十八,苗族人不管外出务工多久,离家多远,都要如期赶回家里过年。这天晚上,大家不约而同地向村口的大坪场汇集,场中摆一面大鼓,由一位德高望重的老人频频击鼓,众人围成两个圆圈,边跳边舞,不时唱起动听的苗歌,尽情表达亲人团聚的喜悦之情。团圆鼓舞一直要跳到正月十五才结束。鼓点铿锵,舞姿翩翩,苗歌悠悠,好一幅团圆过大年的欢乐情景。团圆鼓舞的舞蹈动作有大摆、小摆、细摆三种。大摆粗犷,小摆稳健,细摆天真,将苗族人热爱生活、祈求丰年的愿望表达得淋漓尽致。苗族团圆鼓舞对研究苗族历史、文化、习俗、迁徙等具有重要价值。

2. 打溜子

窝米寨的打溜子多用于土家山寨的结婚嫁女和其他各种喜庆活动之中,还衍生出"闹台锣鼓"和"高腔围鼓"等形式,深受群众欢迎。

3. 苗歌

窝米寨的苗歌普及度较高,村中50岁以上的村民基本都会唱苗歌。窝米寨苗歌内容来源广泛,有关于民族起源、授业劳作、山林狩猎、死亡丧葬、服饰首饰、婚姻嫁娶等的内容,可分为古歌、情歌、礼仪歌、生活歌等。窝米寨苗歌的演唱形式主要有独唱、齐唱、对唱和多声合唱等。独唱有男声独唱、女声独唱两种演唱形式。对唱中有男女对唱和两女对唱两种演唱形式。多人合唱时,有女声合唱和男女声合唱两种演唱形式。在此抄录窝米寨道士向伍元先生主持丧礼所作的《安神歌》。

  孝男孝女人利好　共同都来祝孝家　百年不能死一个　两百不得死一双

  卯时东方天要光　亡人也要早登仙　我想留你留一晚　既无龙被无龙床

  我想留你吃餐饭　阳州买斗米回还　我想留你吃杯酒　三升糯米未下缸

  我想留你吃杯茶　茶叶去在六洞山　殿上来的回殿去　福堂来的归福堂

  藤精树精归山去　古木妖精归大山　管钱童子听我讲　你把纸钱快分完

  强者不能多来占　弱者不能全部无　欢欢喜喜各归位　鸣炮化纸散歌堂

4. 跳香

窝米寨人也会在每年丰收之时举行传统跳香活动,其过程、形式与丫角村、三坪村等基本一致。

5. 苗绣

窝米寨的苗绣主要有两种:一种是以白布为底布,以黑色棉线为绣线的苗家女子头饰;另一种是以黑布为底布,以白色棉线为绣线的苗家女子围兜。苗绣所绣图案以花草、动物图案为主,很少有人物图案。动物刺绣图案一般包括龙、鸟、蝴蝶、鱼虾、牛头、狗头等图案,花草刺绣图案一般包括牡丹、桃花、莲花、梅花、田园、桥梁、苗王玉等图案。这些图案体现了苗族人的迁徙史和战争史等。除此之外，苗绣图案中大多蕴含着象征意义，如图腾崇拜、祖先崇拜、自然崇拜等。窝米寨的苗绣传承人张自香，如今已有67岁。

6."上刀梯、捞油锅"绝技

"上刀梯、捞油锅"通常是在重大的节日中举行祭祖、祭祀活动时表演。窝米寨的"上刀梯、捞油锅"一般在农历的正月、"四月八"与赶秋节表演，并且在每个节日表演都有其特定的含义。在正月十五元宵节前后表演，是为了辞旧迎新，祈求来年大吉大利；在"四月八"表演是为了祭祀英雄、激励斗志；在赶秋节表演是为了庆祝丰收，表达内心的喜悦。近几年，坪坝镇政府每逢农历七月初八都会组织周边村子的村民开展盛大的欢庆活动，窝米寨的"上刀梯、捞油锅"表演是其中非常具有代表性的节目。

上刀梯（坪坝镇文化站　供图）

7. 苗族道师法事仪式

窝米寨的苗族人一般在丧葬和建新房之前会请道师做法事。道师分文教和武教，文教主要为去世的人做法事，武教主要为婚丧嫁娶选择良辰吉日，为过世者选择下葬的风水宝地，为新建房屋进行风水定位。道师做法事时用到的最主要并且能够彰显道师级别的工具是"日月神将"。制作"日月神将"的材料一般为三类：一是用大苗鼓上面用牛皮制的旧鼓皮制作；二是用羊皮制作的小鼓的鼓皮做成；三是用铜制作而成。用不同材料制作的"日月神将"有不同的效果，在苗族人看来，用铜制作的"日月神将"效果最好。在窝米寨由文教道师主持葬礼并作法，道师在主持葬礼时穿戴糅合佛道元素的服饰,并使用唢呐、镲、鼓等道具,其基本流程如下。

第一步,道师在收到邀请之后起身出发,在路途中需要祷念口诀,此过程称为立营扎寨。一为保佑此次作法的村子免遭劫难,二为保佑道师自身平安。

第二步,道师到主家之后立即立堂,此举一方面为了压制邪门歪道的法术,另一方面也可以安置过世者的灵魂。

第三步,立孝堂、入殓、开路、闭殓、作法、解灯破方、散花、收花(一般是60岁以上的过世者才可以由道师散花、收花)、小绕、大绕(绕棺材)、辞灵(将请来的神送走)、出殡、立堂(20分钟左右),整个过程一般持续6个小时。

第四步,立地府牌位为死者解罪,窝米寨的苗族人相信人活在世上都是有罪的,因此在人死的时候需要为其解罪,使死者不入地狱。

第五步,出殡,道师根据死者的生辰八字和死者的去世时间来推算下葬时间。一般是以死者下葬之后才天亮为宜,意味着死者平安"上路"。在抬棺去下葬的路途中,不能停下,棺材更不能接地,所以出殡时往往需要很多男子轮流抬棺。

8. 婚俗

窝米寨的婚俗有其特色。具体而言,从定亲到完婚需要经历如下程序。

第一,请媒人说媒。男方家在向女方家提亲之前,须请媒人到女方家中说媒,说媒成功后就送双礼,如酒、糖、烟等,均为双数。

第二,送聘礼时,猪腿是必需品。提亲者需要按照女方家的人数送出相应数量的猪腿(带尾巴)或排骨肉。一般情况下,男方需要给女方的父亲送两份猪腿(带尾巴),给女方的叔伯送一份排骨肉加猪腿(带尾巴)。烟、酒、糖等也需要送双份。送完聘礼之后,女方会给男方退还一份猪腿(带尾巴)。之后男方去女方家送彩礼,彩礼金额根据家庭情况而定。女方在收到彩礼之后会酌情退还一些。

第三,请道师择良辰吉日。婚期确定之后,男女双方各自为婚礼进行准备。女方需要准备嫁妆,包括家电、其他日常生活用品(被子为必需品)。以前,结婚当天新郎、新娘都会穿具有苗族特色的服饰,随着时代的发展,现在基本都穿西服、婚纱。婚礼当天,男方来娶亲时,女方会在堂屋的门口用桌子设拦门酒。男方需要将其带来娶亲的东西一一放置在桌面上,并给拦门者一定数额的红包。之后男女双方各派代表进行苗歌对唱(歌词内容一般为男女互夸),直到男方的歌手接不上女方歌手所唱的苗歌或者丈母娘示意通过,就会让男方进门。女方按照提前算好的时辰出嫁时,由媒人为其撑一把象征吉庆的红色的伞,一路撑到女方上轿(车)。出门时点火把,然后女方由哥哥或弟弟背到轿子(车)里,女方父母会给上轿(车)礼。女方出门时一般有6~8个人送亲,送亲人员主要是女方亲戚,成双数,女方父母不送亲。

男方这边,由于接亲时间一般为凌晨,因此男方需要提前一天到女方家。女方在出发时会出上轿(车)礼,到达男方家时由男方出下轿(车)礼,如果男方不出下轿(车)礼,女方就不下轿(车)。一般情况下,双方所出礼金相等。送亲的人回家时男方会给其相应的礼金。

第四,夫妻拜堂成亲。

第五,酒席。

第六,闹洞房。

第七,晚饭之后会唱苗歌来贺喜,歌词内容一般为祝福新婚夫妇和这个家庭。以前为了祝贺新人,村民们会唱三天三夜苗歌,现在基本上就是唱一个晚上。

第八,女方在男方家住3天之后就夫妻共同回门。回门时一般会带酒、肉、菜等礼品。

至此,婚礼过程结束。

9. 饮食习俗

窝米寨人的饮食习俗除具有苗族饮食习俗的一般特征外,还有其独特性。其一,窝米寨人的日常饮食分为一日三餐,也有少部分人保留一日两餐的习惯。其二,窝米寨人的饮食风味以酸、辣、香为主。窝米寨人以大米为主食,辅以小米、玉米等杂粮,配以酸、辣、香味道的菜品,有益于开胃,也有助于消化。腌酸制品能够以酸代盐、以酸代味、消暑解渴、杀菌防病,对于生活在高山深谷的窝米寨人来说较为有益。窝米寨的苗族人偏好辣椒,日常用辣椒加工的菜品有泡辣椒、酸辣子、糯米酸辣子、苞谷酸辣子、剁辣子等。窝米寨人的烹饪方法较为多样,以蒸、炒、炸、煎、煮、冻、焖、腌、熏等为主,如腊肉、油炸粑粑、冻米豆腐等。食品原料种类繁多,有不少是野生原料。窝米寨人擅长将大米、玉米、黄豆加工制成其他食品,如大米可制成米粉、米豆腐、米酒、糍粑等,黄豆可制成豆腐皮、豆腐乳、臭豆腐等。蔬菜主要有白菜、萝卜、苦瓜、茄子、小番茄、辣椒、豆角、香菜等。水果主要有枇杷、李子、梨、板栗等。肉类主要来自自家饲养的猪、羊、牛、鸡、鸭、鹅等,还有稻田里养的稻花鱼。

10. 传统医药

窝米寨的药材种植人是向医师,苗族人,文化水平为小学六年级,主要是自学中医。1985年前后,他曾多次去怀化市泸阳镇致富信息部学习种植药材技术,那时候他就已经一边学习一边种植草药。1991年到1995年,他在泸溪县城谋生。为了生计,他白天卖爆米花,晚上看医书。当时在泸溪县他治疗过一名中毒的女士,1996年回到窝米寨后,便在村子里看诊。前几年他一直在村子附近种植药材,也曾为了将药材销售到各地而奔波,但药材生意的收益并不是很好。从2019年3月开始,他与广州白云山精油产业保持合作,目前他种植的药材主要是西红花,有活血化瘀的作用。

向医师的医术较好,他经常到窝米寨周边的山上寻找药材,并且往往能够找到药效较好的药材。因此,不仅窝米寨的村民会找他看病,而且周边村寨的村民也会经常到他那里寻医问药。向医师非常好学,对医药研究颇深。他家里藏有六箱医书,既有古代著名医药学家的医书,也有现代著名医学教授和专家的书籍,甚至家中的木板上都是他学习医药记下的笔记。最难能可贵的是,向医师看诊并不是照本宣科,而是在药理的基础上,根据病人的实际情况对症下药。同时,他为了磨碎药材且使其不失药性,便从山上找来质地坚硬且不易产生碎渣的石头做成捣药工具。

三、自然资源

(一)自然景观

窝米寨有窝米溪和小湾沟两条溪流穿寨而过,溪流的分布丰富了村域内的水系结构,也丰富了村落的山水格局,为窝米寨增添了丰富的色彩。

(二)植物资源

窝米寨西侧的民居旁生长着枫香树、青冈树等,共10多棵。有的古树已有200多年历史,有的也有100多年历史。这些古树是村落的重要景观。

附录　窝米寨传统村落保护框架构成要素一览表①

自然环境要素	山体地貌	转头山、笔架山、大碗界、龙头山
	水域风光	村落周边的两条溪流(窝米溪、小湾沟)
	景观大树	枫香树等
人工环境要素	空间格局	窝米寨依山傍水而建,在总体上形成"三山两水生苗寨,沟壑雾罗隐田园"的传统格局

① 资料来源于古丈县城乡规划管理局《湖南省古丈县平坝镇溪口村窝米寨传统村落保护发展规划(2019—2035)》。

续表

人文环境要素	历史建筑	村落内保留有大量具有苗族特色的穿斗式木结构民居
	特色建筑物	古井、古街巷、古寨墙等遗存
	民间曲艺	打溜子
	民间工艺	古丈毛尖茶制作技艺、竹编技艺、打铁技艺
	民间习俗	哭嫁、跳香
	传统舞蹈	苗族鼓舞、苗族团圆鼓舞
	其他	草药采集

（本章由石霞锋撰写）

第十一章　梓木村

梓木村位于古丈县城东南部,距离古丈县城20多公里,距离岩头寨镇10多公里,是以苗族为主的少数民族聚居村落。村子四面环山,村内建筑为传统的木结构三重四合院,村内道路纵横,形成迷宫式的道路格局。村域面积3.5平方公里。梓木村历史悠久,吊脚楼、转角楼等湘西民居特色明显,民族文化底蕴深厚。梓木村生态环境宜人,自然景色优美,山多地广、土地肥沃、水源充足、四季分明、气候宜人。2019年6月,梓木村被列入第五批中国传统村落名录。

第十一章 梓木村

一、村落概况

(一) 地理生态环境

梓木村以山地为主,属寒武系喀斯特河谷地貌。处于武陵山脉川、渝、黔、鄂腹地,位于湖南省西部、湘西土家族苗族自治州中部偏东,酉水之南,峒河之北。土壤多为弱酸性,土壤pH值为5.5左右,土壤中有机物质含量的平均值为3.18%,氮为0.185%,钾含量为2.2%。植被丰富,森林覆盖率达83.9%。年平均气温15.9℃左右,平均降水量为1475.9毫米,年平均相对湿度为81%,年平均日照1304小时,年平均无霜期275.5天。

梓木村雨量充沛,湿度大,四季分明,无霜期长,云雾多,日照少。地势南高北低,土壤肥沃,植被丰富,空气清新。主要山脉有老盖山、马头山、高嘴山、老鸦山、团堡山、沙子山。整个村落依山而建。现梓木村内仅有一条无名小溪,溪水主要用来灌溉沿溪的稻田和提供碾坊用水。小溪平时水量较小。村中古井较多,井水甘甜清凉,为人们日常用水来源。

梓木村俯瞰(陈昊 摄)

(二) 村落来源

明正德年间古丈《张氏族谱》记载,梓木上洞溪村张氏是宋代大儒张栻之后代,他们沿沅陵而上,迁上洞溪而居,拓疆种茶,繁衍生息。

目前梓木村有4个自然寨,分别为排柯、上洞溪、梓木坪、王竹坪。排柯与其他3个自然寨隔溪相对,分别分布在两个山脉上,4个自然寨相隔较远。后来在长期的发展过程中,人口不断增长,村民建房只得顺山堡向山两边递进发展,久而久之就形成了村寨现在的格局。

(三) 村落人口

梓木村共有394户,总人口1380人,主要姓氏为张姓,主要分布在上洞溪、排柯、梓木组。其中苗族人口占全村人口的85%左右,土家族人口占5%左右,汉族人口占10%左右。

梓木村有四大宗族,即汪姓家族、张姓家族、李姓家族、刘姓家族。其中汪姓家族、张姓家族、李姓家族来自沅陵县,其祖籍可追溯至江西省和浙江省,刘姓家族则来自泸溪县。

据实地调查了解,张姓谱系为"历楚君政启,世预宏承加,昶远雍睦永,安康忠孝宜,先进光明时",其先祖从沅陵莲花池的凉水井迁徙过来。汪氏家族在沅陵县清水坪乡有分支,其谱系为"景秀生廷世,兴国定家邦,文学传德顺,永远福寿昌(长)"。古丈县的汪氏族人有两大世系,其谱系和保靖县基本相同,是国公世系正伦支系,由沅陵白田头砚桥湾迁来,主要分布于野竹乡梓木村排柯、河蓬乡白洋溪一带,其谱派为"国正天兴顺,官清民自(志)安,思先朝必敬,富贵永长荣"。但排柯现在的谱派稍有变化,为"正登世大兴顺,官清明志安",新中国成立以前其长房清学公去永顺县长官寨抄录同治九年湘西北统一谱派,所以从20世纪40年代起,从明字派起改为"道德承祖泽",这比永顺、桑植、张家界推迟近两三代人,不过其他房仍按原谱派执行。汪氏族人还整理出版了一本族谱,其中详细记录了汪氏家族的变迁、发展以及祠堂、家训家规等内容。

《汪氏族谱》中记录:

> 越国公祠,各省郡县随地创建,惟我祖滇端,墀之裔,

散处楚省澧州石邑,南于嘉庆二十五年择基花薮上坪,新建祖庙二殿,正殿供祖龛,下殿悬牌匾,前面太浮山,后接五雷峰,观山左旋,界溪右护,地脉钟秀,庙貌巍然,自后人丁鹊起,科甲蝉联,工莫非先祖荫佑,斯庙勃发之力也。今际谱牌告竣,爱摹斯图,以志不朽云。

而汪姓谱系为:国正天心(兴)顺,官(光)清民(明道)志(德)安(承),正大广敏绍家传,至学登廷显邦国,中立有为步其先。

汪氏族规:

一、爱国爱家,爱我中华,吾族子孙,遵纪守法。
二、敬祖尊宗,代代不忘,族规家训,言传身教。
三、孝敬父母,夫妻恩爱,尊老爱幼、方为美德。
四、婆媳妯娌,和气致祥,邻里街坊,急难相帮。
五、婚姻自主,嫁娶新办,男女平等,责任同担。
六、教育子女,耕读为本,崇尚科学,律戒邪恶。
七、勤劳致富,节俭为宝,兴家创业,务本为高。
八、为人处世,和平谦让,百忍佳话,永世流芳。
九、广交良友,沟通四方,穷不嫌弃,富不相忘。
十、尊重知识,尊重人才,与时俱进,永久不衰。

汪氏家训:

敬奉祖先:水有源头木有根,敬祖之道必先行。逢年过节要祭祖,世代相传不忘根。红白喜事更要祭,聊表敬祖一片心。人传三代须续谱,树碑立传宜子孙。

孝顺父母:牢记父母养育恩,儿女终身报不尽。人老不讲吃和穿,只求儿女好语言。粗话恶语为不孝,斜看一眼罪三分。

要学古人行孝道,赡养父母尽孝心。

友爱兄弟:兄弟姐妹同根生,姑嫂妯娌姊妹情。人间没有比此亲,风雨同舟互照应。今生今世同父母,哪有来世共屋檐。骨肉之间和为贵,莫为小事闹纷争。

恩爱夫妻:夫妻结发是缘分,海枯石烂不变心。夫爱妻贤育子女,家庭和睦万事兴。相互尊重求一致,互敬互爱土成金。吵吵闹闹家不和,必然毁坏好家庭。

亲密家族:族有万年血缘来,富贵贫贱应共群。喜则相庆忧则解,团结友爱一家人。族内有事常相往,常来常往才更亲。俗语常说亲三代,唯有宗族睦万年。

尊敬师长:老师长辈要尊敬,文明礼貌对待人。听取教诲要虚心,学习师长好品行。晚辈不言长辈过,优良品德传后人。

发奋读书:家有黄金用斗量,子女必须送学堂。大海有边学无尽,刻苦读书书有门。学海无涯勤为径,书山高峰敢攀登。十年寒窗无人问,金榜及第第一人。人生少壮不努力,方知老大徒伤悲。

勤劳致富:一年之计在于春,一生之计在于勤。劳动致富是根本,懒惰必定生贫困。勤劳是棵摇钱树,节俭才是聚宝盆。节衣缩食是美德,奢侈浪费败家庭。

讲文明卫生:以德治国重文明,言行举止有分寸。要论上下和长幼,为人处世礼先行。勤洗常换勤打扫,饮食环境讲卫生。各人打扫门前路,切莫污染损近邻。

拒绝淫恶,力戒赌毒:不看淫书和淫碟,不贪钱财和酒色。歪门邪道切莫走,嫖娼卖淫要杜绝。打牌赌博害处多,奉劝老少不要学。吸毒贩毒是犯法,害国害己又害家。关爱后代禁毒品,珍惜生命和年华。

严肃家规:族规家训要记清,条条做到必遵行。族规家训似法纪,若有违犯不饶人,作风正派人尊敬,光宗耀祖人事兴。

(四)物产与特色产业

梓木村以农业为主,耕作方式为小型机器耕种。粮食作物以水稻、玉米、高粱、小米为主。经济作物主要是茶叶、油菜、八月瓜、猕猴桃等。茶叶种植550亩,八月瓜、猕猴桃等种植达950亩,油茶开发1500亩,人均收

茶叶加工坊(石霞锋 摄)

入3300元。蔬菜种植则以白菜、萝卜、豆角、冬瓜、苦瓜、丝瓜、南瓜、辣椒、西红柿、魔芋等为主。拥有少量养殖业,以养殖黄牛和土鸡为主。另外有一些加工茶油的小作坊。

(五)经济社会发展状况

梓木村小学处于停办状态,村中学龄儿童基本上到古丈县城就读。村部设有卫生室,长期有医生值班,可满足村民基本的医疗需求。梓木村传统生计以农耕为主。农耕所使用的农具有犁耙、锄头、钉耙、磨子、风车、度量衡、斗、水瓢、蜂桶、簸箕、筛子、篓子、水眼子、冲、古碾子等。

目前,梓木村的集体经济收入来源为光伏发电,并成立了古丈县同心金铂农牧专业合作社和茶歌茶业专业合作社。农牧专业合作社主要养殖黄牛和土鸡,并种植猕猴桃、红枣、葡萄、梨、核桃、樱桃、无花果、黄桃、八月瓜等水果,入社社员一百多户,村民实现了家门口就业。梓木村未来的奋斗目标是将村子建设成生产发展、生活富裕、生态优良、社会和谐、民族团结进步的小康创建示范村。

国家实施精准扶贫政策以来,梓木村各项公共服务设施有很大完善。其一,梓木村已经实现石板路和水泥路全覆盖;其二,村村通自来水在梓木村已经实现;其三,太阳能路灯覆盖全村;其四,村部有乒乓球桌、篮球场、健身设施等;其五,村中有6个小卖部,可满足村民日常生活需要;其六,村里修建了百姓舞台,舞台设备较为齐全,为村民的休闲娱乐生活提供了便利。

梓木村锻炼器材
(石霞锋 摄)

二、文化遗产

(一)物质文化遗产

1. 传统民居

梓木村的传统民居以穿斗式木结构瓦屋为主,有跑马楼式、虎口式、美人靠式、吊脚楼式,等等。目前,有21栋传统民居被列为县级文物保护单位,具体情况如下表①所示。

传统民居(岩头寨镇政府 供图)

---

① 表格由笔者根据古丈县住建局提供的资料整理。

被列为县级文物保护单位的传统民居概况

序号	修建年代	式样、特征	保护状况
1	清代	坐北朝南,穿斗式全木结构,五柱四瓜,四排三空,盖小青瓦,六合大门,门上花纹雕刻精细,梭板窗	未知
2	民国时期	坐南朝北,穿斗式全木结构,盖小青瓦,三排两空,外挑走廊,三柱四瓜,跑马楼式建筑	一般
3	民国时期	坐南朝北,穿斗式全木结构,盖小青瓦,五柱六瓜,四排三空,堂屋设有神龛,六合大门,大门上方有花格,檐口雕刻精细	一般
4	民国时期	坐南朝北,穿斗式全木结构,盖小青瓦,四排三空,堂屋设有神龛	较差、损坏严重
5	清朝末年	坐南朝北,穿斗式全木结构,盖小青瓦,四排三空,堂屋设有神龛,六合大门,门上花纹雕刻精细,梭板窗	一般
6	民国时期	坐南朝北,穿斗式全木结构,盖小青瓦,四排三空,堂屋设有神龛,堂屋两边设有小门,六合大门,门上花纹雕刻精细	一般
7	民国时期	坐南朝北,穿斗式全木结构,盖小青瓦,四排三空,上下两层,堂屋两边设有小门,出入火床方便,六合大门,门上花纹雕刻精细	一般
8	清代	坐南朝北,穿斗式全木结构,盖小青瓦,四排三空,五柱四瓜,堂屋设有神龛,六合大门,门上、窗上花纹雕刻精细,有二檐,美人靠式建筑	一般
9	清代	坐南朝北,穿斗式全木结构,盖小青瓦,四排三空,五柱六瓜,堂屋设有神龛,外挑走廊,花纹雕刻精细	一般
10	新中国成立以后	坐南朝北,穿斗式全木结构,盖小青瓦,四排三空,堂屋设有神龛,六合大门,门上花纹雕刻精细	一般
11	新中国成立以后	穿斗式全木结构,盖小青瓦,四排三空,堂屋设有神龛,六合大门,门上花纹雕刻精细	一般
12	清代	坐南朝北,五柱八瓜,穿斗式全木结构,盖小青瓦,四排三空,堂屋设有神龛,六合大门,门上花纹雕刻精细	良好

续表

序号	修建年代	式样、特征	保护状况
13	新中国成立以后	坐南朝北,五柱六瓜,穿斗式全木结构,盖小青瓦,四排三空,堂屋设有神龛,六合大门,门上花纹雕刻精细	一般
14	新中国成立以后	坐西朝东,跑马式建筑,穿斗式全木结构,盖小青瓦,六排五间,堂屋设有神龛,六合大门,门上花纹雕刻精细	良好
15	新中国成立以后	坐西朝东,穿斗式全木结构,盖小青瓦,正屋四排三空,五柱六瓜,正屋两边又各建一栋吊脚楼,堂屋设有神龛,六合大门,门上、檐口、挑首花纹雕刻精细	良好
16	新中国成立以后	坐西朝东,穿斗式全木结构,盖小青瓦,四排三空,五柱六瓜,堂屋设有神龛,六合大门,门上花纹雕刻精细	良好
17	民国时期	坐西朝东,虎口式建筑,穿斗式全木结构,盖小青瓦,四排三空,上下两层,堂屋设有神龛,六合大门,门上花纹雕刻精细	良好
18	民国时期	坐西朝东,虎口式建筑,穿斗式全木结构,盖小青瓦,四排三空,堂屋设有神龛,六合大门,门上花纹雕刻精细	良好
19	新中国成立以后	坐西朝东,美人靠式建筑,穿斗式全木结构,盖小青瓦,四排三空,搭有二檐,堂屋设有神龛,六合大门,门上花纹雕刻精细	良好
20	新中国成立以后	坐西朝东,穿斗式全木结构,盖小青瓦,四排三空,外挑走廊,有楼梯进入阁楼,堂屋设有神龛,六合大门,门上花纹雕刻精细	一般
21	新中国成立以后	坐西朝东,穿斗式全木结构,盖小青瓦,四排三空,配有吊脚楼,堂屋设有神龛,六合大门,门上花纹雕刻精细	良好

2. 古碾子

在上洞溪与排柯组山脚下的溪流交汇处,有一处修建于清代占地面积30平方米的古碾子,主要用于碾米。年久失修,已残缺不全。

3. 古道

新中国成立以前,村民的经济来源以卖茶油、桐油、各类树木(沙树为主)为主,主要是前往沅陵卖油、卖树。前往沅陵的山路是一条石板路,保存至今,但是已无人走,草木丛生。

4. 古井

古井在梓木村多处可见,最有名的是梓木组内的古井,该古井常年流水,天旱时也不会干枯,水质清凉甘甜。

(二) 非物质文化遗产

梓木村有多项国家级非物质文化遗产,如苗族鼓舞、打溜子、哭嫁歌、阳戏、高腔等,以及几项省级非物质文化遗产,如筒子舞、古丈毛尖茶制作技艺等。

1. 阳戏

阳戏的主要内容是关于家庭生活、劳作、男女爱情和妖狐鬼神故事方面的。按照角色行当,阳戏剧目可分为小阳戏和大阳戏两类。小阳戏即"二小戏"和"三小戏",大阳戏为多角色的大本戏。阳戏的剧目主要来源于4个方面:一是历史上阳戏艺人积累的剧目。有阳戏艺人自己编演的,也有地方小戏共同流传的,这类剧目是阳戏剧目的主体。歌谣、民间故事等都给阳戏剧目增添了浓厚的地方色彩和民族风情。梓木村有两位阳戏传承人。

2. 高腔

梓木村人擅长唱高腔,属辰河高腔的一种。表演者朴实、自然,带有浓郁的乡土气息,具有讲究唱功、多唱传奇本高腔、善演目连戏的特点。演出时的伴奏乐器有唢呐、笛子、京胡、二胡、三弦、大鼓、小锣、云锣、钹、小鼓等。特制的高腔唢呐声音高亢优美,与唱腔融为一体,在帮腔和伴奏中发挥着重要作用。其唱腔特点是无曲谱,用当地乡话自编词曲,在演唱中有很大的灵活性,富有地方特色。声音高亢、嘹亮,风格粗犷、豪放,感情朴实、真挚,音域较宽。该曲种至今在梓木村广泛流传。

3. 筒子舞

筒子舞源于苗族祭祀性活动中的"发童子"。因为观赏性强,在一些

筒子舞表演(岩头寨镇政府　供图)

传统节庆时单独表演,逐渐成为单一的舞蹈节目。最初祭祀时由孩童表演,后来逐渐成为表演娱乐节目。由于表演者手持五色纸花和竹棍,故有"筒子鼓舞""打筒子"称谓。曾流传于坪家寨、桐油坪、鲇溪、野竹坪、豺狗寨、上洞溪等村及山枣乡。现在,会表演这种舞蹈的民间艺人已经寥寥无几,只在梓木村上洞溪及其邻村流传。

4. 古丈毛尖茶制作技艺

古丈毛尖茶制作技艺,是古丈县各族人民经过艰苦探索,不断实践总结出来的一套完整的制茶工艺,从而使毛尖茶色、香气、味道俱佳,饮誉海内外,多次荣获国际国内大奖,畅销世界各地,为古丈县群众脱贫致富打开了一条新路。

古丈茶在战国时期开始种植,古丈县土地肥沃,空气湿润,适宜茶叶生长。南北朝时期的《荆州土记》载:"武陵七县通出茶,最好。"杜佑《通典》记载:"永顺、龙山、溪州等地均有茶芽入贡。"《古丈坪厅志》记载:"古丈坪厅之茶,种之山者甚少,皆人家园圃所产,及以园为业者所种,清明谷雨前捡摘,清香馥郁,有君山之胜,夫界亭之品,近在百余里内,茶为沅陵出产之大宗。"目前,梓木村有上千亩茶园,可制作高级别的古丈毛尖茶,还成立了茶叶生产合作社。

古丈毛尖茶的特征是条索紧细圆直,锋苗挺秀,白毫披露,色泽翠绿,清香馥郁,回味生津。冲泡时,芽叶沉底,芽尖向上挺立,或如旗枪,摇曳晃荡。举杯细品,先微苦再转甘,最后满口香醇,令人心旷神怡。古丈毛尖茶的制作技艺分为杀青、初揉、炒二青、复揉、炒三青、做条、提毫、收锅等工序。古丈毛尖茶制作技艺已被公布为省级非物质文化遗产项目,古丈茶俗被公布为省级非物质文化遗产。梓木村制茶手艺传承人张远忠老先生已经70多岁高龄,他不仅种植较多茶叶,还成立制茶合作社,每年都会开办制茶手艺培训班。

5. 苗医

梓木村邓志兰是民族医药传承人,她行医几十年,为人谦和,医德高尚。她擅长治疗乙肝、肾炎、肺病等,特别是治疗乙肝、肾炎有很好的效果。从医几十年,在苗寨十里八乡美名远播。

6. 传统婚嫁习俗

梓木人讲礼仪、重情谊。无论是婚丧喜庆,还是人情往来,都非常注重礼节。在婚姻方面,讲究门当户对,媒妁之言。结婚必须经过媒人介绍(或自由恋爱)、吃开口酒、看屋、测八字、吃定亲酒、下聘礼、举行结婚仪式等一系列复杂程序,才算完成。

吃开口酒,即男方托媒人或其他亲戚朋友到女方家认亲。看屋,即吃完开口酒后,女方由媒人或除其父母以外的其他主要长辈,如伯母、婶娘陪同,到男方家看屋,将媒人向女方介绍的情况进行实地调查了解,看是否与媒人讲的相符。在了解男方和男方家庭情况后,还要了解男方家的居住地环境、位置等,看是否好"讨吃"。要是看到的情况与媒人介绍的基本一致,这门亲事就可以初步定下来,然后把女方的态度向男方反馈。有的人看屋之后,发现了解的情况与媒人介绍的不相符或相差太远,女方回到自己家后,没有及时向男方"过信",这门亲事也就到此为止。看屋后,男方得到女方认同后,便可以请测字先生推算男女双方的生辰八字,看是否相克或相冲。一般情况是属羊的不与属鼠的相配,属狗的不与属鸡的相配。当地还有这样的谚语:"从来白马怕青牛,羊鼠相逢一旦休;蛇见猛虎如刀断,金鸡见犬泪双流;龙见兔子云端去,猪遇黄猴不到头。"测八字时,男方主动派人到女方家了解女方的生辰八字,要是基本相配,这门亲事基本就定下来了,择日再吃定亲酒。

吃定亲酒一般择吉日吉时，男方准备半边猪肉、4担大米、4段上等的布料、20~40斤白酒（数字只双不单），将这些物品送到女方家，并派最有权威的家族长辈到女方家正式定亲，结为亲家，日后称呼也随之改变。女方将男方送来的礼一部分送给家族直系长辈，一部分用于吃定亲酒。吃定亲酒时，女方长辈向男方提出一些要求，如何时结婚、结婚后要善待女方等，并约法三章。之后，双方协商结婚事宜。

经过吃开口酒、看屋、测八字、吃定亲酒后即可考虑结婚了。男女双方家庭在选定的日子前各自准备，男方家需要准备的有：一是送给女方家的结婚礼品（彩礼），包括衣服、布料、猪肉、大米、上等米酒以及礼金（现金），要求带"八"数。二是收拾婚房，将做婚房的房子里里外外打扫干净，确保房子周围无杂草和垃圾，在大门上贴上结婚对联，在窗户上贴窗纸。三是准备请柬，给周围乡亲和亲朋好友下帖子，并委派专人送上门。对于特别重要的亲戚，除送帖子外，还要由男方家的主人亲自上门告知，以示对对方的尊重。四是确定迎亲队伍人选。迎亲队伍一般有押礼官（有的地方称娶亲大哥）一人、提马灯一人、搬帐子一人、背被子若干人、抬家具若干人。押礼官的选择是非常有讲究的，不仅要求儿女双全，而且要能说会道，有威望。迎亲队伍多由未婚青年男女和陪亲女方长辈组成，男女各半，人越多越气派，排场越大越好。五是准备婚庆宴席。厨子4~6人，采买4~6人，打杂8~10人，导席8~10人。一般家庭会准备五荤五素，共十道菜，有条件的家庭就准备八荤八素，共十六道菜。荤菜有鸡、鸭、鱼、猪脚、红烧肉、扣肉、牛肉、粉丝肉丸等。喜宴千万不能吃羊肉、狗肉，这是当地最大的禁忌。婚宴要提前准备，所以采买和厨子要提前三天进屋。酒水一般是当地上等的米酒，有条件的人家多用瓶装的好酒。

女方家需要准备的比男方家更复杂，分前三天、后三天。前三天必须做一系列准备工作，如"起鼓""哭嫁""过门"。"起鼓"，也就是人们常说的嫁女开始。从这天起，重要亲朋都来帮忙，有的准备酒席，有的为新娘准备新衣、新被、新鞋和新帽，从里到外全部一新，就是出门用的花伞也要慎重挑选，不得出半点差错。娘家专门为女儿挑选4~6名平时与女儿关系

第十一章
梓木村

非常好的姊妹,陪女儿做出嫁前的准备,相互传授过门要注意的规矩,以及化妆、穿戴、怎么孝敬公婆、怎么与家人相处等技巧。长嫂或其他已婚女人还专门教给将过门的新娘一些女人要注意的生理知识和其他知识。从"起鼓"这天起,女儿知道就要离开生她养她的父母了,格外舍不得,越是这样想就越感到在家时对不住父母亲,越想做家务事,以最后报答父母的养育之恩。这时父母舍不得让女儿受苦受累,想让女儿休息几天。出嫁女儿觉得父母对自己有报答不完的养育恩情,并舍不得离开父母和家里其他成员。此时,母女相互哭出对对方以前做得不足的原谅;哭出过门后凭自己的努力改变命运,过上好日子;道出只有媳妇对婆家好,婆家才能对媳妇好;等等。这也是平常说的"哭嫁",陪新娘哭嫁的不仅是其母亲,还有伯母、婶娘、姊妹等。

迎亲是嫁娶过程中的重要环节。迎亲场面控制得好坏全靠押礼官。押礼官在整个迎亲过程中充当主持和领导的角色,所以有迎亲队伍好找,最难寻的是押礼官之说。押礼官必须是男性,年龄在40岁左右,相貌出众,有文化,能说会道。迎亲当日,押礼官带着"三茶六礼"与迎亲队伍直奔新娘家。押礼官必须沉着应对各种突如其来的"干扰"和"拦门"。喝拦门酒是梓木村一带的习俗,迎亲队伍中必须有几个或十几个能喝酒的人,包括押礼官在内,需要边喝酒边与新娘家设拦牵头人说"四言八句"。迎亲一般是晚到早出,不到天亮,即鸡叫三更就开始发亲。先是将新娘的嫁妆从家里抬出来,接着新娘出门坐轿,上轿前由新娘的母亲代表全家打发上轿礼,然后由新娘的亲兄长背新娘上轿。新郎与提马灯、搬帐子的人先进屋,以便铺床、挂帐子。紧随着的是挑担家具或其他搬嫁妆的人。新娘出门时燃放鞭炮,根据路程远近,天不亮或天刚亮时必须将新娘抬进屋。新娘上轿前和下轿时都必须用红花伞遮面,不能让外人看见。下轿时男方要给新娘打发下轿礼、新娘对新郎父母的改口礼等。新人的被子分正被子和副被子,正被子必须在新娘进房前铺好,由两名已婚并生育有男孩的妇女负责理铺,她们铺完新床后,还给新人礼金,表示早生贵子。婚宴时,新郎、新娘双双到每一桌来宾前敬酒敬烟,感谢亲朋光临。

新娘还要给男方的重要长辈送上新做的布鞋和红色鸡蛋,长辈在接纳新鞋时得送上小礼。婚宴结束后,才将新郎、新娘送入洞房。

7. 传统丧葬习俗

梓木村凡年满60岁以上的老人去世,最短也得停放三天(即"三早"),少于"三早"的,别人会骂其子女不孝。凡家里有60岁以上的老人去世,这户人家必须在大门上方贴上"当大事"三个大字,就是告知周围村寨七亲八眷及邻里乡亲家里有老人去世了,要当大事来对待。得知不幸消息后,亲朋好友都会自发前来帮忙。要确定一名有威信的长者主事,主持全盘大小事务。主事要做的事太多,首先是在堂屋准备停放"老屋"(棺材)。把堂屋正前方的大门(农村木屋的大门一般是4块)全部拆下来,拓宽通道,堂屋中间从神龛往外摆上长1米、宽15厘米、高50厘米的两条长凳子,然后请人将已准备好的"老屋"摆放在长凳子上。"老屋"两头要突出一尺左右,打开"老屋"的盖子清扫内堂,看是否有灰尘和其他杂物,并看内堂的漆是否脱落。"老屋"一般分为十一盒、十三盒。十一盒"老屋"是用11根较大的杉木做成,底板有3根木头,两墙各有2根木头,盖子有3根木头,两头挡墙将1根长木头分成4段用。十三盒"老屋"用稍小的杉木做成,底3根,盖3根,两边墙各3根,两头挡墙将1根木头分6段用。内空一般长不小于4.8尺,不超过5.1尺,宽不小于1.25尺,不超过1.35尺,高不小于1.25尺,不超过1.4尺。有名气的老木匠在做"老屋"时,知道该"老屋"是不是这屋主人用,但就是不讲,如果讲了主人会有些不好的想法。"老屋"准备好之后,就给死者洗澡、穿寿衣,要求从里到外全部是新衣裤。一般是10年1套,即60岁穿6套,70岁穿7套,以此类推,且全部为单衣,不准穿夹衣,更不准穿棉衣。必须按一岁一根的要求用黑棉线捆裤腰。袜子一般只穿一双棉袜,布鞋是特制的老人布鞋,男黑女红。全部穿戴完毕后,还要把一小块银子或金子放进死者嘴里,一般用妇女银首饰的一小段即可,叫做"含口银"。传说死者嘴含银子,阎王爷才收,才被阴间的人看得起。

第十一章
梓木村

"老屋"内把皮纸(草纸)折成三角形,一张压一张地摆放在棺底,摆成鱼鳞状,死者有多少岁就折多少张纸。枕头下面摆放7块青瓦。准备完毕,就把死者遗体慢慢放进"老屋",再盖上寿被。脸用纯棉小方巾盖上,将死者穿过、用过的衣服及常用物品放进"老屋",扎紧死者四周内棺间隙。死者穿的新衣裤必须用燃香烧一个小孔,做上记号,这样死者才能穿上,否则会被阴间的恶鬼抢走。把死者遗体放进棺材后,将棺盖半闭半开,斜放在棺木之上。等死者的所有亲人到齐后见最后一面,再择时闭棺。道士闭棺时口念一套经文,然后用8颗方钉将棺盖钉牢。死者所有的子女和晚辈都必须披麻戴孝,用草绳捆腰,以示哀悼。男人的须发再长也不能剪,待孝期过后才能理发。女人不准穿颜色鲜艳的衣服吊孝。

灵堂的布置也有讲究。停放3天的简单些,停放5天为"小事务",停放7天以上为"大事务"。"小事务"以上,灵堂门前的图文佛语、经幡条幅的布置很有讲究,全部由道士和帮忙的行家里手手工制作,其程序和规矩多,内容十分丰富。道士念经、做法事,基本按照这户人家的条件来确定道场的时间、内容及场面的大小。基本程序为"开路""传灯解结""天女散花""绕棺""唱孝歌""出殡"等。不论几天几夜,灵堂内灯火、香火不灭。出殡的前一天晚上叫"大葬夜",其家人通宵不睡。下葬后,帮忙的人和亲朋好友才能吃肉喝酒。白事一般都杀猪、宰羊,以猪血、羊血祭奠亡人。当地习惯红事不杀羊,白事不杀牛。随着社会变化,有些习俗也有所变化。

安葬死者时也有许多讲究,要认真选择墓地。一般情况下,墓地比活人居住地的位置要高。民间素有坟对包,屋对垭之说,即选择坐南朝北,或坐北朝南的位置,很少有人选择坐东朝西或坐西朝东的位置。墓的前方要空旷、视野好,后面要顺山脊龙脉作"靠山"。道士对何时出殡、何时下葬都有时辰要求,不得提前或超时,违反了会犯"重伤",这些都是长期流传下来的习俗。出殡时由长孝子搬灵牌,由次孝子双手捧死者的遗像,其他孝子贤孙跟着送葬队伍慢慢前行。抬棺人一般为16人,前8人后8人,边抬棺木边闹烟酒,如有意整孝男孝女,不管怎样嬉闹都不能影响下葬时间,这是原则。抬棺前已知道何时"下井"(即下葬),帮忙的人一般视情况而定。要是儿女平时不大孝敬老人,人们就偏在这时整一整不孝的儿女,要是儿女平时非常孝敬老人,关心老人,人们也就要闹一阵了事。

安葬后,孝男孝女要按原路返回,且边走边喊亡人的尊称,一路喊回去,一直到进屋。进屋后,全体儿孙在堂屋等着道士"安神",道士把死者的遗像和灵牌放在神龛上,烧香烧纸完毕,整个悼念活动才算完成。从安葬这天算起,要连续三天到坟上烧夜火,以给亡人做伴。新坟三年,家人必须祭社,替代挂亲,三年期满后,清明时祭奠即可。

8. 传统工艺

梓木村的传统工艺主要有竹编工艺、打铁工艺和木制品工艺。竹篾匠将竹子修成竹条,用来编制各种生活用具,如背篓、箩筐、竹垫子、茶篓、鱼篓、筛子、簸箕等。汪德明是梓木村一个有名的竹匠,因做竹垫而出名。他10多岁开始拜师学艺,现今已40多岁,竹编手艺已非常娴熟。以前都是根据顾客要求上门编制竹具,为提高编制效率,顾客一般会在家里准备好竹子。竹匠每次出门做工前,都会在家里备些酒菜,并在心里默念一下自己的师父,表示敬重。在竹匠行业中有个忌讳,即顾客家里有孕妇时,竹篾匠不上门编制竹具。新中国成立前,梓木村里有铁匠打制锄头、钉耙等农具,以及镰刀、弯刀、菜刀等刀具。如今,梓木村与外界的商业贸易越来越便利,村里的铁匠基本上不再打制铁具,打铁工艺即将失传。梓木村的木匠以制作木桶和木盆为主,如水桶、蜂桶、洗脸盆、洗澡盆、杀猪盆等。

三、自然资源

(一)自然景观

1. 古树

古树主要分布在排柯组村落的下方,郁郁葱葱,有榉木、猴梨木等。

2. 古河道

古河道在村落的山脚下,主要用于灌溉沿河稻田和给碾坊提供用水。目前古河道遗存有4米宽、900多米长。

(二) 动植物资源

梓木村的树木种类有茶树(古丈毛尖)、楠木树、野生灌木树、梓木树、柏树、松树、沙树、桐树等。药材有大桐、七叶一枝花等。野生动物有刺猬、野猪、山羊、野鸡、野兔、斑鸠、穿山甲、黄鼠狼、松鼠等。

(本章由石霞锋撰写)

第十二章　坐龙峡村

　　坐龙峡村位于古丈县西北,距县城40公里,是红石林镇的一个建制村,因贯穿村落的坐龙峡而取名坐龙峡村。坐龙峡峡谷山高谷深,两岸村民往来不便,长期以来被列溪村和张家坡村统属。2016年底,古丈县进行行政区划调整,将坐龙峡两岸的列溪村和张家坡村合并改称坐龙峡村。坐龙峡村文化底蕴深厚,文化资源丰富,是一个典型的土家族聚居村落,相继获得"中国传统村落""湖南省创新创业带动就业示范村""湖南省卫生村""湘西州最美乡村"等荣誉称号。2019年6月,坐龙峡村被列入第五批中国传统村落名录。

第十二章
坐龙峡村

一、村落概况

(一) 地理生态环境

坐龙峡村紧邻酉水河,与永顺县芙蓉镇隔河相望,与茄通社区、河西社区、先锋村、铁马洲村、科布车村、茄通村、马达坪村、河南村、龙天坪村、白果树村、团结村、红石林村相邻。地处武陵山腹地崇山峻岭之中的坐龙峡村,地势起伏较大,气候温和,雨量充沛,无霜期较长,夏少酷暑,冬少严寒,适合各种动植物生长繁衍。森林覆盖率在70%以上,植物种类丰富。坐龙峡国家森

坐龙峡村一角(冉文 摄)

林公园坐落其间,公园内有维管植物104科、624属、1283种,有国家重点保护野生植物26种。

坐龙峡大峡谷贯穿村落全境,将村落分割成东西两部分。峡谷西岸为原张家坡村,东岸为原列溪村。坐龙峡大峡谷是典型的喀斯特地貌,峡谷绝壁最深处高差达300余米,最窄处仅容一人。经旅游开发后,坐龙峡大峡谷风景区成为坐龙峡村旅游的拳头产品之一。

(二) 村落历史

坐龙峡村可考的历史文献较为有限,村落发展的历史脉络很难厘清。《龙泉井复修记》记载"龙泉井始凿于明洪武年间,处古丈县坐龙峡大寨卡

塔库山之脚下",或可管窥在明代已形成了比较稳定的民居聚落。

根据村民关于祖源的群体记忆推测,坐龙峡村有较为悠久的历史。聚族而居是坐龙峡村各自然寨的一大特点,寨中少有的异姓多通过入赘的形式流入。全村主要姓氏有王、向、张、杜、周、鲁等。王姓主要聚居在大寨、下马路、上马路,向姓主要聚居在小寨、沙土湖,张姓主要聚居在张家坡、拉铁堡、列溪,杜姓主要聚居在杜家坡,周姓主要聚居在干大坪,鲁姓主要聚居在腊洞。因定居历史久远,又缺乏家谱等文献记载,各寨村民已难以追述祖先迁徙路径和繁衍承续历程。但从部分自然寨被作为祖源地被追述的事实看,这些聚落具有悠久的历史,如大寨现有村民100余户,主要为王姓宗族聚居,历史上人口最繁盛时有300多户,大寨之名即源于此。因人口增长,资源有限,难以维持生计,部分族人举家外迁,近年不断有人到村寨寻根问祖。腊洞是坐龙峡村鲁姓宗族的主要聚居地,现有鲁姓村民50余户,是一碗水等地鲁姓的祖源地。

原列溪村和原张家坡村于2016年底经行政区划调整而合并为今坐龙峡村。原张家坡村辖4个自然寨(5个村民小组),2009年被湖南省民委授予"少数民族特色村寨"称号,2010年被评为湖南省三星级乡村旅游景区(点),2011年被湖南省旅游局评为特色旅游名村,2017年被列入第二批中国少数民族特色村寨。原列溪村隔酉水河与王村古镇隔河相望,下辖8个自然寨(7个村民小组),2016年被入列第四批中国传统村落名录。

(三)村落人口

坐龙峡村是2016年底经行政区划调整后,由原列溪村和原张家坡村合并而成,全村下辖12个村民小组(自然寨),总计423户1472人,现有中共党员53名,村党支部委员5人。

坐龙峡村的村民主要为土家族。各个姓氏的村民聚居,由此又形成较为独立的自然寨。全村主要姓氏有王、向、张、杜、周、鲁等,以王姓为主的自然寨有大寨、下马路、上马路,以向姓为主的自然寨有小寨、沙土湖,以张姓为主的自然寨有张家坡、拉铁堡、列溪,以杜姓为主的自然寨有杜家坡,以周姓为主的自然寨有干大坪,以鲁姓为主的自然寨有腊洞。

(四)物产与特色产业

坐龙峡村地处武陵山腹地,有耕地3105亩(其中水田1225亩,旱地1880亩),林地21658亩。因地势起伏较大,种植业和家庭养殖业是村中传统的生计方式。粮食作物主要有水稻、玉米、红薯、土豆、荞子等。经济作物有油菜、烟叶、油茶、乌桕、油桐等。常见的家庭养殖动物有猪、牛、羊、鸡、鸭、鹅、鱼、蜜蜂等。随着城市化、现代化进程的推进,进城务工以及发展乡村旅游、农业产业等逐渐成为村民增收的主要途径,以传统种植业为主的生计方式逐渐出现转型。

近年来,在当地党委和政府的领导下,坐龙峡村各方面得到较快发展,2016年已实现脱贫。在良好的经济环境和一系列政策、资金的支持下,油茶、茶叶、猕猴桃、乡村旅游成为该村的主要支柱产业。目前,全村油茶种植面积达1900亩,茶叶种植面积达1200亩,猕猴桃种植面积达1000亩。以乡村旅游为契机,将坐龙峡及少数民族特色村寨开发打造为拳头旅游产品,大力发展乡村旅游,鼓励村民参与旅游发展,全村开设农家乐近40家,建设改造标准化客房150余间,年接待游客约12万人次,年营业额达1500万元。此外,部分村民积极参与旅游服务,将一些具有本地特色的农产品和美食融入文旅活动,实现增收致富,有序、多元地促进产业兴村。

(五)经济社会发展状况

坐龙峡村以乡村旅游为契机,美丽乡村建设取得显著成效。在驻村工作队和村民的共同努力下,坐龙峡村充分利用国家扶贫资金,并多渠道筹集资金,对村落基础设施改造提质,完善村公共服务体系。目前,全村各自然寨之间已基本实现道路畅通,23公里的通村公路已全部完成硬化,入户道路硬化25000米,公路绿化近10公里,建成停车场11个,有200多个车位,已有10个村民小组安装了太阳能路灯,共计240盏。

为打造宜居宜游宜业环境,全面提升群众生活的幸福指数,截至2020年,全村有380多户完成改厕治污工作。引导村民自觉进行垃圾分类,定点定时投放不可回收垃圾,村容村貌得到了很大的改善。

二、文化遗产

(一)物质文化遗产

1. 龙泉井

水井与村落的关系极为密切。在接通自来水之前,水源是村落形成与发展的重要因素之一。古老的水井见证了村落的兴衰,蕴含了丰富的历史文化价值。在坐龙峡村,每个自然寨都有相应的山泉水源。其中,文化内涵丰富、水量较充沛的当属大寨的龙泉井和杜家坡的杜家坡龙洞。

坐龙峡村龙泉井(冉文 摄)

龙泉井是大寨组的主要水源,是自流型山泉,水自半山腰的石洞流出。村民为了取水方便,在泉眼外凿出平台,用石板围砌成蓄水池,供村中人畜饮用,这里也是村民洗菜浣衣的主要场所。古井年湮月久,出现破败,再加上古井位于坐龙峡景区出口的大路边,井眼周边场地狭窄,2006年,湘西古丈坐龙峡旅游开发公司决定考其根源,出资维修，以方便村民取水浣衣和游客歇憩乘凉。《龙泉井复修记》对古井的年代、重修缘由、整修形貌等做了较为详细的介绍，兹摘录原文如下。

龙泉井复修记①

龙泉井始凿于明洪武年间，处古丈县坐龙峡大寨卡塔库山之脚下。泉水叮咚从崖隙间流出，汇聚古井，其质甘甜如露，过客掬饮，俱感清香入腹，神清气爽。寨上山民祖祖辈辈饮此泉水，乃双目炯炯有神，多长寿者……

新世纪坐龙峡旅游如日中天，昔日荒山野岭，今日游人如梭，虑古井年久失修，落叶覆盖，泉涌不畅。坐龙峡旅游公司乃捐资重修龙泉井，便利游客，造福乡梓。古井经整修，焕然一新，井台分三级，清泉石上流，映翠山黛岭，打水洗菜洗衣者络绎不绝。沿古井又加盖了样式古朴的青瓦风雨楼，使之成为游客、村民纳凉、避雨的绝好去处。其功德无量，众人称赞，今刻此石碑乃让子孙铭记此善行，饮水思源，一心向善，保存古朴民风，善待四海宾朋，给秀山奇水添色加彩。

湘西古丈坐龙峡旅游开发公司
公元二〇〇六年四月

重修后的龙泉井风格古朴，在井上修葺两进青瓦风雨楼凉亭以避雨遮阴。井台呈梯级分布，泉水自泉眼（饮用水池）流出入石砌八卦形井池，供村民洗菜用，再淌至下一级八卦形井池，则供村民浣衣、饮畜用。由此形成了村民饮用、浣衣、牲畜饮用的三级功能分区，但由于自来水户户通达，古井的功能逐渐被弱化。

2. 杜家坡龙洞

坐龙峡村另一水井是杜家坡组的杜家坡龙洞。杜家坡龙洞是杜家坡

---

① 此碑位于卡塔库上下龙泉井旁。

组、下马路组村民的主要取水点,位于村寨下端山腰,水位较低。泉水从一山洞涌出,水量充沛,常年不竭,干旱时也有大碗口大小的水流。传说这口水井很神奇。据村民口述,有的村民在近水的台阶上洗衣服、洗菜时,常会遇到井水突然猛涨,淹没台阶的情况。有时天大旱,四处水源枯竭,仅这口井汩汩长流,但时常流出浑水,有时泥沙含量特别大,井水颜色几近金黄色,且水量无明显增加。由此,村民传言泉眼深处或为一深潭,有犀牛或青龙活动,使得井水间歇性涨落。天旱时,犀牛或青龙也难耐酷暑,便在潭中翻滚嬉戏,搅浑了潭水,使泉水浑浊。

井水滋养了村民,水井在村民心中具有崇高的地位。村民认为水井是由水神掌管的,不得砍伐水井周围的树木,不能让牲畜在水井周围践踏,污染水源,年节时经常要举行祭祀活动。村民大年三十吃过年夜饭后要到水井挑水,烧纸敬香,祭祀水神。大年初一是不准到水井取水的,以示水神能保佑新的一年绿水长流,四季兴旺。

3. 传统民居建筑

传统民居是人们在长期的生产生活中创造出来的聚落建筑,蕴含着人与自然相互协调、共同发展的建筑理念。民居建筑具有历史性、延续性、地域性等特点。坐龙峡村的传统民居建筑在形制、结构、细部、技艺与建造习俗等方面呈现出多样性的特点。

在坐龙峡村,修建传统民居建筑时,讲究朝对后靠,在具体的营建过程中,又常依形取势,顺其自然。常见的传统民居建筑是穿斗式瓦木结构,多以柱和骑的多寡来展现建筑规格的大小,如三柱四骑、三柱六骑、五柱四骑、五柱八骑等。柱子和骑、瓜之间的距离是一定的,房屋瓜、柱的配比和开间大小、高矮等配比有一定的规制。坐龙峡村民居中的瓜、柱组合样式叫做"满瓜满枋"或"满瓜满斗",即所有的瓜柱都立在最底下的一根斗枋上,所有的斗枋都是两头贯穿柱子,这种样式显得十分严谨。用村民的话说就是很"紧趁",即建筑整体性较好,十分稳固,且能防偷防盗。

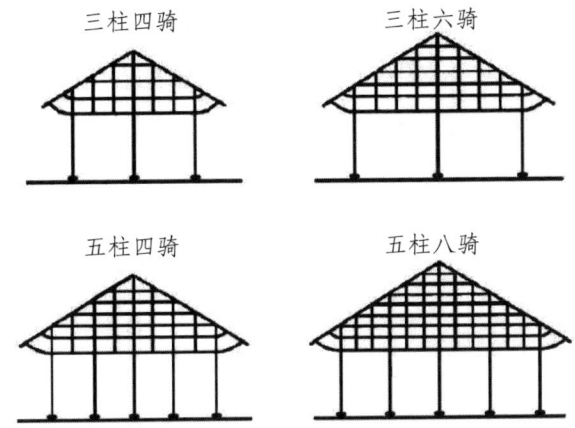

坐龙峡民居中的骑、柱组合图式（冉文 绘制）

坐龙峡村民居建筑从外观形态看，可分为"一"字形、钥匙头、撮箕口、合院形等。在土家语中，房子的正屋称厝[tsʰɔ⁴²]，吊脚楼或厢房统称列[lie⁴²]，即楼子。

"一"字形是最常见、最简单的民居形态，统称为正屋，但也有正三间、长五间、长七间、长九间等差别，其中三间和五间最为常见。正屋间数通常是单数，中间为堂屋。房屋层数通常是一层加人字水，也有两层加人字水的，但比较少见。

钥匙头是正屋一端修建一楼子，汉族人称"一正一厢"，因形似钥匙，故名。楼子的修建因地形而异，若地势平坦宽阔，且与正屋地基处于同一水平，则直接修筑；如地势狭窄陡峭，则依形取势，修成吊脚楼，也称吊楼子。

下张家坡组的钥匙头配冲天楼，可谓坐龙峡民居中的奇葩。正屋是三柱四骑的正三间，正屋左侧是吊楼子，吊楼下堆放柴草杂物，楼上供人居住，吊楼子与正屋衔接处再筑一冲天阁楼，供人乘凉，凭栏远眺。

钥匙头配冲天楼民居（冉文 摄）

这种钥匙头配冲天楼的建筑样式在坐龙峡村甚为罕见。

撮箕口又称三合水、双头吊,即汉族人所说的"一正两厢"。在建筑设计上常依据地形地势、宅主的经济条件和使用需求来选取规格,常见的有3~7间正屋两边配吊楼。

合院形民居即汉族人的四合天井建筑,由四合院、围墙、朝门等构成。这种民居是宅主财力、审美水平等的象征,多由大地主家庭拥有。保存完整的合院形民居在坐龙峡村较为少见,目前大多是局部构造的保留或者是有部分建筑遗迹。

在调研过程中发现保存最完好、历史最悠久的合院形民居是下张家坡组张林枪的祖宅。张氏何时迁居张家坡地界已无从稽考,但定居张家坡以后子孙繁茂,家道殷实。张氏老宅的修建时间已难考证,只听祖辈口耳相传,到张林枪这一代已经是第八代了。

张林枪[①]说:"这房子是在张大贵的父亲手上修的,到我们这代有八代人了。祖辈在材料上选择的是五色木,应五行相克,现在有些柱子开始腐朽空心了。这屋是五柱八骑的排列,在农村是最大的木房子,以前是四合天井,两边是楼子,前面有一排正屋,还有石头砌的院墙和朝门。那红绸树是建屋的时候栽的,少说有200年以上的历史,材质坚硬细腻。传到我父亲这一代的时候,家业已经是败完了,只剩下这房子还保存着。合院的一进和楼子都拆掉没多少年,有些磉磴、脚石都还埋在下面。"

张氏祖宅依据地势呈三级分布,顶级为五柱八骑的三间正屋,二级平台做吊楼子地基和天井,一级平地为正三间房屋和朝门。各级平台以细錾条石垒砌,高差约2米,以细錾条石阶梯相连。

张氏祖宅正屋在门窗装饰上采用对称的几何构图形式,木雕造型精致。图案多以花鸟虫鱼、奇珍异兽、人物故事、几何图案等为主。制作工艺以浮雕和透雕为主,间或采用插接、攒插的装饰手法,不仅注重审美,还兼具实用价值。

---

① 访谈对象:张林枪,男,土家族,67岁,住坐龙峡村张家坡组湾里。

坐龙峡村杜家坡组的杜氏庭院、上马路组的王氏合院、干大坪组的周氏合院主体建筑已被毁坏，或只剩下部分石围墙，或只有石头朝门，或只剩庭院地基轮廓等。

据杜氏族人[①]介绍，杜家坡杜氏先祖原是一位将军，受奸佞陷害而遭到追杀，兄弟几人无奈之下带将士逃命。其中一人到杜家坡后觉得此地山高林密，便安顿下来，隐居繁衍，到老爷那一代经营木材生意，家业有所起色，便着手修建杜氏庭院。庭院布局是四合天井，用石头垒砌围墙、石朝门，以防土匪抢掠。到爷爷那一辈开始好逸恶劳，坐吃山空，很快就败完了家业。爷爷那一辈经常在堂屋烧起号火打牌，后来拆房子的时候发现堂屋有一米左右的圆形地面被炭火烧红了。

上马路组现存石朝门两座、石砌院墙数段和部分房屋地基。据村民口述，这个院子的主人姓王，院子原来规模很大，有5个朝门，但因家业衰败，现在王氏已经没有直系后人了，很多相关的历史很难讲清楚。上马路组千年古枫树附近以前也有1座石朝门四合院，现已被拆除，另建新房。

干大坪组与上马路组隔铁别枯列[$tʰiɛ^{21}piɛ^{42}kʰu^{44}liɛ^{42}$]山背靠背分布，村民以周氏为主。干大坪组原有5座朝门，现已被村民拆除，另建新屋。据传，原干大坪与上马路背靠背而居，都很富裕，都曾用晒垫晒金银。两个小组有很多富有的村民，争相修建四合院、石朝门以炫富，谁也不肯示弱。

（二）非物质文化遗产

1. 传统游戏——打三棋

传统民间游戏在一定区域内世代相传，能够带来充分的娱乐效果，是含有竞技特征但排除在正式比赛项目之外的游艺活动[②]。传统民间游戏具有陶冶情操、休闲娱乐、愉悦精神的作用，有的甚至以自身的规则约束和教化人们的思想观念。坐龙峡的传统民间游戏有斗鸡、跳皮筋、打三角

[①] 访谈对象：杜树斌，男，土家族，45岁，住坐龙峡村杜家坡组。
[②] 王德刚：《传统民间游戏的源流、价值和保护》，《齐鲁学刊》2005年第3期。

板、打豆腐干、捡石子、打陀螺、跳绳子、划拳、滚铁环、丢手绢、打三棋等。其中打三棋是老少皆宜的棋类游戏，深受人们喜爱。

打三棋的棋盘简单，游戏规则易学，开展游戏的场合随意，是村民生产生活中娱乐消遣的极好调味剂。

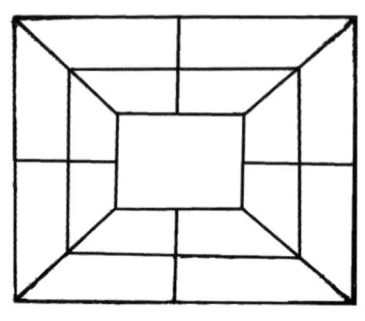

打三棋棋盘（冉文　绘制）

绘制打三棋的棋盘，可先绘制一个矩形，再绘制矩形的两条对角线和两条中线，再将对角线与中线的交点与矩形各边中点和各角所组成的线段平均分成3份，再分别连接各线段的三分之一点和三分之二点，以形成两个镶嵌在大矩形内的小矩形，最后去掉中心最小矩形的两条对角线和中线，这样打三棋的棋盘就绘制成了。

打三棋的棋子共24颗，对弈双方各12颗，可就地取材，以对弈双方易于辨认、不产生混淆为原则，可以是石头、木棍、树叶、草段、土块、纸屑等。

打三棋的游戏规则主要在摆棋和动子中体现。摆棋是在画好的棋盘上摆放棋子。摆放棋子的规则和五子棋的规则有点类似，对弈双方在棋盘的任意位置轮流摆放棋子，力求阻止对方将棋子摆成三点一线，而尽量将己方棋子摆成三点一线。当一方棋子摆成三点一线后就叫做"打三"，就获得压掉对方任何一颗棋子的权利，被压的棋子叫"包"。压棋实际上暗藏玄机，所压棋子选择应以阻止对方打三，利于己方动子为原则。双方轮流下子摆满棋盘后，就可以拿掉所压对方的"包"。若摆棋过程中一方未形成打三，到动子环节就无法移动己方棋子，由此形成死局。一旦出现死局就判输家先输三局棋。

摆棋结束后就是动子。动子就是移动棋子，由摆子时后摆的一方先动,对弈双方移动棋子时只能沿各直线移动到一个交点。动子同样以阻止对方棋子摆成三点一线,而有利于己方棋子摆成三点一线为原则。对弈双方轮流动子,一旦形成打三,就获得拿掉对方任意一子的权利。拿子同样以阻止对方打三,有利于己方打三为原则。打一三,拿掉对方一子,直到将对手的棋子全部拿掉或只剩下两子无法形成打三,或将对方的棋子全部围困,无法移动一步,就算胜棋。

打三棋简单易学,但下棋的技巧灵活多变,学棋容易精通难,主要考验摆棋环节和动子环节的压子和拿子的技巧,特别要警惕对方形成"挪子三"。所谓"挪子三",就是往上下左右任何一个方向反复挪动某一子都能形成打三,由此不断拿走对手的棋子,而对手又无法阻拦或改变这种局面,最后只能输掉棋。

打三棋作为一种益智游戏深受山寨老少喜爱,但在当下,电视、电脑、手机等现代科技产品极大地丰富了人们的精神生活,加上年轻人外出务工和部分老人随子女进城等,打三棋活动有所减少。

2. 民间传说

细心体味坐龙峡村村民的生活可以发现,人们在处理人与自然、人与人之间的关系时,常会潜移默化地植入一股神秘的力量,以编织一个个精彩的故事。在村民的眼中,万物都是有灵的,古树奇木有灵而有古树佑人、伤人的故事;山水奇异有灵而有斩龙、坐龙传说;前辈时贤腾达发迹而有得受风水、神仙庇佑的传说。

(1) 杨大槐的故事

相传杨大槐得神仙相助发迹,修路行善的故事在坐龙峡村家喻户晓。杨大槐原系今红石林镇先锋村人,年40尚未娶妻,与老母亲相依为命。杨氏家境极贫,几经努力不得志。他满40岁那年春节,家里连过年的米都没有,他大年初一没有早起。在当地的风俗中,大年初一是要早起的,代表一年的新气象,要在堂屋为祖先献饭,要早早出门上山砍柴,代表"进财"。杨氏的母亲见状便高声喊叫:"杨大槐,杨大槐,起来嘛! 起来献饭了去进财(捡柴)!"杨大槐回答道:"起来,就起来!"

他起来祭祀完祖先以后,就拿上柴刀到屋后的山林砍柴,走到屋后的菜地边,看见菜地里有一只母鸡带着7只小鸡正在寻找食物,心想是谁家的鸡跑到我家的菜地了呢,便过去一探究竟。待他走近一看,这群鸡变成了金鸡。他将这群金鸡抱回家,将巧遇金鸡的原委与母亲一一道明。母亲甚是欢喜,说是得上天相助,杨家该发迹翻身了,便叮嘱杨大槐偿还地租欠债。

杨大槐按母亲的叮嘱偿还地租欠债后,开始添置田产。他前后娶了几房妻室,都没有给他生下儿子承继宗祧,他愈发感觉到财富除使自己的物质生活变得舒适安逸外,自己并没能得到精神上的满足,特别是继承人的缺乏对其打击尤其大。杨氏不断反思自己的生命轨迹,发现自己的财富不过是取诸乡梓的累积,生不带来,死不带去,不如用于乡梓。面对"出门三步就爬坡,肩挑背负受折磨,一根扁担两根索,一磨肩膀二磨脚"的艰险环境和乡民的疾苦,杨氏心想改善乡民的出行条件或是报答乡邻的最好方式,于是开始出资修桥铺路。

杨氏一生捐资铺修3条大路,小路数条。3条大路是小田家洞至河西、小田家洞至茄通、河西至界牌。杨氏所修张家坡(今坐龙峡村张家坡组)至王村的石板路全长近10公里,坐龙峡村内段基本保存完好,只是村村通公路竣工后被废弃,掩映于荆棘丛中。此路段五甲凿[u²¹tɕiA⁴²tsʰau⁴²]处尚有青石拱桥1座,保存完好。

田家洞至罗依溪的山路艰险,通行极其困难,特别是梯子岩一段需要沿悬崖峭壁攀行。杨氏出资买下了修建田家洞至罗依溪一段路所占的田地,拟铺以青石板,方便乡人通行。此路自罗依溪经惹碧溪、梯子岩、腊洞、沙土湖、大寨到田家洞。由于梯子岩段几乎沿石壁攀援,虽有前人修葺路基,但仍很艰险,工程最大。此段挂壁路今存,挂壁石阶宽约2米。修建惹碧溪、沙土湖、大寨等路段的时候,几个寨中的民众认为自己财力充足,人丁兴旺,有能力自己修路,让外人来修路有失颜面。因此,不允许杨氏继续施工,此路成为一条烂尾路。

第十二章
坐龙峡村

坐龙峡村的村民相信得风水庇佑能使自己生活顺意、如鱼得水,子孙后代福禄绵长、腰金衣紫。因此,有关风水的故事亦为当地人津津乐道。村民称,坐龙峡周边最有名的风水宝地是胡家溪的"金鸡配凤凰"。有留题诗云:"胡家溪水长,金鸡配凤凰。谁能葬得中,代代出官郎。"数百年来,远近民众都希望求得这方宝地,甚至有数十公里外的人来这里葬亲。在方圆约2平方公里的范围内,有数百座坟墓,由此造就了著名的胡家溪古墓群。杨大槐也笃信风水。他在晚年开始准备自己的后事,从沅陵请来一位风水先生为自己寻找"金鸡配凤凰"的宝地。杨大槐的墓前有两副墓联,即"想当年由□而亨几经挫折,入此室得安且乐何等清闲"和"白手起家可怜我朝朝暮暮,红尘脱苦哪管它是是非非"。

(2) 窝坑传说

坐龙峡村是典型的喀斯特地貌,人们把地陷坑称为窝坑。相传,村民可以向有的窝坑借碗借筷。宝塔山下有个叫铺西曹[pʰu⁴⁴ɕi⁴⁴tsʰau⁴²]的地方,有一个窝坑可以借碗借筷。在坐龙峡村,红白喜事的操办都是通过村寨内村民集体协作,共同完成的。村寨中的一切用具都可以相互借用,人们的协作叫做"帮忙",借用工具叫做"讨行李"。在旧社会,人们生活较为困难,往往出现一个自然村寨的"行李"(锅碗瓢盆等)集中在一块也不能满足办事需求的情况。传说遇到这种情况时,大山中的一些神秘洞穴或窝坑便能借碗筷等供人们使用,用完后需要按时归还。如果不归还,就会受到惩罚。一是家中的碗筷会不翼而飞;二是这个洞穴或者窝坑永远不会再给人们借碗筷。铺西曹这个窝坑不给村民提供碗筷是因为有一户人家用借用的碗装狗血。

(3) 张老司的传说

梯玛是土家族的神秘人物。在坐龙峡村,梯玛被称作老司。他们的教派法门被称作"武教"。传说老司是联系人与自然、人与鬼神的使者,能借助神灵、祖先、山川、大河等的力量驱赶鬼魅精怪,为人消灾解厄。他们精通各类法术,如用背篓背水、腾云驾雾、缩短路程、踩犁口、上刀山、避臭等。

传说坐龙峡村张家坡组曾有一位张姓老司,他法力超群,在附近村寨找不到对手。他在村寨中家喻户晓的传说是腾云驾雾去沅陵看戏。从坐龙峡到沅陵近200公里，旧时只能步行到王村或老司岩，再沿酉水河走水路到达。张老司和一群放牛娃到山上放牛，实在无聊便邀请放牛娃一起去沅陵看戏。放牛娃说："沅陵那么远，现在去坐船都赶不上，还没走到天就黑了，哪个来看牛呢？"张老司说："我自己去。"他走到放牛娃看不到的地方就腾云驾雾飞到沅陵看戏了。等到天快黑的时候就回来，和放牛娃一起赶牛回家，路上把看戏的经历跟放牛娃讲，说得天花乱坠，放牛娃动了心，约定第二天和他一起去看戏。

第二天赶牛上山后，张老司说看戏去，放牛娃担心牛吃人家的庄稼，还是不敢去。他说："这个很简单，我来画个圈，你把牛赶进来，牛就不会跑。"几个放牛娃把牛赶到那个圆圈里面，就和他去看戏了。腾云前，老司嘱咐说："你们几个抓住我的衣服，闭上眼睛，我不喊你睁开就不能睁开，睁开就会从天上掉下来的。"几个放牛娃依允，不一会儿就到了沅陵，张老司叫放牛娃睁开眼睛，他们发现自己已然站立在戏台前。太阳快落山时，张老司和几个放牛娃又回来赶牛回家，果然牛还在圆圈内。牛在圈内没有吃饱，放牛娃回家后被大人责问，小孩怕挨打，就讲出了看戏的原委，故事便流传开来。

张老司有个徒弟叫张忠仁，绰号"二瞎子"，法力不如他师父。民间传言，学这类手艺的人多数没有后人，因为师父授艺的时候是会诅咒徒弟的。师父在传授法力的时候要到没有人烟，不能听见鸡鸣狗吠的地方，师父会问徒弟后面有没有人，徒弟只能回答没有人，要是说有人就不能传艺。徒弟回答没有人后师父才会向徒弟传授法术，但同时也诅咒徒弟没有后人，或者耦合没有后人。如果师父品德高尚，徒弟心怀慈悲，师父会将法术全部授予徒弟，望徒弟造福百姓。

（4）青龙避祸的传说

坐龙峡峡谷呈南北走势，峡高谷深，到正午时分谷底才能见到阳光，在旅游开发之前，很少有人出没其中。大自然的鬼斧神工造就的神秘幽深的环境，使坐龙峡附着了许多精彩传说，其中最有名的是"青龙避祸"。

第十二章
坐龙峡村

相传,断龙山(今断龙山内)中住有青白二龙,保佑当地百姓风调雨顺、幸福康宁。钦天监夜观天象,发现天生异象,恐有真龙天子降临,便向皇帝禀报了此事。皇帝听信,恐真龙天子降临,危及江山,便差钦天监四处察查。查到今断龙山,发现山上住着一青一白两条龙,吸收大地、日月之精华,聚集了上好的风水,保佑百姓生活安康。有村中农户占得极佳的风水宝地,异象由此而生。见此状,皇帝命钦天监手刃二龙,破坏风水,命人挖断山脉,但白天挖断,到夜晚便长好了。有一天放工后,有个挖山工人发现有一件东西遗失在工地上了,他担心第二天去寻找时山体已经生长愈合,被掩埋掉了,便连夜回去寻找。他走到工地时听到两条龙正在对话。青龙说:"不要怕,任他们挖,一夜就长回去了,简单得很。"白龙应道:"是,千爪爪(挖的意思),万爪爪,不如铜钉铁钉插。"那人吓破了胆,东西没找着便下山向钦天监汇报了二龙的对话。钦天监明白了斩龙的秘密,便命士兵锻造铜钉、铁钉,将山脉挖成山坳以后把铜钉、铁钉插入山体,白龙被拦腰钉断。青龙见状落荒而逃,由广塘河而下出酉水。钦天监早在酉水布下大阵拦截,青龙见酉水无出路,慌忙回头,扎进着落溪[tso⁵³lo⁵³tɕʰi⁴⁴]隐藏起来。由此着落溪又被称作坐龙溪。

至今,坐龙峡两边的村民传言,在坐龙峡峡谷两边砍柴、割草、种地的时候,常看到峡谷闪出熠熠金光。那是风浪平静后,青龙恢复平静,趁正午沐浴阳光,出潭晒背。

3. 土家语地名文化

地名是人们赋予空间中某一地理实体、行政区域或者居民点的专有名称,其作为一种语言符号,蕴含了丰富的历史文化和民族文化。根据地名的由来、变迁,可以透视该区域的地理历史、民族民俗、宗教信仰、社会经济等。坐龙峡村是典型的土家族聚居村寨,但随着社会经济发展和历史文化变迁,土家语的传承面临挑战。村落中能熟练使用土家语进行交流的村民不多了,50岁以下的村民几乎不会讲土家语。但土家先民在生产生活过程中留下的丰富的土家语地名是民族文化的活化石,是一笔宝贵的财富。兹将采访所见的土家语地名以汉字记音的方式收录如下。

五甲凿、拿铁包、闷热求、卡塔库、婆卡涛、湖巴丘、拉主屋、芷潮、长颈硬、进山枯列、巴了塔、条界、喀好、太枯列、麦土湖、埋土湾、破夹草、山夹顶、拉扎草、杀茄土、雾拉槽、泽弄枯、包卡涛、水沟上、种干、泽明同告、铁马窝坑、尽山堡、上坝列、抬描列、沙土湖、咯有、腊洞、干大坪、铁别枯列、哈咧卡酷、上马路、列溪坪、下马路等。

传统村落地名是村落非物质文化遗产的重要组成部分,是揭示村落历史变迁的明信片,是开启"望得见山,看得见水,记得住乡愁"大门的一把金钥匙。土家族有民族语言,但无文字。土家先民在生产生活中以土家语命名的地名承载着区域的历史文化,具体囊括地形地貌、地理位置、信仰民俗、地域传说、历史、语言、禁忌以及基层社会组织结构等内容。坐龙峡村村民早已不使用土家语进行日常交流,但祖辈创造并遗留下来的土家语地名还被使用。这些地名蕴含的历史文化还能被村民依稀提及。如张家坡组一地名厝扎列[$tsʰɔ^{42}$ tsa^{42} $liɛ^{42}$],即屋场后面之义。拿铁包[la^{24} $tʰiɛ^{21}$ pau^{53}]是坐龙峡村的自然寨名,是根据自然地理形貌命名的土家语地名。拿铁[la^{24} $tʰiɛ^{21}$]语义为癞子,癞子脑壳,拿铁包[la^{24} $tʰiɛ^{21}$ pau^{53}],意为像癞子脑壳一样的山坡。小寨地名杀茄土[sa^{42} $tʰɕiɛ^{42}$ $tʰu^{21}$],意为有麻阳鬼的地方,[sa^{42} $tʰɕiɛ^{42}$]即土家语的麻阳鬼。列溪[$liɛ^{42}$ $ɕi^{55}$]是坐龙峡村的自然寨名,也叫列溪坪,意为水边的平地。沙土湖[sa^{55} $tʰu^{53}$ fu^{42}]是坐龙峡村的一个自然寨名,意为两山之间多虾的地方。土家语称虾为[sa^{55} $tʰu^{53}$],[fu^{42}]表示两山之间的地方,相当于汉语地名的"沟"。沙土湖另有一个小地名咯有[lo^{55} jau^{55}],意为土家人的村寨。土家语称咯有[lo^{55} jau^{55}]为村、寨。白有[$pæ^{24}$ jou^{55}]为苗族人居住的村、寨,帕有[$pʰa^{24}$ jau^{55}]为汉族人居住的村、寨。马路[ma^{21} lu^{24}]意为卖蜂,或者卖蜂人,引申为卖蜂蜜或蜜蜂的人聚居的地方。

三、自然资源

(一) 坐龙峡

坐龙峡原名着落溪[tsɔ⁵³lɔ⁵³tɕʰi⁴⁴]、坐龙溪。2003年对坐龙溪的旅游资源进行开发时,依据原名和峡谷地貌而改名为坐龙峡。坐龙峡峡谷全长约6.5公里,属典型的喀斯特地貌,是由300多万年的地壳变化和长期的风蚀、水蚀作用而形成,最大高差300余米,最窄处仅容一人通行。谷内绝壁纵叠,溪瀑横悬,崖树斜逸,异草遍坡。坐龙峡的上游着落湖(今改半山亭)处有两块大石头,每块石头上面有宽约12厘米、长约80厘米的动物脊柱化石,纹理清晰,是具有重要科考价值的古生物化石。与坐龙峡比邻的罗依溪[lɔ⁵³ia⁵³tɕʰi⁴⁴]有寒武系第七阶底界"金钉子",是一个高20米,长约150米的岩石层剖面,距今约5.03亿年。

(二) 古树名木

2012年设立湖南坐龙峡国家森林公园,总面积2371.29公顷,北部、东部以酉水为界,南临猛洞河火车站,S229省道穿园而过,森林覆盖率81.4%。公园内分布的古树名木有210株以上。

坐龙峡村地处湖南坐龙峡国家森林公园,是公园的核心区。公园内的古树名木大多分布在坐龙峡村的各个自然寨,形成大分散、小集中的分布特点。

坐龙峡村的古树名木有黄连木、枫香树、银杏树、马尾松、榉木、红绸、板栗树、楠木、油茶树、柏树等。这些树多在村寨周边或村中,形成古树群。村民把黄连木叫做黄郎木,生长十分缓慢。村中最大的黄连木位于小寨组,胸径达1.23米、高27米,树龄不详。枫香树是坐龙峡村古树中数量最多,树径最大,树龄最高的树种。最大的枫香树位于上马路组,胸径达2.17米,高35米,树龄在千年以上,被村民戏称为"全村枫香树的爹"。树龄在350年以上的枫香树几乎遍布全村各个自然寨。全村最大的银杏树位于干大坪组,胸径达0.8米,高31米。最大的榉木位于下马路组,胸径达0.62米,高15米,树龄在450年以上。最大的马尾松位于杜家坡组,胸径达1.27米,高27米,树龄在150年以上,是湘西马尾松之王。树龄最大的油茶树位于下马路组,树龄在450年以上。

(本章由冉文撰写)

第十三章　洞溪村

洞溪村位于古丈县岩头寨镇东南部,酉水南岸,峒河之北,与沅陵县、古丈县山枣乡交界,是一个苗族聚居村。洞溪村地处武陵山腹地,村庄依山而建、坐东朝西,距镇政府25公里,距古丈县城45公里,距州府吉首市60公里,距张家界70公里,距凤凰古城120公里。有焦柳铁路、S229省道经过。筹建中的吉恩(吉首—恩施)高速,张怀(张家界—怀化)高铁距洞溪村50余公里。2016年12月,洞溪村被列入第四批中国传统村落名录。

一、村落概况

（一）地理生态环境

洞溪村位于古丈县大山深处，地质构造属于中国东部新华夏系构造第三隆起带中段，村内山峦重叠，溪涧纵横，山高谷深，群山环绕，树木丛生。最高海拔833米，平均海拔420米。全村有大小溪流37条，汇成蓝溪、江溪、阳五溪3条主要溪流。旧时交通不方便、通信不发达，与外界交流较少。洞溪村整个村域面积3.45平方公里，有稻田477亩、旱地33亩、森林448亩、荒山471.9亩。洞溪村四季分明，气候温和宜人。

洞溪村概貌（古丈县住房和城乡建设局　供图）

（二）村落历史

洞溪村是一个土家族、苗族等聚居的村落。"洞溪"之称源于村口的一口古井，相传古井里的水从一个几十米深的山洞中流出，使方圆数里的土地得以宜居，故此地得名"洞溪"。洞溪村早在元代就有苗族先民在此生活，明代开始形成村落，清代稳步发展，至今有五六百年历史。

洞溪村经历了数百年岁月风雨，先祖在此定居，开造梯田，创造了灿烂的物质文化和精神文化。村民一直延续着祖先的生活习惯及生产方式，洞溪人所秉承的思想道德、宗教信仰以及民情风俗等世代相传，并在现代社会注入了新元素,成为推动地方社会、经济、文化发展和生态环境保护的新动力。

(三) 村落人口

洞溪村民风淳朴,现有覃、马、石、张等姓氏在此繁衍生息。全村共有122户,总人口515人。村民以苗族为主,苗族人口占总人口的97%。早期村落有孙、张、石、李四姓,后来又相继迁入向、覃、马三姓,后孙、张、李、向四姓在新中国成立以前没落。马姓由永顺迁入,目前是洞溪村的第一大姓。

(四) 物产与特色产业

洞溪村位于古丈高山之上,山势高峻,沟深狭窄,田地少,荒山多,土地肥力不足,自然条件有限。洞溪村多数村民外出务工,留守村民以农业生产为主,间或从事牛、羊、猪饲养业,但规模有限。村内有油茶、烤烟、玉米、水稻、猕猴桃、葡萄和稻花鱼等物产。2015年以后,洞溪村重点发展烟叶种植,已经开发完成160亩烟田,新建6栋烤烟房,目前从事烟叶种植和初加工的村民年收入可达2万元左右。

稻花鱼和苗家酒也是洞溪村的特产。村民在插秧时将鱼苗放到田里,随着水稻成熟,鱼苗也逐渐长大,故称"稻花鱼"。稻花鱼没有腥味,肉质鲜嫩,令人回味无穷。但受地形限制,产量有限,

洞溪村烟叶晾晒(李秀林 摄)

绝大多数稻花鱼只供村民食用,尚未形成产业化经营。洞溪村中建有酒坊,酒以山泉水为原料,用柴火加热酿制,为纯米酿造的清香型白酒,酒香绵柔醇厚。部分洞溪苗家酒外销古丈县城和湘西其他地区,但由于采取作坊式生产方式,同样未形成产业化运营。

(五)经济社会发展状况

近年来,古丈县、岩头寨镇两级政府各部门整合资金,对洞溪村寨的公共设施进行了维护改造,硬化了近3公里的进村公路,并加固为4米宽的水泥路面,整修了村道,绿化、美化了村容村貌。村内实现了自来水供应和电信、移动通信网络全覆盖,全面实现了村容整洁,无"五乱"现象,村内每个小组都聘请了保洁员负责村内日常清洁卫生工作。目前,洞溪村各项社会公共服务设施已经基本完善,全村经常开展有利于民族团结进步的活动,村民团结和睦,未发生过涉及民族团结的纠纷和群体性事件,多次被县、镇两级政府评为"社会综合治理先进单位"。

二、文化遗产

(一)物质文化遗产

1. 传统民居——吊脚楼

洞溪村内的建筑古朴淡雅,以木结构吊脚楼为特色。木楼多为明清时期的建筑,有转角楼、三合楼(俗称手推车式)、美人靠式。四合院的门窗图案雕刻各异,吊脚饰有金瓜、绣球等,特别是前廊设美人靠,室内设火床的做法别具特色。为防匪盗,还筑有护宅土围墙,这些建筑的建造手法,融合了土家族、苗族、汉族等多个民族的建筑风格,在湘西地区较为独特,具有极高的艺术欣赏价值。

在洞溪村随处可见规则的由红石条垒砌的古围墙,或长或短,或高或矮,顺地形蜿蜒,一户一小围,数户一大围,匠心独运,壮观别致。围墙之外多半是红石板铺就的古石板街,村中古石板路交错有致,三横二竖成双"丰"之字,两侧的古墙、民居古香古色。

洞溪村的建筑中,最有名的当属马家大院和覃家老宅。马家大院为六合院天井,五柱八瓜穿斗式木结构,完好无损时有大小房间50多间,面积近1亩。门窗皆是精雕细琢,天井和朝门均为青石板打造,柱下、柱顶石均为圆鼓式。覃家老宅为八合院,五柱八瓜穿斗式木结构,外有青砖风火墙,堂屋设有六扇门屏,门窗隔扇镂雕有各种具有苗族特色的图案。村民口传,覃家世代秉承勤俭节约、尊老爱幼、忠孝善良的家风,家旺于晚清时期。覃家老宅占地面积较大,由于年代较长,老宅前端和后端的屋子损坏严重,至今只剩下空地,殊为可惜①。

2. 土地庙

洞溪村的土地庙离村约有1公里,从村中步行到土地庙约半小时。过年前后村民会前往土地庙烧香祭拜菩萨,平日也会有村民到土地庙许愿还愿,如祈福求子等。据村民介绍,早年土地庙建于小土丘之上,仅为数块砖石搭建,砖石前置菩萨像,菩萨像前供奉有酒和食物。除夕下午,村民聚餐之前都会前往土地庙,用猪肉、鸡肉拜祭。

3. 古井

洞溪村村口有一口有数百年历史的古井,井台由长条石铺砌,约三丈见方,以井为中心,向四周倾斜。井口呈八角形,由一整块青石掏空凿成,井圈光滑如玉,由于绳索经年累月地磋磨,形成一道道凹槽。井圈外壁有花卉浮雕,虽长年经风雨侵蚀,仍清晰可辨。古井水甘甜清洌,洞溪人祖祖辈辈都用古井水洗衣做饭,至今仍在使用。古井周围绿树成荫,是洞溪

---

① 村中有老人认为覃家老宅建成的时间早于马家大院,因为覃氏早于马氏定居于此。但《古丈金铭考》一书认为,覃家老宅与马家大院建成的时间挨得较近,而当地人认为后建的房屋与先建的房屋相距较近有欺压先建房主之嫌,故覃家老宅只能建于马承宗去世之后,马家势力相对衰落时。

村民夏季乘凉的好去处。

4. 古街巷

洞溪村共有5条古街巷,三横二纵,像两个并列书写的"丰"字。老街两侧的建筑保持洞溪地方传统风貌,街道与巷弄具有曲折、多变的特点。

5. 古石匾

石匾在覃家旧房东厢的耳门楣上。石匾与墙为一体,由红赭石制成,石匾长

洞溪村古街巷(李秀林　摄)

247厘米,宽64厘米。石匾的两侧阳刻瓶中栽辣椒和茄,有花有果,喻儿女双全,家发人兴。匾面回纹格框边上刻"紫气东来"四个字,字面31厘米×136厘米。楷体,阳刻,横排。

6. 木刻

代表性木刻在覃家堂屋前的门屏木梁(传统称"逗枋")上。阳刻,字面近圆形,约20厘米×25厘米。刻有"福禄祷禧"字样,借用偏旁"礻","录寿喜"含于"福"之"田"中,构思巧妙,书法、寓意在当地并不多见,可谓木刻中的精品。据村民介绍,旧时每年腊月或家中有喜事时,覃家人便给字涂上红漆,非常气派。此外,覃家大院的房屋大梁外侧还刻有云龙纹,意在保佑覃氏家族顺风顺水,平安无难,子孙飞黄腾达。

7. 神龛

洞溪村几乎每个老宅中都供有神龛,即使屋主已经搬往外地居住,神龛依旧供奉在正堂之中。屋主定期回来供奉,保证香火不断。古时,神龛供奉"天地君亲师",现在主要供奉天地、先祖和近期去世之至亲,以求其

保佑家族成员平安顺利。平时供奉香火、美食,逢年节时跪拜、上香祈福。

8. 土墙

洞溪村的土墙为历史遗迹,现在修建房屋时已不再专门修建土墙。老屋的土墙由土坯垒砌而成,高1.5~2米。古时,在房屋外修建土墙的人家非富即贵,土墙的用途也各不相同。有的户主是为了加固民居,有的户主是为了圈占院落,也有的户主在土墙上开枪眼以防范盗匪。目前洞溪村建有土墙的民居留存不多,土墙本身也因年代久远残缺垮塌。

(二)非物质文化遗产

1. 民间传说

(1) 古洞溪传说

人的生活离不开水,水是生命之源。洞溪的得名正是源于当地的一股洞水。洞水从洞里缓缓流出,清澈冷冽,一路奔流,汇入山脚下的小溪,故取村名为洞溪。

相传,山洞原来每天只有在早上才出一次水,乡邻每天早上就来挑一天所需的生活用水。寨里有个美丽善良的姑娘,名叫覃白茹,她父母早逝,与哥嫂一起生活,负责家务活。每天洞口出水时,白茹姑娘都要先给一个姓马的孤老婆婆挑一担水后,才给自家挑水。有一天,白茹姑娘去洞边挑水,路上遇到一个白发苍苍的老人,老人问她:"白茹姑娘,你每天都先给孤老婆子挑水,如果晚了,自家没有挑上水怎么办呢?"白茹姑娘说:"不会的,我跑快点。"可是当白茹姑娘来到洞口时,洞水已经断流了。这可怎么办?一想到又恶又泼的嫂嫂,白茹姑娘不禁心虚,只有弄到水,才能避免嫂嫂的打骂。她想:"这个洞能出水,顺着洞就能找到水源。"于是,白茹姑娘决定进洞找水,但由于洞小桶大,拿着桶进不了洞,她只好拿着瓢瓜钻进了洞中。

洞很深,里面黑黢黢的。白茹姑娘不知在洞里面爬了多久、多远,才见到一处石壁上有泉水滴落,于是赶紧用瓢瓜接住,好不容易才接满一瓢瓜,可这一瓢瓜水只够淘米,还不如倒进沟里,流到洞口的塘里装着。于是,白茹姑娘再接满一瓢瓜,倒进沟里。白茹姑娘以为洞口的塘里应该满了,谁知,爬到洞口一看,塘里却一滴水都没有。这时天黑了,不知一天没吃上饭的哥嫂会气成什么样子。怎么办?白茹姑娘决定回洞中继续接水。这时,她计算着要接满五瓢瓜才行,谁知接满五瓢瓜后,再爬到洞口,一看塘里仍然没有水,白茹姑娘只好又爬进洞中接水……就这样,白茹姑娘如此往返,洞里源源不断地流出水来,成为一条小溪,可是白茹姑娘却再也没有爬出洞来。

据村里的老人说,如果是月夜的话,夜深人静时,来到洞口,就能听到从洞里传出来的声音,那是白茹姑娘在洞里爬来爬去弄出的响声……

(2)照面山传说

在洞溪寨子的对面有一座海拔600多米,形状如一面铜镜的山,林木苍郁,当地人称其为照面山。

苗家妇女爱打扮,但旧时因为居住在深山,落后贫穷,大多数人家买不起铜镜,怎么梳妆打扮呢?这难不倒聪明的苗家妇女,她们常以水潭为镜,对着潭面进行梳妆。

相传,洞溪寨子的对面原来没有山,溪又在一座山脚下,距离寨子很远。寨子里有个叫马兰花的姑娘,她有一头黑亮的长发,每天一起床就开始精心梳理自己齐腰的长发。可家里实在太穷,买不起铜镜,家又离山脚下的溪水很远,不能到溪边梳妆。于是,兰花姑娘就站在院子里梳妆。这时,山风和白云从远方赶来,山风和白云知道了兰花姑娘的心事,便在兰花姑娘面前舒展开来,形如一面巨大的铜镜。兰花姑娘梳啊梳,长长的秀发从指间飘逸而出,随风飞舞。

有一次,观音菩萨云游到此,被兰花姑娘的美貌打动了,便坐在莲花台上看兰花姑娘梳妆打扮。得知兰花姑娘没有铜镜,便把随身携带的铜镜往凡间一丢,瞬间寨子对面升起一座大山,铜镜刚好落在山坡上,正面对着寨子,闪闪发光。此时,正在梳妆的兰花姑娘看见寨子对面突然出现了一面巨大的铜镜,镜子中的自己竟然那么美丽,既欢喜又害羞,赶紧用

第十三章
洞溪村

双手蒙住自己的眼睛。观音菩萨见了,于是帮忙帮到底,再从天河引来一股水,落入山涧,即现在的洞溪。

此后,兰花姑娘和寨子的其他妇女都喜欢站在自家的院子里,对着对面的"铜镜"梳妆打扮。于是,妇女们给此山取了一个名字,叫铜镜山,后来雅化为照面山。

（3）王古柳传说

洞溪两边有很多古柳,站立在溪边数百年,见证了洞溪的历史。

相传,此地流水潺潺,土地肥沃,山野翠绿,风景秀丽,人们男耕女织,春耕秋收,过着太平的日子,宛如桃花源。此地长着一棵大柳树,传说为一过路神仙所栽,树高千丈,树荫遮天蔽日,抬头望不到树尖。为人们提供了休息、闲聊的场所,人称"王古柳"。

一天中午,一名花甲老汉正在柳林休息,突然,一个着官衣的青年骑着高头大马而来,到柳林后翻身下马,将马拴在一棵古柳上,然后上前向老汉鞠躬问道:"老人家,请问上天的路在哪里?"老汉一下子愣住了,活了这么一大把年纪,从来没有听说过哪里有上天的路,莫非这个青年得了精神病?老汉见青年态度诚恳,一点不像戏弄人的样子,心想既然如此,何不将错就错。于是,指了指身旁的王古柳说:"就在这里,沿着这棵树就能上天。"青年听了,向老汉深施一礼,道声:"多谢了!"随即攀上树去,越爬越高,转眼就看不见人影了。

老汉看看,觉得有点蹊跷,心想:"你反正得下来,我在这里等着你。"可是等了两个时辰,还不见人下来,老汉越发感到奇怪了。于是就沿着青年的脚印攀了上去,上去一看,天啊!这哪里是王古柳,分明是一条通天的金光大道,路边鲜花盛开,小鸟在歌唱。于是,老汉迈开脚步,不知不觉便来到了天庭,举目一看,远处是楼堂瓦舍,近前有一个神坛,玉皇大帝在讲经,先上来的那个青年正在聚精会神地听讲。老汉一路走来觉得有些累,抽了一袋烟,稍微缓过气来,猛地想起自己的锄头还在田边放着呢,于是赶忙原路返回。田里哪里还有什么锄头,周围村庄都没有他认识的人和认识他的人了。村里人问他是哪里人,从哪里来?老汉便说起了沿树上天的事。人们听后告诉他,已经过了好几代了。

此后,寨人为了纪念这位老人,逢年过节都到这里祭祀。不知过了多少年,这棵王古柳一直屹立着,向世人述说着它的传奇故事。

(4) 古树包传说

在寨子屋后有一个山包,山包上是一块平地,全是参天古树,有枫香树、金丝楠木、猴栗树等,寨人称其为古树包。洞溪村里流传着一个古树成精的传说。

传说,在洞溪的西边有一个叫河蓬的地方,为古丈、吉首、泸溪三县交界之处,这里设有集市,有500多年的历史。每逢集市,周边的人纷至沓来,云集于此,好不热闹。洞溪与河蓬相隔数十里,往返一次得花两天时间。苗家人爱赶集,不管山高路远,逢集必赶。

相传,某一日,恰逢河蓬赶集。这天在集市上,人们看见三个如花似玉的姑娘,有说有笑,开始时人们并没有留意,可连续好几场集市上都看见了这三个姑娘。特别是在具有浪漫色彩的七夕节"走穿洞"那三天,三个姑娘更是打扮得花枝招展,在人群中穿来穿去,把后生们眼睛都看直了,回到家后茶饭不思。

一家有女百家求。于是,有尚未成亲的儿子的人家便开始注意这三个姑娘的行踪,有人悄悄跟在姑娘的后面。待日头偏西时,赶集的人纷纷回家。只见三个姑娘朝洞溪方向走去,跟踪她们的人才得知这三个姑娘是洞溪人,分别叫枫姑娘、柳姑娘、楠姑娘。洞溪的姑娘不但人美,而且心灵手巧、心地善良,附近村寨的人家都想娶洞溪姑娘。

于是,有人家请媒婆前去洞溪说亲。媒婆带着手信来到洞溪,满寨子打听这三个姑娘,把洞溪人问得一头雾水。后来有老人明白过来,将媒婆带到屋后的山包上,只见这里古木参天,藤萝满径,并没有人家居住,媒婆感到十分诧异。这时,老人才说出个中缘由,以前确实有这么三个姑娘,聪明贤惠,不过这三个姑娘已经死去很多年了,连她都没有见过,那三个到河蓬赶集的姑娘,应该是这些古树精变的。

(5) 古水井传说

在生产力落后、物质贫乏的年代，对于居住在大山里的苗家人来说，井水是他们重要的生活水源，因此古井有着十分重要的作用。

洞溪寨有几口古井，至今还发挥着作用。其中有一口井的井台由长条石铺砌，约莫三丈见方，以井为中心，向四周倾斜。井口呈八角形，是由一整块青石掏空凿成的，井圈光滑如玉，由于绳索经年累月地磋磨，形成一道道凹槽。井圈外壁有花卉浮雕，虽长年经风雨侵蚀，仍清晰可辨，甚是精美。

相传，洞溪河里藏着一条青龙，寨子就是龙头，古井是它的眼睛，或鼻子、嘴巴，青龙就是通过这些古井来呼吸的。有一年春夏时节，洞溪遭遇百年难遇的大旱，洞溪河断流了，偶有几个水潭，水潭里挤满了垂死挣扎的鱼虾。庄稼也种不下去了。为了活命，寨中人就要背井离乡了。

"箫管迎龙水庙前"，这时，寨中一位经历3个朝代、已有120岁的老人，身着法衣，坐着八抬大轿，率领众人，手执小旗，敲锣打鼓，抬着龙王爷的神像还有猪头，在古井边举行祭祀活动，焚香烧纸，祈求龙王爷开恩下雨。

太阳像个泼了油的火球，火辣辣地悬在空中，散发着灼灼火气，就连云彩也被蒸腾了。老人抬头望了一眼天，捋着雪白的胡须，挥舞法剑，口中念念有词："五帝五龙，降光行风。广布润泽，辅佐雷公。五湖四海，水最朝宗。神符命汝，常川听从。敢有违者，雷斧不容。急急如律令！"众人黑压压地跪成一片，跟着念"急急如律令"。这样祈求了七天七夜，龙王爷终于开恩了，命令青龙上天施雨。青龙领命，从溪底腾空跃起，只听见"嘎喇喇"霹雳一声，风雨骤至，整个山野笼罩在雨雾中。之后，云散天晴，山野生机盎然。此时，老人却不见了踪影，有人说老人被龙王爷收去成仙了。

2. 民间戏曲歌舞

(1) 苗族山歌

苗族人爱唱山歌，山歌是民歌的一种载体，它包括劳动歌和生活歌两大类。劳动歌是在劳动时所唱,其歌有长有短,随需所唱。有才华的歌手无须唱本,其歌全在心中,随口唱答,不乱韵律而风趣横生。苗族人人是歌手,处处是歌台,他们用山歌把自己的喜怒哀乐表达得淋漓尽致。山歌入情入味,令人陶醉,令人神往。

(2) 高腔坐堂戏

洞溪村人擅长唱高腔,该曲种实属辰河高腔的一种,经初步考证,在清朝中期,从怀化市沅陵县传入洞溪村。表演者朴实、自然,带有浓郁的乡土气息。演出时的伴奏乐器包括唢呐、笛子、京胡、二胡、三弦、大鼓、小锣、云锣、钹、小鼓等。特制的高腔唢呐声音高亢优美,能与唱腔融为一体,在帮腔和伴奏中发挥着重要作用。其唱腔无曲谱,用当地的乡话自编词曲,在演唱中有很大的灵活性,富有地方特色。声音高亢、嘹亮,风格粗犷、豪放,感情朴实、真挚,音域较宽,优雅动人。

(3) 傩言腔山歌

傩言腔是一种传统山歌唱腔,流传于古丈县和沅陵县交界的山区。傩言腔主要分布于古丈县的高峰乡、岩头寨乡、高望界乡等地,几乎涵盖了整个以乡话为日常用语的地区。人们在野外劳作间隙,或唱歌自娱,或排忧解闷,抒意遣怀。唱歌也是男女青年表达爱情的一种方式。青山绿水间,那绵长的歌声寄托着讲乡话人的快乐,也给傩言腔提供了展现其特色的平台。傩言腔起腔高,旋律跳进,多音调特点明显,高、低声部先后进入,两个声部交替流动,同时可唱出3~4个声部来。唱词一般为七言四句,音乐为上下句结构,三、四句是一、二句的反复,但第四句的音量低于前者,拖音和饰词更加丰盈,长音长腔拖调变换衬词,最适宜在旷野清唱。唱腔上又分为长腔和短腔。

(4) 拖木号子

洞溪村背靠林深幽静、树木茂密的大山,旧时村民建造房屋、置办家具都要从山林中开采树木。采伐的木材需要从山上运到村里。在交通不便且缺乏运输工具的年代,只能靠人力搬运木材,而巨大的原木需要几个人甚至十几个人通力合作。在搬运过程中,引路人在前方开路,并以激昂的歌声鼓励大家前进,由此逐渐形成了拖木号子。拖木号子不仅能为搬运者打气助力,还能通过歌曲节奏调整搬运者的步伐,使搬运队伍顺利、安全下山。

(5) 苗族鼓舞

在洞溪村,苗族鼓舞也广泛流行。表演者双手握槌击鼓起舞,伴以敲边或击锣之声,表演梳头、戴花、纺纱、织布等生产劳动和日常生活方面的动作。当地每逢苗家过年、赶秋节、椎牛祭或有其他喜庆活动之时都要进行苗鼓表演。

(6) 九子鞭

九子鞭历史悠久,源于北方。明朝时由湖北传入湖南。明末以来,桃源有民间艺人以此谋生,后传入洞溪。这种形式后来为当地花鼓所吸收,成为农村岁时节令庆祝活动中演唱舞蹈节目的一个新品种。九子鞭用较硬的木料制成,全长0.7米,直径0.03米,鞭两端挖孔,每个孔钉3口钉子,每口钉子装3枚铜钱,鞭漆红色,系彩绸,两端系彩条。九子鞭又叫打花棍、金钱棍。舞者手持花棍载歌载舞,花棍忽上忽下,时左时右地击肩、背、足、四肢,打出有节奏的声音。九子鞭有24式,即头4式、足4式、身8式、二人对8式。花棍过头顶击打后肩叫"雪花盖顶",横于胸前击打左右肩叫"花子打街",击打左右腰部叫"黄龙缠腰",击打左右小腿叫"枯树盘根",左右脚踢毽式触花棍叫"花子踢球",二人对舞棍式叫"连八棍"。其音乐采用地方小调,节奏鲜明、平稳、轻快。

洞溪村九子鞭(古丈县人民政府　供图)

演出时，女演员上身穿水红绣花绸便衣，披云肩，下身穿绿色绸裤，腰系大红绸带，脚穿绣花鞋，头插五色花朵，脑后梳一根长辫，花旦脸谱。男演员上身穿青色打衣，下身穿蓝色打裤，脚穿打鞋，头戴罗帽。

（7）哭嫁歌

土家族哭嫁歌又叫婚嫁歌，土家语叫"毕基卡锉柱祭"。清代改土归流后，"兴哭""哭发"在湘西土家族聚居区尤为盛行。土家族哭嫁歌整体结构严谨，篇幅浩繁，内容丰富。主要有哭开声、哭爹娘、哭哥嫂、哭姊妹、哭亲属5个程序，母女对哭是哭嫁歌的重要部分，贯穿于整个出嫁的过程。另外还有哭戴花、哭穿衣、哭离娘席、哭背亲、哭上轿、骂媒人等。"恋亲恩，伤别离，歌为曼声"，情真意切，虽喜亦悲，凸显了土家族婚俗的与众不同。2011年，古丈县的土家族哭嫁歌被列入国家级非物质文化遗产名录。哭嫁是洞溪村重要的婚俗活动之一。一般在姑娘出嫁前十天或者半个月开始，由新娘的母亲、婶母、姑嫂、姊妹以及好友每晚陪伴其对哭，内容多为叙骨肉之情，诉离别之苦，谢养育之恩。场所一般在闺房中或在火塘边。

（8）打溜子

在洞溪村，打溜子也是村民们在节庆活动中喜闻乐见的打击乐演奏形式。其表演形式与古丈县其他村落的打溜子大同小异。

3. 民间风俗

（1）婚俗

洞溪村的婚俗与周边地区有一定的相似性，具有浓厚的地方特色。洞溪村人的婚俗依然遵循中国传统的"三茶六礼"。三茶，是指订婚时的"下茶"、结婚时的"定茶"和同房时的"合茶"。六礼，是指由求婚到完婚的整个结婚过程，即婚姻据以成立的纳采、问名、纳吉、纳征、请期、亲迎6种仪式。三茶六礼的传统婚姻习俗礼仪，使结婚的夫妇获得祖先的认可和承担对父母及亲属的义务。男女若非完成"三茶六礼"的过程，婚姻便不被承认为明媒正娶。

第十三章
洞溪村

在订婚时,男方要准备酒、面、茶叶、糖、油、猪肉、米、碗、筷子、牙刷、杯子等,还要准备"三金",即金耳环、金项链、金戒指,赠予女方。彩礼和订婚时的其他东西也全部由男方准备。

迎亲时要请乐队,男方还要找两个未婚的姑娘提两个马灯,打两把红伞,这是因为当地人认为结婚不能见天地。男方同时要给女方家两瓶酒。男方家年长的男性负责背背篓。新郎进女方家大门时要回答问题,回答上来不用喝酒,没回答上来要喝酒。

新娘出嫁时有哭嫁歌,即女方家要边哭边唱一些叮嘱的话语,叮嘱新娘出嫁后在男方家如何生活,歌词有"我叫姑爷,你叫爹;我叫姑娘,你叫妈;我叫郎喜,你叫他"等。这是因为按洞溪村的婚俗,婚后妻子在任何时间、地点都要称呼丈夫为"他",丈母娘称呼女婿为"郎喜",妻子称呼丈夫的父亲为"爹",母亲为"妈"。女方亲人称呼新郎的父亲为"姑爷",母亲为"姑娘"。

新娘离开家门时要由新娘的大哥背出去,由女方给上车礼,男方给下车礼,双方给的数目要一样。在迎亲的路上,新娘没到男方家时不能回头和说话,新娘还要手拿苹果。

接亲车队的司机要由男方请,开主婚车的司机要有儿子且不能离过婚。男方接亲人数和女方送亲人数加在一起要成偶数,包括乐队在内的队伍,中途都不能下车。迎亲车队的数量一般为双数。女方的送亲队伍中,自己家只需要一两个人即可,其他人则由村子里其他家族各出一个人。女方的送亲队伍到达男方家后,男方家要给红包。

喜被要由儿女双全之人铺,铺喜床的人为男方家年长的女性,怀有身孕的媳妇不能铺喜床。喜被里面塞有红包,喜床里面要有红鸡蛋、桂圆等,村里的小男孩滚床时还要给他红包。

婚后第三天,新婚夫妇一起回门,丈夫要买一套新衣服给妻子穿,还要带礼物回娘家。

由于古时结婚讲究父母之命、媒妁之言,但现在多是自由恋爱,故结婚时也往往把请的乐队当作媒人。洞溪村允许村内通婚,故村内家族多有姻亲血缘关系。洞溪村与周边村落也多有通婚。

(2) 丧俗

祭奠仪式的主要步骤有开路、入木、封棺、设奠、择日、上山勘测墓位、三日祭奠超度、出殡、下葬、关三之祭、打扫。

开路：死者逝去后由道士念经、伴乐，然后烧香纸，整个家族的孝男孝女孝孙痛哭。开路是指为死者指明去阴曹地府的路，并在灵堂贴上"金童前引路，玉女后持凡"的对联，孝子（长子）代表金童，孝女代表玉女，并规定长子站在最前面。开路时所有孝男孝女孝孙都要披麻戴孝，孝男还须腰间系稻草，状似腰带。

入木：入木前，孝男孝女给死者清洗身体，用桃树皮和丝毛清洗，清洗之后给死者换寿衣，然后将死者放入棺木。

封棺（又名封木）：棺材板与棺木之间主要用石灰封合，以防腐烂气味飘出。

设奠，又称成服疫奠：封棺后次日早晨设奠初祭。初祭仪式是首先请甲乙二人为礼生，甲负责唱礼，乙负责奠献。将灵牌放在灵案上，甲乙分别站在灵案左右两侧，然后进行奠祭，具体程序如下。

①用纸、剪花布置灵堂，中间摆放死者的黑白照片。

②奏四人溜子、鸣炮。

③启帷、行大奠礼。孝子匍匐出帷，起，就丧主位。如孝子哀恸过度，不能起立，可由人扶其站立。

④有服者皆就位。按亲疏关系序列立于孝子之后。

⑤上香、叩首。香由甲授给孝子，孝子执香，叩首，再交乙插于香炉内。

⑥再上香、叩首，方法同前。

⑦三上香、叩首，方法同前。

⑧献爵、叩首。甲将爵交给乙，乙再将爵献于灵柩上。

⑨果品、叩首。甲将祭品中的果品交给乙，乙接过来献于灵柩上。

⑩祭品（一升大米）、叩首。方法同上，道士们唱各个祭品的名字。

第十三章
洞溪村

⑪道士读祭文，读后烧掉。

⑫祭奠毕。丧主及陪祭者鞠躬退下，回灵堂后守棺。

⑬奏哀乐，鸣炮，止。

择日：道士根据死者的生辰八字和孝子们的生辰八字测其出殡、下葬的时间，选择的时间要造福孝子们，不能亏待其中任何一个孝子。

上山勘测墓位：道士根据死者生前的遗嘱、死者的生辰八字及孝子们的八字上山勘测墓位。首先要遵照死者的遗嘱，但要看死者的遗嘱和死者的生辰八字是否相克，不能亏待死者的任何一个孝子。

三日祭奠超度：道士念经为死者超度，为死者的家属祈福。孝男孝女孝孙守棺，在灵堂前叩首礼拜，表达对死者的尊敬和悼念，叩拜完后要鸣炮、烧香、烧纸。

出殡：出殡之前的祭奠时间至少要三天，长则数个月（棺木停放时间太短，按当地风俗被视为不孝，所以最少要停放三天）。但60岁以内的最多三天必须下葬，因为按照当地风俗，60岁以后就算红丧，是喜事，可以大操大办。在道士定的出殡时辰之前孝男孝女孝孙要哭丧，道士用准备好的公鸡在灵堂做法事。到出殡时辰，道士发口令抬棺木，抬棺之人喊着劳动号子起身出发，孝女们要追着棺木哭，边哭边说一些想对死者说的话。出殡的整个过程都要打四人溜子、鸣炮。抬棺需要12人，棺木直接用手抬。选择抬棺木的人有讲究：一是年轻壮实且人品好，二是大部分为死者本族男丁，外族的为1~2人。

下葬：棺木抬到下葬地点后开始举行下葬礼。下葬步骤：第一步，道士用灵堂上的米在墓地里画一个大圈，在圈内把米撒成"福佑后人"四个字；第二步，道士给每个孝男孝女孝孙的口袋分发一些米粒，孝男孝女孝孙要当场吃掉口袋里的米粒，剩下的米死者家属会拿回家煮熟全家人吃掉；第三步，在棺木上面绑一只活公鸡，下葬时杀掉，把鸡血滴在墓里面；第四步，孝子先挖三锄头土，叫一声爹或娘并大哭，周围帮忙的人盖土，然后孝男孝女围而哭之，跪不跪都行，但盖土前后在道士的指挥下要各跪一次。下葬完后，主人家把备好的好菜好酒和米糕拿出来，就地成席请所有在场的人吃饭。礼成后主人家会请村里来帮忙的所有人吃饭,表达谢意。

关三之祭:在下葬后的第三天上午进行。相传死者在下葬后的第三天要见亲人一面。所以这一天死者的亲眷要穿白色孝衣,准备好祭品,主要是用米糕做的圆形关三果。然后来到坟前给死者上供祭品,烧香叩头,还要给死者修整坟墓。"关三"之意是此后死者与亲眷是人鬼关系,"关三"之后,死者成为新鬼。

打扫:七七四十九天后,亲眷把死者生前穿过的所有衣物和用过的东西焚烧。据说这样就可以超度死者,除去丧家的不祥之气。

4. 地方语言

洞溪村人讲佤乡话,佤乡话又称乡话,讲佤乡话的人主要分布在湖南西部以沅陵县城为中心、沿沅水和酉水流域呈辐射状分布的地区,如怀化市的沅陵县、辰溪县、溆浦县,湘西土家族苗族自治州的泸溪县、古丈县、保靖县、永顺县,以及张家界市的少数地区。洞溪村的佤乡话结合了苗语、土家语和汉语的部分发音,无文字,仅靠口耳相传。古丈县的高峰乡和岩头寨的沽潭村都说佤乡话,且较为相似,而洞溪村的乡话与两地的均不同,用洞溪村人的话来说就是"我们用乡话交谈就知道对方是不是洞溪村的"。

5. 地方医药

洞溪村位于高山之上,盛产各类中药材。自2016年开始,洞溪村着力发展中药材种植、采摘和深加工项目。根据湘政办发〔2016〕45号《湖南省中药材保护和发展规划(2016—2025年)》和79号《湖南省中医药发展"五名"工程实施方案(2016—2020年)》,古丈县与湖南多家生物科技公司合作,在洞溪村建立了中药材生产基地,通过技术推广、订单种植等方式发展本地中药材种植项目,目前已经种植的中药材主要有白芨、重楼、黄精、石斛等。

三、自然资源

洞溪村被草木环绕,绿树成荫。村西南角的王古岭古树林立,其中有150年树龄的樟木数棵,200年、250年树龄的黄连木两棵,200年树龄的榉木1棵,皆为湖南省古树名木。

四、历史人物

马氏家族在洞溪村人口众多,为当地望族。在洞溪村的历史中,最有名望的人物当属清朝后期的贵州提督马承宗。

马承宗原名向志寿,清道光十四年(1834年)生,古丈县山枣乡坨坪人,幼年丧父,母改嫁洞溪村马寿干后,马承宗随继父姓并改此名。

清咸丰二年(1852年),曾国藩组建湘军,在辰州(今沅陵)招兵募勇,马承宗闻讯直奔辰州,入湘军当伙夫,结识了上司周达武,两人友情至深。周达武善于钻营,擢升很快,马承宗也随之水涨船高。同治元年(1862年),贵州张秀眉等起义,这时已官至提督的周达武奉命率部前去镇压,马承宗官升掌旗官。队伍开到贵州四眼桥时被起义军堵截。周达武身负重伤,得马承宗奋力营救,幸免于死。周达武随即告假休养,推荐马承宗统率全军向街州(今凯里)进发。街州是起义军集中的地区,防守严密,马承宗久攻不下。一天深夜,马承宗带心腹张大斌越墙入城,查探虚实,出城时被起义军发现,激战中身负重伤,得张大斌背着逃跑脱险。次日凌晨,马部全部换成"马"字旗号,起义军误作清军援兵已到,不战而退,马部一枪未发取得街州城。清廷怀疑马部与起义军有勾结,着令追击,以观究竟。马承宗情知有故,便亲临前线,与起义军决战于跑马坪,生擒起义军首领,因功擢升贵州提督,分统"武"字全军。清光绪五年(1879年),马承宗告老还乡,后来,朝廷要他重返贵州继任提督,马承宗留恋故土,再三推辞,终不就任,于清光绪十七年(1891年)病逝于家中,时年57岁。

马承宗晚年居住在洞溪村,并在洞溪村修建了马家大院。为了便于寨人出行,马承宗还捐资修建了一条环形石板路,陡处保坎,窄处扩宽,弯绕路改直,清一色錾凿红褐石铺砌,从草塘河到亮坡,再至洞溪,然后通清水坪河,约十里,是洞溪、沾潭、亮坡等各寨去沅陵县城的主干道,后来马承宗又出钱组织人手在田家寨附近的河道上修建了灌溉堤坝,为家乡的发展作出了很大贡献。

(本章由李秀林撰写)

第十四章　沾潭村

　　沾潭村位于古丈县城东南,与沅陵县交界,归岩头寨镇管辖,是岩头寨镇一个苗族聚居村。沾潭村与洞溪、向岩溪、新屋坪、赵家湾、文家湾、草塘毗邻,距镇政府约20公里,距红石林国家地质公园约40公里,距坐龙峡风景区约35公里,距栖凤湖风景区约30公里。沾潭村由沾潭、大亮坡、小亮坡和麻冲4个自然寨组成。截至2020年7月,全村共有156户750人,以宋、吴、李三大宗姓为主。2019年6月,沾潭村被列入第五批中国传统村落名录。

一、村落概况

（一）地理生态环境

沾潭村属高寒山区，夏天炎热干燥，冬天严寒冰冻多雪天，雨季集中在四月和五月。沾潭村以山地为主，属寒武系喀斯特河谷地貌，村落四周被山川水系围绕。村庄正前方为笔架山，左为旗山，右为鼓山。村庄的地势如一只凤凰，后山也如一只凤凰，因而有"双凤"之称。村脚下有老龙溪和湾龙溪，又被合称"双龙"，"双凤""双龙"共同造就沾潭地势。沾潭村村域面积8.67平方公里，有稻田795亩、旱地287亩、茶园20亩、果园133亩、林地9462亩。森林资源十分丰富。

沾潭村一隅（李涛　摄）

亮坡宋氏祖先从沅陵迁此居住，合理布局，村中道路纵横交错，住房和猪牛栏保持一定的距离，畜便排污、山洪排水有明暗沟连接，使整个村寨达到合理排放、适宜居住的效果。后来在长期的发展过程中，因人口不断增长,山堡居住有限,村民建房开始顺山堡地形向山两边递进发展,久而久之形成了村寨现状。沾潭村亮坡古寨四面环山,屋脚下的一条小溪似一个燕窝,整个村落在犹如双龙戏珠的山势合围之中。村民聚居在一起,村落比较集中连片。

沾潭村房屋的建造风格基本属于明清时期流传的木屋样式,全是木质结构。沾潭村地质结构稳定,几乎没有发生过地质灾害,明清时期流行的木房结构流传至今。亮坡有两条主街,房子呈并列分布。建筑以民居为主,一般采取五柱八瓜、四排三间结构(也有五柱六瓜),内分上下两层,屋面盖小青瓦,盖瓦讲究压脊等造型。几乎每家都建有吊脚楼,吊脚楼分两层、三层不等,吊瓜雕刻各有特色。院落大多坐西朝东,少数坐北朝南,一般有一至两个厢房。

(二) 村落历史

沾潭村村名源于清朝时期,其4个自然寨的名称均有传说。"沾潭"又名"占潭",相传吴姓苗家人来到这里,驱赶了原来聚居在此地的村民并占据了这块地方,故取名"占潭"。大亮坡寨与小亮坡寨统称亮坡,据传来源有二:一是宋氏兄弟二人走到此地时天刚刚发亮,便在此地定居,取名亮坡;二是宋氏兄弟二人走到此地时,看见有一盏灯亮着,故取名亮坡。麻冲寨因村民常年种植麻子(做麻布袋需要的材料)而得名,为李氏一族世代居住。《古丈县志》记载,沾潭村于明代中期(1576年)由宋国田、宋国钦兄弟二人开创,至道光年间人丁兴旺,人才辈出,村落盛极一时。

清嘉庆年间,沾潭人宋心宽在川黔滇一带带兵打仗,战功累累,后被清廷封为武昱将军,直辖十二郡,官封二品。清道光年间,宋清源在黔川一带领兵打仗,被清廷封为武士,任贵州铜仁协合之职,辖8~10个县,主管军政大权,后人留于铜仁。20世纪前半叶,整个中国处于战乱之中,沾潭村也未能幸免。1949年,土匪张平率领大量匪徒来到沾潭村亮坡,火烧全亮坡,六七十户传统民居被烧毁,仅留存3户土匪亲戚家的民居。此事件被称为湘西三二事变，又称"张平焚村"。这事件对于亮坡而言是毁灭性的灾难，土匪头子张平于新中国成立前被解放军在剿匪中打死。新中国成立以后，沿潭始得重建。

新中国成立以后，沿潭村的行政区划发生改变。1943年以前，亮坡村属于辰州沅陵县管辖；1943年，改由古丈县管辖；1943年至新中国成立以前，两村合并改为沿潭堡；20世纪80年代开始包产到户，沿潭堡更名为沿潭大队，下辖两个生产大队；1981年，三村合并为沿潭村，此后延续至今。

（三）村落人口

沿潭村中苗族人口约占90%，少量汉族、土家族村民多为历年嫁到该村的女性。该村主要姓氏为宋、吴、李。村内三大族姓来源各不相同。相传吴氏家族最早定居沿潭村并世代居住于此，但族谱中并无对吴氏源流的详细记载。李氏家族是清朝时因避事端而从现沅陵二酉乡迁入麻冲寨后世代繁衍。宋氏家族于明朝中期迁入沿潭，因先祖宋心宽于清嘉庆年间擢军功官至二品，故轶事记载较为详细。据载，宋氏源于春秋时的宋国，宋姓先民原居住在宋国南部，即江西洪州新建乡古铜溪打铜巷，后迁吉安卢陵县拖船步，先民从后梁忠武军马殷部进军湖南。至马希范继楚王位，祖公宋默遂做屏藩司卫，并随军征战溪州，参加立铜柱等重要活动。天福五年（940年），默遂祖公解甲归田，定居辰州卫治所（沅陵）铁炉巷，娶祖婆彭氏，生三子，即宋孟龙、宋孟虎、宋孟棋。明永乐七年（1409年），长房宋孟龙的后人迁牛窝头，二房宋孟虎的后人迁（乌宿）二酉山，三房宋孟棋的后人迁石望界乱石坪。明万历四年（1576年），牛窝头宋氏家族第五房的后代宋国田、宋国钦两兄弟及侄男宋应龙迁来亮坡定居。沿潭宋氏宗族的始祖公是宋国田、宋国钦两兄弟，他们两兄弟来亮坡定居并带来侄子宋应龙。宋国田娶妻张氏，生有一子，名应德，应德生两子，名世洪、世登。宋国钦生一子，名启德，启德生一子，名世奇。宋应龙生两子，名世举、世杨。宋氏四代之后有之贵、之富、之林、之高四兄弟。亮坡寨至今流传的宋氏宗族分为三房，大致从第二代宋应德、宋启德、宋应龙三兄弟开始。此外,另有三房说法,为汉卿、楚卿、军卿三兄弟,因无碑文史籍考证,暂无法认定。

(四)物产与特色产业

古时,沾潭人以售卖茶油、桐油及树木为生,如今沾潭村大部分村民外出务工,留守村民的主要收入来源为种植油茶。沾潭村周边的山林有很多野生油茶树,自古以来村民就有采摘油茶果榨制茶油食用的传统。近年来,沾潭村着力发展茶油产业,对野生油茶树品种改良后进行大规模

沾潭村水库和油茶树(石子 摄)

推广种植。现沾潭村有4000余亩油茶林。在古丈县农业局的帮扶下,沾潭村全力打造"一村一品"的油茶产业,2014年底至2015年初,新造高效油茶林2000亩,2017年10月又启动对全村2283亩老油茶低残林改造工作。新造油茶林、老油茶低改等项目的实施,使沾潭村村民稳定增收。除油茶外,茶叶也是沾潭村村民的重要收入来源。沾潭村现有茶园20亩,主要种植本地绿茶。此外,村内还种有水稻、玉米、小米等粮食作物,黄豆、白菜、萝卜、豆角、冬瓜、南瓜、辣椒、枇杷、板栗、梨子、桃子等经济作物和杜仲、黄柏、七叶一箭等药材,但产出多用于村民生活,少量外销。

(五)经济社会发展状况

目前,沿潭村村民人均年收入为4000元左右,村集体年收入约4.5万元。在党和国家政策的指引和沿潭村村民的共同努力下,2017年沿潭村已经实现全村脱贫。

沿潭村原建有村小学,校址在村部后院,后因生源不足而撤销,学生前往岩头寨镇中心小学就读。村部内建有公共图书室,藏书约2000册,多为农业技术类图书,供村民借阅。沿潭村西南部建有广场和戏台,供村内开展集体文娱活动或祭祀活动。村部附近建有60平方米的文化墙,用来宣传社会主义核心价值观、村规民约等。

沿潭村的对外交通道路为一条入村主路。该道路是目前沿潭村对外联系的唯一通道,连接岩头寨镇,对沿潭村的经济社会发展起到重要作用。目前,该道路宽4.5米,水泥路面。村内只有一条车行道,路面宽度约为3米,其他皆为步行道。步行道分为石板路面、水泥路面和土路面三类,石板路面主要为建筑群之间的古巷道和部分登山石阶,新建或改建的内部步行路为水泥路面,土路大多是农田、山林间的道路。

2015年以后,沿潭村的基础设施建设步伐加快。截至2020年,沿潭村兴修草潭至沿潭错车道13个,近6公里的公路主干道路面得到加宽并安装安全护栏。硬化全村村间道路4200米,新修麻冲通组公路3公里、沿潭通组公路1公里。新修基本农田灌溉水渠1000米。修建垃圾焚烧池8个。村部附近建了篮球场、乒乓球桌、停车场、戏台和学校。全村4个自然寨6个村民小组全部用上自来水。2016年10月沿潭村建成了文化戏台和招呼站,完成了农村电网改造。2017年8月建成村卫生室。2018年10月至2019年1月建成300平方米的新村部大楼,里面有沿潭村支部委员会、沿潭村村民委员会、沿潭村村务监督委员会、沿潭村村民服务中心、岩头寨派出所沿潭村警务工作服务站、沿潭村退役军人服务站、沿潭村公共法律服务工作点,为便民、利民、惠民提供保障。

二、文化遗产

（一）物质文化遗产

1. 传统民居

沾潭村坐落于较为平缓的山间坡地上，顺地形而建，整体布局紧凑，传统建筑风格统一。从传统民居的总体特征来看，沾潭村民居有着苗族民居的典型特征。村中亮坡民居坐西朝东，沾潭溪民居坐北朝南，顺山坡地形而建，整齐有序。

民居以木结构建筑为主，基本上为一正两厢或一正一厢的木屋结构，也有少量含有汉文化元素的砖木结构建筑。全村现存木结构建筑98栋，面积14998平方米，其中清代建筑2栋，民国时期建筑17栋。沾潭村古建筑营建时间较长，建筑布局、装饰等方面都有独到之处。既有传统的南方宅院式建筑特点，又有苗族建筑的独特风格和历史风貌。民居有小青瓦、花格窗、悬空司檐、木栏扶手、厢房吊楼、木板楼梯，古香古色，具有湘西传统民居的文化底蕴，也是专家学者研究苗族建筑、民风民俗的重要对象。

从传统民居建筑的结构来看，沾潭村的普通木房多为一层建筑。木房多由石质基础通过木柱支撑起整栋建筑，采用五柱六瓜的穿斗式木结构，飞檐悬出正屋。造型舒展向上的挑梁呈弯曲状，在选择木材时就选择那种乘山势而长的树木，使其具有美感。整个房屋架在石登岩上，离地一尺，通风防潮。房屋格局多以三柱四骑、四排三间为主，中间为正屋，两侧为厢房，或左配厢房、右配吊脚楼，或在厢房旁再搭建偏厦。每间房屋以中柱为界，分前后两室，头间前室一般做起居、待客之用，架空离地约一尺高安装木地板，内设火床（即火炕）。头间后室为卧室，居左为尊。

从传统民居建筑的材质来看，沾潭村盛产木材，因而多数建筑采用了木质结构，除去屋面用瓦，基础用石外，其余部分全为木料。后来交通逐渐便利，沾潭村也建起了砖石结构的房屋。现在村内一些建筑的主房为木质结构,但偏房或厨房为砖结构。传统木房在墙转角处一般有石勒角,勒角上多刻花纹、人物图案,起到加固和美观的作用。在整个房屋的木板与柱子上刷桐油以防腐除虫,经风吹日晒后呈现深褐色。

屋顶和门窗体现了沾潭村传统民居的重要特色。沾潭村民居屋面一般为双坡木屋架加盖小青瓦。屋顶多为悬山式,高低错落,造型生动。屋顶脊尾一般用瓦叠成高高翘起的样子。沾潭村民居多在堂屋设六扇高大的木门,称为六合大门。大门多为纯木板,不做雕琢,宽大厚重。窗户多为花格窗,花格外形美观,构造精巧,窗格用棂条相互榫接成各种精美的图案。这些图案取材广泛,除常见的平纹、斜纹或"井"字形图案外,还有动物纹样、

民居雕花门窗(李秀林 摄)

吉祥文字或年轮图案等,再点缀一些木雕画,如花心、结子等,增添了不少趣味。棂格之间有花草、飞禽等精巧的镂空花饰与之相连,显得生动活泼。

2. 古井

沾潭村现存较好且仍在使用的古井共有4口,是几百年来村民生活的重要水源。古井井口皆有石块围合,井口三侧及上方有石块堆砌,形成一个棚状构筑物,用来保护水井的水质。古井年代久远,有厚重的历史感,是沾潭村重要的历史构筑物。古井井水清澈见底,水质清凉,常年不干,养育了沾潭村的祖祖辈辈。

3. 古巷道

沾潭村内古巷道纵横交错,形成了两纵四横的巷道格局。其中最引人瞩目的是左右两条宽阔的大巷弄,它们由下而上,犹如双龙戏珠,蜿蜒

上行。巷弄的地面用宽厚不同的石板铺成,时而平坦,时而又拾级而上,两侧是用方条石砌成的地基和堡坎,高低不一。据村中老人回忆,过去人们走在巷弄里面,即使是下雨天也不会湿鞋。巷弄两侧的房屋地基横向排开,坐西朝东,错落有致,而且前后有弯弯曲曲的石板路穿过。古巷道用本地石材砌成,见证了村寨的发展历史。

4. 古石碑

沾潭村内现存的古石碑有两块,一块为清朝中期大户宋天正住宅石门上端的大石匾,刻有"绍美双魁"四字。据传,其家族中曾有兄弟二人双双中举,荣归故里,特授此殊荣。如今石门只剩下残垣断壁,石碑也躺在庭院中,但通过精美的石碑和恢宏的石门不难看出主人的富足与显赫。

沾潭村"绍美双魁"石碑(李秀林　摄)

另一块石碑则静静地躺在村中古庙遗址的草丛中,据碑文记载可知,石碑立于清同治八年(1869年)十月,记录当年乡民捐建村中古庙的事情,如今古庙已不复存在,但从碑文中依稀可知当时修建古庙的盛况。

5. 古排水沟

沾潭古寨十分重视排水系统的建设,且排水沟建得极为巧妙,几百年来从未出现过雨水泛滥的情况。走在古宅巷道中很难见到明渠,但民居前的石坪里凿有漏斗形十字孔用于排水,石坪下面设有阴沟,阴沟有40厘米宽、2米高,内外两侧全部用方形石条砌成,与上方石坪连为一体,外侧留有几个门,便于平时的清理与维修。阴沟连着大门,并从其下通向巷弄,巷弄里有用巨石铺成的石板,石板下面是里外连通的下水道。这些排水沟历经几百年岁月至今仍能够正常使用。

(二)非物质文化遗产

1. 民间传说

(1) 神井传说

相传在清朝时,沾潭村有一口水井,那时村民普遍家境贫寒,家中的餐具、桌椅只够自己一家人使用,办红白喜事时,村民会在水井的洞口边上烧一些香纸,放上几个箩筐,第二天箩筐中就会装满宴请所需要的碗筷、桌椅等。用完后把借来的用具洗干净放回洞口边,用具自会消失。每次用完借来的用具后一定要洗干净后放回,不然会惹怒神灵。村中的人皆谨记这一要求,但村里有一大地主道德败坏且极为吝啬,有一次使用后想将这些用具占为己有,于是吩咐儿子在用具上撒上狗血后再放回洞口,本以为撒上狗血的用具不会消失,但出乎意料的是,那些用具依旧消失不见,从此以后水井再也没有用具供村民使用了。

(2) 神羊传说

相传,远古时候亮坡屋脚下的岩塘有个岩洞,有神羊从山羊洞经过此地,见坡上百姓饮水困难,便在此留下一股好洞泉,哪家办红白喜事,只要主人去洞边烧香烧纸,第二天家中的大缸小缸便都装满了水,后因某家得罪了洞中的神羊,就不灵了,但洞泉里的水仍然存在。

(3) 亮坡石板路传说

亮坡,乡话叫做"林堡"。传说400年前,宋氏兄弟从沅陵乌宿夜迁,把天初明时走到的地方唤做小亮坡,把天大亮时走到的地方叫大亮坡。村民姓宋、赵、覃,每年农历九月二十七日"过香"。与亮坡村相隔3里远的洞溪村,曾经有上千户,这里也是清朝时贵州提督马承宗的家乡。两村山缓地平,水土丰沃,有数千亩良田,大户缙绅不少,加之处于远近村寨去沅陵的主干道上,因此多有富户善人捐修乡间道路。相传洞溪村的富人邀亮坡村的富人捐资修路,陡处保坎,窄处扩宽,弯绕路改直,用清一色的錾凿红褐石铺砌。从草塘河到亮坡村,再到洞溪村,约7里。如今,这条道路依旧存在,但村民也分不清具体是哪一条了。

2. 民间诗词

《桃子仙山》(宋太忠)

桃树生来不记年,子肥叶茂长山巅。
仙人留下千年种,山鸟衔来供佛餐。

《亮坡八景题头》(宋太忠)

三枫夕照,砚田映月。
双渠泓流,晨钟暮鼓。
万名伞罩,石景泉香。
笔架排空,硝山古洞。

《水库奇观》(宋泽好)

群峰闺秀奇水源,一坝工程建双关。
鸿击雁翔展羽翼,银渡山环美茶园。
凿开额岭通禄镯,跃出巨龙吐白绢。
叱咤倾海龙宫定,枯魔舜禹稻禾香。

《齐天乐·天路连西藏》(宋有明)

蓝天草原青海湖,引来候鸟迁徙。
文成公主,松赞干布,今古讴歌美德。

莽莽昆山，皓唐古拉山，该行几月。

试问珠峰，冰冻千尺路否越？

中铁高科修路，超越极处，启押国脉。

高架飞桥，羚羊探观，晚霞朝晖染血。

万年太久，弹指五春秋。通车庆节。布达拉宫，天下来新客。

《游高望界三章(外二首)》(宋绪安)

其一

晚照深山景疑猜，林中倩影天上来。

夜听松涛声不尽，橡笔欲挥展诗怀。

其二

夕阳与天齐，群鸟竞争栖。

夜静风不止，明月岭上来。

《西江月·山谷牧人》(宋绪安)

暗暗穿梭月，悠悠草木丛深。

牧居溪谷水流声，放牧砧鸣幕近。

喜伴孤灯闲读，诗吟不觉三更。

风轻叶响夜虫鸣，薄雾晨曦唤醒。

3. 民间戏曲歌舞

（1）阳戏

阳戏是傩戏的一个剧种，民间把傩戏分为阴戏和阳戏。以酬神和驱邪为主的叫阴戏，以娱人和纳吉为主的叫阳戏。阳戏全称舞阳神戏，简称阳戏，即在祭祀仪式中进行若干戏剧性表演。举行阳戏神祀活动，一般先叩许心愿,然后再还愿,因而叫还阳戏,又称愿戏。随着时代的发展,阳戏中的祭祀仪式逐渐淡化消失,戏剧娱乐元素不断强化。沾潭的阳戏是湘西的一个地方小戏剧种,大约200年前已经成型,唱腔柔和,配以假声,善于抒发情怀。沾潭村阳戏传承人有龙合莲、龙合英、龙小三、龙安友、袁忠菊等。

(2) 高腔

高腔是中国戏曲四大声腔之一。高腔原称弋阳腔或弋腔,因为它起源于江西弋阳,是明代弋阳腔与后来的青阳腔流变派生形成的诸声腔剧种。在几百年的流变过程中,弋阳腔各分支发生了很大的变化,它们与各地的民间音乐有不同程度的结合,由此形成了各地高腔不同的音乐风格。其特点是表演质朴、曲词通俗、唱腔高亢激越、一人唱而众人和,只用金鼓击节,没有管弦乐伴奏。沾潭村的高腔戏历史悠久,由常德高腔发展而来,表演风格朴实,演唱粗犷豪放,声音高亢、嘹亮、清脆。悠扬的歌声赋予了土家族高腔山歌特色,表演者一般为10人左右,器乐简单,只配打击乐和一支唢呐就可以了,目前已处于濒危状态,现有传承人为龙明宏、袁永清、龙明瑜等。

(3) 采茶山歌

山歌是流传于沾潭村一带的劳动歌曲,内容一般有唱劳动艰辛的,有唱兄弟情义的,也有唱年轻人的爱情的。沾潭产茶,因此采茶是村民日常生活中的一项重要工作,在采茶时男女往往对唱山歌。

> 茶歌1:女:十八妹子来采茶,看见阿哥眼睛花;阿妹空长十八岁,还未找到好婆家。男:十八阿哥来采茶,一见阿妹心里花;两人约定今晚会,日落西山早回家。
>
> 茶歌2:女:春天到来百花开,花儿开了蜜蜂来;我和阿哥去采茶,地久天长不分开。男:阿妹村中一枝花,好比高山嫩细茶;阿哥好比石崖水,好水最配嫩细茶。
>
> 茶歌3:溪水清清溪水长,溪水两岸好风光;哥哥下田勤插秧,妹妹上山采茶忙。插秧插到大天光,采茶采到月儿

上；插得秧来匀又快，采得茶来满山香；你追我赶不怕累，敢与老天争春光。

(4) 打溜子

打溜子，在沾潭又被称为"打点子"，是村里婚丧嫁娶时必不可少的活动。它历史悠久，曲牌众多，表现力丰富，是村民喜闻乐见的一种艺术形式。常由3个人表演，分工明确。一人负责溜子锣，一人负责头钹，一人负责二钹。常见的曲牌有《鸭子戏水》《喜鹊含梅》《麒麟送子》《八哥洗澡》等。

(5) 贺栋梁

农村新建房子时需要上梁，上梁是一个非常重要的仪式，在上梁的过程中有人唱上梁词，称为贺栋梁。上梁词由村里德高望重的人或者木匠来唱，多为四言八句，对仗工整，内容多为吉利话。

(6) 三棒鼓

三棒鼓，顾名思义，即由三个人敲，每人唱一次，一次唱三句半，唱一句敲一下。

(7) 舞龙灯

沾潭村的舞龙灯每年从正月初一开始到正月十五结束，意在庆祝节日，祈祷来年风调雨顺，万事如意。场所不固定，有时在村部篮球场，有时在村中道路上。

(8) 蚌壳舞

传说很久很久以前，沾潭村是大海，生活在海边的渔民靠打鱼摸蚌为生。后来经过若干年的土层变化，海洋变为了山地。蚌壳舞就是在沾潭村是大海的时候形成的，源于渔民的日常生活。由于生活贫穷，大多数渔民都难以娶到老婆，为此，渔民便以传说中的蚌姑娘（想象中美丽仙女的原型）为追求对象创作了蚌壳舞，蚌壳舞反映了

村民制作的蚌壳舞道具（车越川 摄）

劳动人民对美好生活的向往。主要演绎的是渔夫打鱼没有捕捞到鱼,每次只能打到蚌壳,蚌壳已经成精,所以渔夫怎么打都是空壳,最后见到美如仙女的蚌壳精的故事。蚌壳舞有蚌壳精、大脑袋、小脑袋、渔夫四个角色,小脑袋是一个书生,大脑袋是帮渔夫打鱼的人。蚌壳精(女)打扮得十分美丽,躲在用竹篾扎成的蚌壳内。蚌壳用彩纸(或彩绸)糊成。男的肩背鱼篓、手拿渔网,一心想得到躲在蚌壳内的蚌壳精。蚌壳舞是沾潭村村民喜闻乐见的一种艺术表现形式,与劳动人民的生产生活息息相关。

4. 民间体育

(1) 踩高跷

过年时村民会踩高跷,青少年尤其喜爱。以前沾潭村中常有两三米高的高跷,现在父母出于安全考虑,不愿意让孩子参与踩高跷,高跷也由原来的两三米高降至不足一米。

(2) 拔河

新年晚上会在村部篮球场举行拔河比赛,规则与一般拔河项目相同。

5. 民间风俗

(1) 婚俗

拦门酒:男方亲人来接亲,女方亲人向男方提问,如果回答错误就要喝酒,问题回答完就可以结束。

三查六礼:在沾潭村,男方去娶亲的时候,女方亲人会问男方三查六礼的情况。三查是查名、查姓、查生辰八字,六礼是进门礼、吹鼓礼、饭出礼、梳头礼、迎亲礼、姊妹礼。

哭嫁:哭嫁是沾潭村重要的婚俗活动之一。在姑娘出嫁前十天或者半个月开始,由新娘的母亲、婶母、姑嫂、姊妹以及好友每晚陪伴其对哭,内容多为叙骨肉之情,诉离别之苦,谢养育之恩。场所一般在闺房中或在火塘边。

摇轿子:结婚之时,沾潭新郎骑着马,带4个抬轿子的人以及10~50名亲人去接新娘(接亲人数依据彩礼而定),摇轿子是抬轿子的人捉弄新娘以取乐的一种方式。沿潭的习俗是新媳妇娶过门,三天不分大小,可以和新娘开玩笑。

(2) 丧俗

唱孝歌:通常在大葬夜前三天开始,大葬夜到高潮。死者生前的好友会在晚上聚集于孝家唱孝歌。唱歌时多围坐在堂屋,也有的边唱边绕棺。孝歌的内容既有流传下来的固定曲目,也有现场编唱的。内容有的叙述死者生平,有的歌颂死者功德,有的表达悲痛怀念之情。

请道士:一般要请道士为死者超度。道士敲击乐器,诵读经文。

披麻戴孝:分为大孝子和小孝子,各有不同。儿子辈为大孝子,将5尺长的白布戴在头上,再用稻草打一个绳子捆在腰间。孙子、外孙辈为小孝子,只用1~2尺长的白布缠头。

哭丧:一般是家中的女性为死者哭丧,如女儿、儿媳等。

(3) 狩猎习俗

沿潭村有狩猎习俗,但为了保护生态环境,现在很少有人狩猎。狩猎前要拜保佑狩猎的菩萨,菩萨是用树藤雕刻而成的,约拳头大小。狩猎的老师傅会向菩萨祈祷,大意为讲述自己今日去狩猎,求菩萨保佑狩猎顺利。

(4) 节日习俗

月半:时间为农历正月十三或者正月十四,吃糯米丸子,与元宵节相似。

小端午:时间为农历五月初五。

大端午:时间为农历五月十五,一般会包粽子,去沅陵看龙舟比赛。

吃新(其他地方称为赶秋):时间为农历六月二十八,吃一年收成中新鲜的东西,庆祝丰收。一般会吃糯米,杀鸡杀鸭。

过香:时间为农历九月二十七,打糍粑、杀鸡宰鸭,但是现在一般只有过年才会打糍粑。

春节:舞龙灯。舞龙灯是湘西地区广为流传的一种节庆活动,活动规模大,人数较多,场面热闹。

此外,清明节、中秋节、重阳节也是当地的节日,时间和习俗与汉族无明显差异。

6. 传统医药

沾潭村现有三位擅长用传统医药治病的医生,分别是吴龙尧、宋绪安和宋有淼。

吴龙尧,村医,采用沾潭山上的草药治疗跌打肿胀、蛇虫咬伤等疾病。

宋绪安,祖上世代行医,留下祖传秘方三千余个,分别记录在三个本子上,其女儿、儿子各一本,自己留有一本,由于秘方不外传,无法记录。

宋有淼,苗医,17岁开始做兽医,擅长诊断和治疗猪瘟、牲畜败血症等疾病。42岁后改行为医生。擅长治疗跌打损伤、上吐下泻、肚子痛等。宋有淼常用推拿、吸筒、抠呼、敷药、饮药等方式治疗,用药一般以就地取材的中草药为主,例如血蜈蚣、豆根、一点血等。

7. 传统技艺

织背篓、鸡罩:用竹子修成的竹条编制而成。

编动物:沾潭村的宋彪能够将棕树叶子编成动物的形状,供人们尤其是小孩取乐。

木工:用树木制作桌椅板凳、房梁、屋领子、农具等。沾潭盛产木材,过去由于对外交通不便,砖石不易获得,因此村民建房屋和制作家具的材料大多取自山林中的木材。过

用棕树叶编的动物(车越川 摄)

去每个村都有一两位精通木工的村民,以为村民修建房屋和打造各类家具为生,日渐掌握了独具特色的传统木工工艺,尤其精于建造吊脚楼和制作各类雕花、镂空装饰物。近年来,随着交通基础设施的逐步完善和政府对山林保护要求的日趋强化,砍伐山林树木和建造全木质结构房屋的审

批程序更加严格,因此建造砖石结构的房屋成为主流,具备技艺的木工师傅也大多前往吉首、怀化、长沙等地务工,村中传统木工技艺不再容易见到。

三、自然资源

(一)水体

亮坡寨有亮坡水库,沾潭溪寨有沾潭水库,村寨之间还有沾潭溪潺潺流过。沾潭村与绿水相依,水库容纳百川,积少成多,给村民的生产生活提供了丰富的水资源。

(二)古树群

村落内古树成群,绿树成荫,百年古树随处可见,枝繁叶茂。主要树种有枫香树、黄连木、金弹子、赤楠等,种类繁多。更有双树合抱(黄连木＋金弹子)的奇特景观。村内的古树名木有复杂的年轮结构,蕴含着古水文、古地理、古植被的变迁史,是研究自然史的重要资料,也是村落内的一大景观。

沾潭村古树(石子 摄)

四、历史人物

1. 宋天正

宋天正,沾潭村人,道光年间宋氏家族富豪,家业丰厚,良田、油茶、山林俱以千亩计数,庄田遍及方圆百里。据传其家中银锭盈库,可铺20里之长。其一生遍行善举,广疏家财。曾雇石匠三棚,计30余人修筑亮坡至草塘、亮坡至竹坪溪、亮坡至狗岩坳3条石板山路。所需石料俱开山而采,耗时十年之久。工程之巨,闻名百里,行人无不称赞道:"有天正畅好行之路,是天正一片爱民心。"其一生善名,传为千古美谈。

2. 宋心宽

嘉庆年间,沾潭村的宋心宽文墨超众,熟读兵书,从小怀忧国忧民之心。出仕后在川黔滇一带领兵打仗,战功累累,被朝廷封为武昱将军,直辖12郡,统兵6万余人。

3. 宋本云

宋本云,沾潭村人,字公卿,号雨云,清朝中期人。曾任常德河督,监督与管理水运河道。旧传凡属其酉水河一带的家乡人,从乌宿出发渡船,一律免收过渡费。此举至今在沅陵一带流传。

4. 宋清源

沾潭村人宋清源一生好习武,善读政治、经济、军事之书,道光年间在黔川一带领兵打仗,被清廷封为武士,任贵州铜仁协合之职,辖8～10县,主管军政大权。后病故于铜仁,后代落户于铜仁地区。

5. 宋清钊

宋清钊,字孟赠,将门出身,系武昱将军宋心宽次子,通文墨,精书法。道光年间在沅陵辰州府任职,被民众颂为清官,并有"无钊不坐堂"之称。

6. 宋太忠

宋太忠,字晋诚,民国时期人,早年毕业于省立常德师范学校讲习所,文才出众,方圆百里颇负盛名。工诗善文,精于书法。其作品娴雅飘逸,世人争而求之,可谓墨迹遍洒百里,大有文人骚客之态。曾在茶洞师范执教一年,尔后充任国民党川军刘明武部师爷,后退出该部回乡办学,从之者甚众。其间所题《亮坡八景》《亮坡赋》等诗文,名惊相邻墨坛,至今传为佳话。

五、村规民约

沾潭村村规民约

沾潭村,是宝地,将你我,来养育;建设好,新农村,本条约,要牢记;建房子,经审批,遵章法,守规矩;河长制,勤巡河,有问题,快处理;娶儿媳,嫁女儿,破旧俗,立新意;清明节,文明祭,既庄重,又省钱;红白事,要节俭,革陋习,树新风;邻里间,有情谊,互帮助,如兄弟;讲文明,行礼义,宽待人,严律己;讲卫生,好习气,环境美,有秩序;倒垃圾,不随意,砖瓦柴,摆整齐;猪狗羊,鸡鸭鹅,要圈养,多管理;此条约,大家立,执行好,都受益。

为人处世十典经要

存心不善,风水无益;不孝父母,奉神无益;兄弟不和,交友无益;做事乖张,读书无益;心高气傲,读书无益;为贵不仁,博学无益;知己远离,布施无益;不惜元气,服药无益;不识时务,人生无益;奢娃妖侈,仕途无益。

族训家规(宋绪翻)

祖训传后代,子孙永遵行。父母当孝敬,兄弟要相亲。礼让笃宗族,宽厚待乡邻。家规宜讲究,心地要光明。结交择君子,

第十四章
沾潭村

共事远小人。嫖赌且莫染,毒品不可熏。吃亏福自至,忍气祸不临。无事休惹事,有理会让人。耕读要勤奋,切莫做懒人。吃穿要节约,操持尚殷勤。做事循天理,出言顺人心。世代遵此言,永远家道兴。

(本章由李秀林撰写)

第十五章　李家村

　　古老的李家村位于湘西大山深处,山高谷深,溪河纵横,是一个典型的山地乡村。从元末至今,这古老的山寨已有几百年的历史。此地为高山台地,雨水充沛,四季分明,终年云雾缭绕,晴天才能看见山头。从山脚通往山顶的寨中,仅有东西两条要道,地势险要,易守难攻,被外人称作"天上的村寨"。李家村自然寨村域面积6平方公里,村落前环绕着良田,房屋顺着山势延展,一栋挨着一栋,错落有致地分布着,石板小路紧紧相连,贯穿全村。寨子养在古丈县的"深闺"之中,民风淳朴,寨风纯正。2016年12月,李家村被列入第四批中国传统村落名录。

第十五章
李家村

一、村落概况

(一) 地理生态环境

李家村位于古丈县默戎镇东部，平均海拔660米，群山高而连绵，山脉走向和地形的构造方向基本一致，山谷深邃，溪流支流多，是一个典型的山地型传统村落。此地梯田沿山而下，层次分明，山高林密，山形各异，连绵起伏。寨子中央是一个平坦的台地，台地里是一片片开阔的稻田，因为泉水的灌溉，稻田很少干涸。这块台地土壤肥沃，村民的生产、生活资料常能自给自足。台地背后是一座座高山，波浪似的翻滚，成为村子的靠背和依托，给人一种稳重的感觉。这里空气湿润、新鲜，是城里人远离闹市喧嚣的好去处。李家村东面有鬼溪、穿洞奇峡，南连"南方长城"的起点旦武营，西邻墨戎苗寨，北有天桥山、田马洞、将军岩等景点。枝柳铁路、省级公路S229线、在建的吉恩高速横贯南北，交通十分便利。李家村历史悠久，吊脚楼、转角楼等湘西民居特色明显。

李家村远景（石子　摄）

李家村的建筑与自然环境极为协调。由于村落地势起伏变化较大，大部分房屋呈团状线性分布，顺山势逐渐递进，从峡谷溪流处延伸至半山腰，布局紧凑，较为规整，层次分明，错落有致。村落通往外面的道路蜿蜒盘旋，迂回而至，到村前则分散为步行小道，形成迷宫般的巷道网格。

（二）村落历史

南宋末年，朝廷内乱，将相不和，君王昏庸，听信谗言，残害忠良。受到迫害的李大章带着儿子逃往湘西泸溪，在白沙河沿岸安家落户。经过了十几代，李姓在泸溪发展成为望族，还创建了院西分堂，有家规、家训、家谱，章分排行传于后世。李大章的后代李学癸养育了李君台、李君高等6个儿子，4个天资聪明，二子和小子天资较差，父亲对他们十分宠爱。

乾隆时期，湘西地区吴、秦发动乾城起义，在生死存亡的关头，李学癸召集6个儿子召开家庭会议，找来鲤鱼盘，砸碎成6块，让儿子们各拿一块，等团圆时作为凭证。父亲嘱咐："老大、老二上峒河，老三、老四下酉水河（西行去保靖，北上去永顺），老五、老六守祖坟。"从此，李家村的始祖李君台、李君高来到了匹布李家大森林安家落户（现在向家寨后面）。他们在那里建房，拓荒造田，繁衍生息。李君台、李君高的坟墓在岩门场下面的平地上。李家子孙世代守护着那两座祖坟。据传，几代人过去了，村里的孩童在坛上坡放牛，牛常常走往李家坨，赶不回家。老辈人认为牛爱去的地方是吉祥之地，子孙后代有福禄。因此，他们就决定搬往坨里，名叫匹布李家坨。渐渐地，人口繁衍，村落可容纳的人口数量有限，一些人则迁往附近的坪里、爬友等地。从此，村子以大寨为中心，命名匹布李家寨，后逐渐形成现在的李家村。

后来，张姓始祖（张干初）、王姓始祖（王国胤）、吴姓始祖（吴汉黄）、向姓始祖（向国斌）陆续迁入李家寨。他们5姓人团结一致，开造千亩粮田，绿化万亩青山。他们修筑了覃家坡、叶达叭、岩门场、奇喊喔、保子屋5个堡子，防御外来侵扰，保护家乡平安。还修通了猫儿厅至虾蚣溪的石板路，这条路是古时村里通往古丈的必经之路。李家村5个姓氏的祖先有约定的规矩：各有各的祖场，互不侵犯。李姓人的祖场是人仙地、凤仙地、螺蛳地、樱桃坳、虎仙地。李家寨5姓人和睦相处，开亲结眷,亲如一家。为了方便村民生活,李君台、张干初、石八乃、吴汉黄开辟了店上和龙鼻嘴市场,为当地的经济发展作出了巨大的贡献。

(三)村落人口

李家村分李家寨、排达牛、向家寨3个自然寨。有稻田1600余亩,旱地900亩。李家寨自然寨村域面积6平方公里,人口1082人。村内主要有李、张、王三姓,李姓人口约占三分之二,张姓和王姓加起来约占三分之一。人口由汉族、土家族、苗族组成,以汉族为主,各民族和谐相处,团结互助。李家村风景优美,民风淳朴。村内不仅有精美的建筑,历史悠久的古井等物质文化遗产,还有东歌、哭嫁歌、八合拳等非物质文化遗产。

(四)物产与特色产业

1. 主要物产

李家村地处高山,冬无严寒,夏无酷暑,非常适合发展种植业。当地以种植业与养殖业为主要产业,其中种植业主要有水稻种植、茶油种植、羊肚菌种植、茶叶种植、玉米种植、烟叶种植等,养殖业主要以家庭散养为主,主要是养水鸭、养牛、养鸡等。山上多油茶树、松树、杉树、柏树等。被称为"古丈粮仓"的李家村现种植水稻一千多亩,所种植的水稻产量高,大米品质优良,色泽透白如玉。用这种米煮出来的饭香气扑鼻,营养价值很高。现在村里大部分人都在稻田里养鱼,称稻花鱼,亦是李家村的一大特色物产。

村内共有4800多亩油茶树,盛产茶籽。茶籽可以用来榨油,茶油是高级食用油。茶油具有抗氧化功能,能够降血压、降血脂和预防动脉硬化。

2. 特色产业

李家村人均有一亩多稻田,水稻自产自销。李家村的村民十分勤劳,一年四季辛勤劳作。他们将种植业作为自己主要的生活来源。村内有碾米作坊遗址，见证了李家村"古丈粮仓"的辉煌。油茶种植也是一大产业，茶籽可用来榨油，茶油中含有大量不饱和脂肪酸，并且容易储存。茶油可以用来炒菜、凉拌菜等，具有独特的茶香。倘若在茶油里加上一些枞菌油，便是馈赠亲友的珍品。此外，茶籽还有很多利用价值。榨油后的渣滓叫做茶枯，茶枯中含有茶皂素、茶籽多糖、茶籽蛋白等，是化工、轻工、食品、饲料工业产品等的原料，具有抑菌和抗氧化的作用。目前，李家村的茶油50多元一斤，为村民带来了一定的经济利益。

李家村种植的羊肚菌也是远近闻名。羊肚菌又称羊肚菜、羊蘑。它的结构与盘菌相似，上部呈褶皱网状，像个羊肚，因而得名。羊肚菌既是宴席上的珍品，又是久负盛名的食补良品，民间有"年年吃羊肚，八十照样满山走"的说法。羊肚菌既可以用来烧菜，也可以用来煲汤，只要用上发菌的原汤，用家常方法就可以烧出美味佳肴。羊肚菌炒鸡蛋是常见的食用方法，还可以与乌鸡、百合、花椒等食材搭配。羊肚菌具有益肠胃、消化助食、化痰理气、补肾、壮阳、补脑、提神之功效，对脾胃虚弱、消化不良、痰多气短、头晕失眠有良好的治疗作用。

羊肚菌（李家村村委会　供图）

李家村区位较好，2003年开通了通村公路，改变了村民肩挑背驮的历史。李家村大片的山地资源为发展种、养殖业提供了有利条件。2009年，上级烟草部门指定李家村为默戎镇的烟叶种植试点村，大力发展烟叶种植产业，以带动全镇的烟叶种植，全镇的烟叶种植面积达到了300余亩，带动了部分村民发家致富。

李家村的村民利用自家的梯田养稻花鱼，因为稻花鱼以稻田中的浮游生物和稻花为食，再加上李家村的海拔有五六百米，温度低，使得稻花鱼的生长速度慢，所以稻花鱼不仅没有一般鲤鱼的土腥味，还有一股稻花的清香，素有"鱼中人参"之称。鱼苗在春耕时节被放入稻田中,每年八月稻花鱼长大之时,李家村就迎来热闹的捕鱼节。捕鱼节那天,当地的村民和慕名而来的游客纷纷脱掉鞋子,挽起裤脚,等待发起人一声令下,便下到稻田里开始捕捉。如果有人抓住了鱼,大家就会欢呼。笑声、叫声此起彼伏,每个人的脸上都洋溢着丰收的喜悦。捕获的稻花鱼被制成鱼干或腌制成酸鱼,烹煮时加上当地特有的调味料,是都市难得一尝的美味。

(五)经济社会发展状况

2018年,李家村结合现有资源,遴选了世祥油茶专业合作社来发展、带动村里的农业产业。合作社培育2500余亩油茶、217亩茶树。合作社共有成员16人,其中建档立卡户11人,合作社通过吸收入社、签订保底收购合同、开展技术培训、劳务用工等方式,带动村内106户建档立卡户脱贫。全村围绕脱贫攻坚责任、政策、工作"三落实",实施驻村帮扶"三个一",狠抓教育、医疗、住房"三保障",采取以奖代补的形式,投入资金,鼓励和支持贫困农户兴产业、增就业、置家业,有效帮助村民增收。全村有低保户66户96人(一类低保户6户13人),残疾人50人(重度残疾38人),散居五保户15人,集中供养五保户4人。2018年,实现全村脱贫。

同时,李家村积极完善村内的基础设施。完成全村公路硬化4.5公里,建设完善村务公开栏,新建集中供水源池1个及水池100立方米、2个供水管网10.3公里,建设传统村落保护工程(新建100立方米的消防水池1个,铺设消防管网8公里),新修青石板路4公里,同时新建和完善球场1个、戏台1个。在教育方面,李家村通过教育资助、"雨露计划"等方式保障就学,全村无一例因贫辍学人员。医疗保障方面,李家村实行新农合参保补助,全村建档立卡户人均参保补助180元。建档立卡户新农合参加率达100%,村内78名慢性病人均与卫生医疗机构签订慢性病签约服务手册。因病住院的建档立卡户其医疗报销比例为85%以上,一般户报销比例为70%以上。

李家村村支"两委"继续实施结对帮扶、危房改造、教育帮扶、医疗保障、产业发展等措施,积极加强村内设施建设,完善公共文化服务网络,丰富群众的文化生活,帮助建设或修缮村级组织的活动场所,强化乡村社会自治功能,促进社会管理创新,使村子成为环境宜居、生活幸福的传统村落。

二、文化遗产

(一)物质文化遗产

1. 特色民居

李家村三面环山,面水而居,这种居住环境成为完整村落发展的必要保障。背山面水的独特生活空间为村民的生活提供了方便,使村民拥有较高的生活质量。李家村的187栋住房全部为木质建筑,建这些木屋的材料全都取自附近山上的木材,多为杉树、枞树和柏树。坡面盖有小青瓦,板壁用桐油刷得黝黑发亮,与瓦背一道呈现出一片灰色,显得雄浑大气。房子内部是"一明两暗"的布局,入口房门在正中间的位置,大门正对的堂屋是会客、就餐和祭祀之所,卧室分布于两侧,一般为五排三间,内分隔为上下两层,一层多为活动和待客空间,二层一般为储物空间。现有建筑多为房屋主体加晒坝,院落由正屋和厢房组成典型的堂厢式结构,呈一正一厢和一正两厢的布局。厢房一般做成吊脚楼,正房和厢房间形成一个小禾场或小院子,一正两厢以三面围合建筑的三合院形式出现。门、窗多有"万"字格、"喜"字格、"亚"字格、"丹凤朝阳"、

李家村传统民居(李涛 摄)

喜鹊闹梅"等式样雕花。吊脚楼的悬挂（即吊瓜）为八角形，底端造型别具一格，雕有绣球、金瓜、圆鼓等图案，古色古香。部分建筑的门上有铜制的圆形锁，造型典雅别致。

李家村民居上雕刻的图案（石子　摄）

2. 榨油坊

李家村是一个以茶油为主要经济产业的村落，祖祖辈辈都种植油茶树。村民掌握了一套榨茶油的流程。目前村内有一个榨茶油的作坊。茶油的制法如下：首先将采收后的茶籽放在太阳下暴晒，或者用小火慢烘，待茶籽的壳脱落后，取出茶籽，用石碾碾碎。因茶籽粉的黏性小，碾茶籽时磨得越细越好。其次将碾碎的茶籽用蒸笼隔水蒸熟，取出热的碾粒，趁热快速踩成饼，如果冷了的话就踩不成饼，会降低出油率，甚至不出油。然后将饼放入油榨中压榨，压榨时，猛打快榨，中途不能退榨。最后是精炼。榨出的油经过精炼，除去杂质。要用稀硫酸与油混合，静放48小时，使褐色的杂物沉淀下来，油质澄清。用古法榨出来的茶油无任何化学添加剂，自然清香。

3. 制米作坊遗址

李家村有一块已经荒废的土地，这里长满了荒草，但是有堆砌起来的石块墙，还有一个废弃的石磨。在未使用机器制米之前，当地的农民就地取材，发明了一套完整的制米工具。据当地人说，石磨由两块尺寸相同的短圆柱形石块和磨盘构成。石磨一般是架在由石头或土坯等搭成的台子上，两扇磨的接触面上都有排列整齐的磨齿，用来磨碎粮食。石磨不仅可以用来碾米，还可以用来将黄豆、玉米碾成黄豆粉、玉米粉等。

4. 防御堡

沿着李家村的公路一直走,翻过一座又一座高山,一座古堡出现在眼前。这个古堡是湘西王陈渠珍所建。李家村地势险要,且只有两条路可进入村寨,易守难攻,因此被湘西王陈渠珍看中。湘西王陈渠珍是麻阳县人,在湘西镇守多年。当时他将地处古丈、拥有600多人口的李家寨作为他的第二道防线,一旦敌人攻占第一道防线,他就退守到这座山头,休养生息,以便东山再起。他先后在山上建了10个堡

李家村防御堡(凤达茜 摄)

子,派人长期驻守。这些堡子全部用石头砌成,其牢固程度可想而知。这些堡子有窗有眼,居高临下,一旦敌人进攻,各堡之间就能快速传递信息,各堡配合,形成防御体系,敌人难以进攻。土匪张平的人马也来过这里,占据古堡与解放军作战。如今十座古堡仅剩残垣断壁,但人们仍然能从中窥见那段历史。

5. 古井

村中共有4口古井,全部用青石砌成。现在出于安全考虑,古井已经被瓷砖所覆盖。这些井一年四季流水不断,全村的饮水就靠它们供给。如今,这些井水仍然养育着一方人,是村民洗衣、洗菜的重要水源。

6. 神龛

当地人除信仰万物有灵之外,还有祖先崇拜的信仰。对他们来说,

祖先的神灵是神圣不可侵犯的。家家户户的正房都会放置一个神龛。它由两开的柜子组成，柜子后面是敞开的，可用来放置各种敬神的工具。除了这种较为复杂的神龛，还有一种较为简单的神龛。它们一般是一个悬挂在墙上的简易木台，上面放置香炉、烛台等祭祀用具。木台上面贴"天地阴阳、年月巳时、一年四季、大吉大利、百无禁忌"等内容。正上方贴有"天地君亲师"等，两侧有对联。

7. 花带制作工具

李家村的很多人会打花带，一些人家里还有一些制作花带的工具。纺架是打花带的工具之一，由木头制成。将搓成的线有序地放在纺架上，可放多种颜色的线，这种机器十分简单，是一个双"X"形可收缩的木架，苗语称"果兑"。两个"X"形的架子连接起来，有点像那种可以折叠的小马扎。编织花带的人在双"X"形的机器前坐好，右脚穿过木架，脚掌落地，左腿仅顶出膝盖，下压双"X"形机器的交接处，以稳定双"X"形机器。时间久了，双脚可交换以避免疲劳。编织前必须预先设计好花带的色调，不同或相同的彩色纬线的排列方式也要根据预先设计的图案来确定。但当地多用白色和黑色两种颜色的线来制作花带，要放置单数的白线，双数的黑线。整个编织过程主要有牵经线、结耳做综、上架、织边等。牛骨头是制作花带不可缺少的工具。人们把线放在纺架上后，用牛骨头在其中穿插，不一会儿，一条精美别致的花带就制作完成了。

（二）非物质文化遗产

1. 民间传说

李家村流传着一个"八仙赶狮"的神话故事。相传在很久很久以前，李家村还是一块荒芜之地，天上的八个神仙下凡的时候，经过这里，见此地泉水清凉，树木郁郁葱葱，觉得这里是一块修身养性的宝地，于是他们就来到这里住下了。后来，这八个神仙在这里遇到了一头大狮子，他们将它赶走。慢慢地，这些神仙化作山包在这里守护着李家村。这就演变成了李家村现在的地形，从上面俯瞰，就好像八个神仙默默地凝视着中间的村寨。清朝文人李湘恩因为此地地形特殊写过一首诗："可歌可摸李家坨，铁砚顺手左右磨。八顶仙人世宇少，山从笔衲世间多。哮天狮子停留住，前面蜈蚣阻住河。若有姻缘落此地，子孙现唱太平歌。"

2. 打花带

相传很久很久以前，生活在深山峡谷里的苗家人常常遭到毒蛇的侵害。当时有一个聪明能干的苗家姑娘，根据蛇的外形把五颜六色的线织成一条与蛇长短大小相等、花纹相似的带子拿在手里，毒蛇以为是自己的同类，便没有来伤害她。大家纷纷效仿，果然十分灵验。从此，打花带的习俗便在苗族民众中形成了。花带的图案纹样丰富，有双凤朝阳、狮子滚绣球、喜鹊闹梅、蝴蝶采花及梅、荷、菊等，色彩对比强烈，鲜明而古朴。花带一般宽2～3厘米，长约5尺，但也有宽3～4厘米的。花带越宽，花纹图案就越复杂。

今天的苗族人不再需要用花带来假装自己与蛇同类，免其伤害了，但花带仍然是苗族人喜爱的装饰品，可绑在腰上防止衣裤松垮，可以当作挎包，并且具有充当青年男女爱情纽带的作用。当一对青年男女相爱之后，女方送给男方的信物常常是花带，男方得到花带之后，将花带系在贴身衣服上并有意露出花带的须头，让人知道有一个姑娘爱上了他。李家村的花带大多由黑白两色的线织成，图案多为蝴蝶、鱼、虾等，还有代表当地人信仰的"双龙戏珠"图案。这些花带作为一种小巧精致的工艺美术品，如花朵一般绽放在我国少数民族工艺美术的百花园里。

3. 山歌

土家族人爱唱山歌，山歌是土家族民歌的一部分，包括劳动歌和生活歌两大类。劳动歌是在劳动时所唱，其歌有长有短，随需所唱。歌词有："田地抛荒又转休，挖地放坎有来头。勤耕苦种多辛苦，风调雨顺大丰收。"有才华的歌手无须唱本，其歌全在心中，"见子打子"，随口唱答，不乱韵律而风趣横生。土家族人人是歌手,处处是歌台。他们用山歌来表达自己的喜怒哀乐。土家族山歌入情入味,令人沉醉,令人神往。勤劳的村民在劳动之余唱起喜爱的山歌。歌郎、歌娘或两两对唱,或三五成群,眯缝着眼,手托着腮,沉醉在信手拈来的歌词中。

　　李家村的山歌叫"东歌",每首歌有一定的韵脚,东歌共有14个韵脚,分别是"天字韵(每四句中的一、二、四句最后一个字的韵脚为ua)""王字韵(每四句中的一、二、四句最后一个字的韵脚为ang)""来字韵""得字韵""迟字韵""胡字韵""人字韵""多字韵""红字韵""花字韵""齐字韵""头字韵""高字韵""飞字韵"。歌词可以是歌唱世间美景、歌颂爱情等。如"秋天一暗路杭州,暗路杭州出水流。出水初州杭路暗,州杭路暗一天秋。久日触合出外游,月内嫦娥下九州。眉清目秀樱桃口,摇摇摆摆好风流。来到场中游一游,风流片片美人头。天姿国色龙凤体,偷眼观人观带羞。风流姐姐好风流,旁龙梳起凤凰头。金银穿戴如花朵,好比摇钱树一苑。红楼之女女红楼,手指尖尖抛绣球。莫讲凡人不爱你,神仙爱你动心头。……蜜蜂起翅架云头,穿山过坳顺风流。抬头看见梧桐树,依然想转现山头。娘屋做女不风流,紧守闺门几度秋。又如月内嫦娥女,神仙爱你动心头。富家之女也难求,人脱人面把姣逗。犀牛望月得一眼,何日才到我边头。"①还可以是自己的所感所想,村内歌手就根据《东周列国》这本书写出了一套歌词:"闲云潭影日悠悠,物换星移几度秋。阁中帝子今何在,槛外长江空自流。万里桥名应远游,神僧妙语好推求。幸然圣寿还无量,珍重前途可免忧。功名夏后有商周,五霸七雄闹春秋。龙争虎斗英雄志,前人田地后人收。幽王想计想得周,骊山褒氏带一游。只取千金出一笑,边防烽火戏诸侯。"②东歌歌词一般为七言,歌的调子不限,一般是歌手信手拈来。

　　另外,土家女儿出嫁时也要对歌。在整个婚礼过程中,新娘的娘家和婆家均会邀请歌手来唱歌助兴。如拦门先生唱:"佳偶天成新为婚,主东

---

①② 歌词提供者:吉首市东乡民族文化研究中心歌手张正发老人。

赐我来拦门。忽然抬头往外看,纷纷人马到寒门。不觉礼官来到此,手捏银壶把酒斟。"礼官先生唱:"拦门先生礼行大,文质彬彬本如发。昔日爱吃请杯酒,今日吃酒我害怕……一杯酒敬上天,奉请天上红媒请。二杯酒敬下地,地媒龙神齐归位。三杯酒敬堂前祖堂,四杯酒敬堂前父母。抱儿养女不辞辛苦,披星戴月不辞辛苦。五杯酒敬拦门先生,统家内行接开门。你若不开门,我们就鲤鱼跳龙门。"

4. 哭嫁

李家村自古兴唱哭嫁歌,以诉离别之情。在姑娘出嫁前十天或半个月,亲人或好友晚上聚在姑娘的秀房,抱头而哭而歌,形式有单哭、对唱、混声哭。哭嫁歌有固定的唱词,亦可临时编词,形式较为自由,以七言居多,内容有开声、姊妹哭、骂媒人、母女哭、哭离娘席、辞祖宗、哭上桥等。可用土家话唱,也可用普通话唱,有极高的文学价值。哭嫁歌已于2011年被列入国家级非物质文化遗产名录。现在虽不流行哭嫁了,但哭嫁歌作为一种民族民间歌谣被流传下来。姑娘出嫁前一天,须在家里吃分离饭,此时唱词为:"分离饭我不吃,留给哥哥嫂嫂吃,哥嫂吃了好买地,买得长田好跑马,买得团田好养鱼,牙齿掉了好转身,头发白了又转亲。"① "看到看到时辰表,黄房闺女泪淋淋。陪娘吃碗离娘饭,开笼放鸟上青云。"姑娘出门时也有唱词:"寅时已到卯时辰,女要离娘快要分。想到娘屋做不久,不由爹娘泪淋淋。身心劝娘莫挂心,人人养女要出门。车走棋盘各有路,个人趁早创前程。又劝爷娘莫挂心,人人养女要出门,女儿长大十八岁,树大发枝终要分。"此时,还可哭哥嫂:"又劝哥嫂莫挂心,夫要同心创前程。如今嫁到婆家去,孝敬爷娘靠你们。"

5. 打溜子

李家村打溜子在长期的发展过程中积累起丰富的曲牌,并在乐器使用、表演形式等方面形成了独特的风格。传统的打溜子主要用于婚嫁场

---

① 歌词提供者:李家村张小妹老人。

合,按照婚嫁仪式的程序进行连缀表演。譬如出去接亲时演奏咏梅类曲牌,如《闹梅》《一落梅》等;接亲返程时演奏动物情趣类曲牌,如《八哥洗澡》《猛虎下山》等;接亲进门时演奏绘意庆贺类和吉祥祝福类曲牌,如《四进门》《四季发财》等。这些手艺人仅凭4件打击乐器就能演奏出丰富、动听的曲牌。

6. 苗家八合拳

苗家八合拳是盛行于古丈县苗族聚居区的一门传统武术。据传,清末民初,古丈县龙鼻嘴九龙洞村的龙廷久在祖传苗拳(小手拳)的基础上,吸收了峨眉、武当等拳派的精髓,独创出一门易于传授的拳术。至今,苗家八合拳在古丈县的默戎镇、坪坝乡广为流传,并流传到邻近的吉首市、泸溪县、花垣县、保靖县等。八合拳最初用于防备敌人攻击,现在用于强身健体。之所以叫八合拳,是因为它讲究"眼与心合,眼到心到;心与意合,心到意到;意与气合,意到气到;气与力合,气到力发,为内四合。眼与手合,眼到手到;手与足合,手出足出;膝与肘合,膝出肘随;肩与胯合,肩动胯送,为外四合。"当地八合拳很好地演绎和发扬了苗族武术文化。

7.《李氏家谱》

李姓是村寨中人口最多的姓氏,当地德高望重的李维好老先生走访了不少老人,进行多次调查,最终自己出资编纂《李氏家谱》,以供后人查阅。

《李氏家谱》十分详尽地记载了当地李氏的来源,介绍了李氏陇西堂的故事。家谱里写道:"李姓有两个堂号,李崇开创了陇西堂(在甘肃临洮以南,东乡以东,武山以西,礼县以北等地)。李牧开创了赵郡堂(在河北邯郸、邢台、沙河等地)。陇西堂是李姓最重要的一支,故有天下君王出陇西之美谈。李家村的李姓家族是从甘肃到陕西,上云南到江西再到沅陵李家港,最后到湘西泸溪,再从泸溪迁到李家寨。"还有李氏启祖李君台、李君高从陇西堂流传下来的李氏家族传世辈:"君文廷定,应承正天。心国成家,维仕肇先。荣祖声宗,万世继传。"还有"国正天先顺,光清明自安,妻贤夫祸少,子孝父心宽"。编纂家谱的原则是按辈分大小排列,同辈按前长后幼排列,妻室不知者只写姓氏,姊妹只写她们嫁到何处。当地的李姓已经历400多年,传世共18代,家发人兴,人才辈出。

　　李家村李姓的家规是:"忠孝为先,诚实做人。注重家庭、家教、家风。承扬家族的优良传统美德,动之忍让包容之情,晓之亲情友情爱情恩情之理。为官者,恪守谦廉,高瞻远瞩,胸怀祖国和人民,为民办事,造福百姓,得民心者得天下。劳动者,惜土如金,不让寸土荒芜。成家立业者,尊重传统,坚持异姓婚姻,开亲结眷。求学者,心高志远,学业上进,图功图名,立志成才。"李氏家族的家训是:"持家则讲道,守业则有方。寸瓦条椽皆非容易,寸土之地毋使抛荒,懒惰乃败家之源,赌嫖乃妻离子散之害,勤劳是立身之本。大富由命,小富由勤,男子以血汗为营,女子以灯花为运。夜坐三更一点,尚不思眠,枕听晓鸡一声,全家早起。"这些家规家训是李氏后人为人处世的标准。

三、自然资源

　　李家村的植被类型多样,山上有油茶树、松树、杉树、柏树,四季常青,郁郁葱葱。部分地方还有针叶林、针阔叶混交林等。动物资源有啄木鸟、锦鸡等。

　　李家村有鬼溪、穿洞奇峡等自然旅游资源。

四、历史事件

　　解放军在湘西剿匪时,有一匪首张平驻扎在李家村,修筑4个堡垒,并占据了陈渠珍修筑的堡垒,和解放军对抗。解放军四十七军派了一个连队从爬友来到李家村,他们化装成短枪队(以前土匪都是用短枪)送米进村,里应外合活捉张平。解放军王万仁在执行摸哨任务时,遇到张平

第十五章
李家村

手下的土匪,于是拿着枪对着前面的土匪说:"缴枪不杀。"正前面的土匪都把枪举了起来,但是他身后的一个土匪开枪击中了他,王万仁因此牺牲。他开始被埋在李家村的土地堂,后来迁到默戎镇的烈士亭。剿匪时,土匪的枪声一响,解放军战士纷纷举起手中短枪,奋力战斗。匪首张平从靠牢山向平帕方向逃窜,其余的匪徒死的死,伤的伤,活下来的人成为俘虏。至此百姓生活安定。

(本章由凤达茜撰写)

后　记

　　古丈县位于湖南省湘西土家族苗族自治州中部,是土家族、苗族、汉族等聚居的多民族地区,当地土家族摆手舞、苗族鼓舞等独具特色。古丈县因其独特的自然地貌,拥有秀美的自然风光,有世界地质遗迹——古丈金钉子、国家地质公园——红石林、国家级自然保护区——高望界、国家级森林公园——坐龙峡、湘西北第一大内湖——栖凤湖等。一方水土养一方人,古丈县也是著名歌唱家宋祖英、何纪光的家乡。

　　根据第七次全国人口普查数据,古丈县少数民族人口占全县总人口的88.15%,当地传统村落民居也体现出独特的民族特色,并且有很多具有悠久历史的传统村落保存至今。传统村落是在历史上形成的、有着独特的建筑风格和文化传承的村庄,是中国传统文化的重要组成部分,见证了中国几千年文明的发展,承载着丰富的历史文化遗产。而随着城镇化的推进和人们对现代化生活的向往,传统村落面临着很大的危机,消失速度很快,据媒体报道,自2000年至2010年,我国自然村由363万个锐减至271万个,10年间减少了90多万个,平均每天消失200多个,其中包含大量传统村落。传统村落消失迅速的问题引起了国家的关注和重视,自2011年始,住房和城乡建设部、文化部、财政部联合启动了中国传统村落的保护工作。2014年发布的《国家新型城镇化规划(2014—2020年)》中也明确提出要"在提升自然村落功能基础上,保持乡村风貌、民族文化和

后　记

地域文化特色,保护有历史、艺术、科学价值的传统村落"。2012年以来,住房和城乡建设部先后公布了六批传统村落名录,其中古丈县共有27个村落入选。按照住房和城乡建设部的要求,要加强传统村落的保护和利用工作,传承和弘扬中华优秀传统文化。传统村落保护要在保护中发展,在发展中保护。传统村落的保护和发展,需要制定出科学的、行之有效的规划和措施,而规划和措施的制定,需要对传统村落进行全方位的调查和了解。近年来,中南民族大学与湘西州有关部门合作,对州内传统村落进行摸底调查,并将调查资料结集成书公开出版,一则可让外界了解当地传统村落的历史文化概况,二则可为当地今后传统村落保护发展政策的制定提供参考资料。本次调查选取了古丈县15个传统村落,从村落概况、文化遗产(包括物质文化遗产和非物质文化遗产)、自然资源等方面进行全面的调查。

古丈县传统村落的调查,从2019年7月开始,到2020年7月结束。中南民族大学先后派出40多人,历经一年时间,对所选取村落进行了细致、严谨的调查,最终形成本书稿。

本次调查能够顺利开展,得益于古丈县各方的鼎力支持。在调查过程中,古丈县人民政府、古丈县住房和城乡建设局为调查组进入田野提供了很大帮助。古阳镇人民政府彭主任、默戎镇人民政府工作人员彭渊、默戎镇人民政府工作人员石莹、默戎镇人民政府工作人员谢治、默戎镇人民政府工作人员李思杰、默戎镇人民政府工作人员梁雪琴、默戎镇湘西墨戎苗寨乡村游有限责任公司法定代表人石远军、默戎镇四方鼓舞传承人杨敬莲、默戎镇苗歌传承人吴腊保、岩头寨镇人民政府副镇长向邦孝、坪坝镇党委原副书记李书文、坪坝镇党委书记宋晓波、坪坝镇人民政府文化站向光清、坪坝镇人民政府办公室工作人员田家全、高峰镇人民政府副镇长向召、红石林镇人民政府工作人员为调研小组深入田野提供了诸多帮助。排茹村党支部书记向永专、排茹村党支部副书记杨明云、排茹村村民杨光科、排茹村村民向万紫;丫角村村主任印乐化、丫角村秘书张文良、丫角村妇女主任张主任、丫角村村民张时安;老司岩村秘书彭继阴、老司岩村村民王连华、老司岩村村民王付香；梓木村党支部书记汪明清、梓木村村主任张拥全、梓木村村民张远亮、梓木村村民王阿姨；坐龙峡村村民周水晶、坐龙峡村村民王芝泽；沽潭村村民宋有恒；李家村村主任李维福、李家村土家族东歌传承人张正发、李家村土家族打花带传承人张小妹、李家村《李氏家谱》编纂者李维好；宋家村、三坪村、岩排溪村、龙鼻村、翁草村、曹家村、窝米寨、洞溪村的村民；古丈县融媒体中心记者杨昊天等人都为调查组进行细致全面的田野调查工作提供了热心帮助，在此一并致谢。

感谢吉首大学陈廷亮老师给我们的指导和帮助，感谢2019年中南民族大学赴古丈调研的师生们给我们后面的调研打好了基础。感谢古丈县各镇政府的工作人员为我们提供的文字和图片资料，在此再次表示感谢！

由于水平有限，本次调查和写作中还存在一些不足之处，敬请各位读者批评指正！